내러티브 관점에서 본 바울신학

톰 라이트의 바울

톰 라이트 지음 | 순돈호 옮김

(주)죠이북스는 그리스도를 대신한 사신으로
문서를 통한 지상명령 성취와 하나님 나라 확장을 위해 노력합니다.

Copyright ⓒ Nicholas Thomas Wright 2005
Originally published in English under the title *Paul : Fresh Perspectives*
by Society for Promoting Christian Knowledge, 36 Causton Street, London SW1P 4ST, UK

All rights reserved.

This Korean Edition Copyright ⓒ 2012 by JOY BOOKS Co., Ltd., Seoul, Republic of Korea.
This Korean edition is translated and used by arrangement of Society for Promoting Christian Knowledge through rMaeng2, Seoul, Republic of Korea.

이 한국어판의 저작권은 알맹2 에이전시를 통하여
Society for Promoting Christian Knowledge와 독점 계약한 (주)죠이북스에 있습니다.
신 저작권법에 의하여 한국 내에서 보호받는 저작물이므로 무단 전재와 무단 복제를 금합니다.

Paul
Fresh Perspectives

N. T. Wright

SPCK

찰리 모울^{Charlie Moule} 박사께 드립니다.

추천사

복음주의 범주에서 라이트[N. T. Wright]만큼 논란을 일으키는 학자를 찾는 것도 쉽지 않을 것이다. 한편으로 적지 않은 학자들이 그의 신학의 문제점들을 이야기한다. 또 다른 한편으로는 그의 방대한 지식과 명료한 설명에 매료된 이들도 적지 않다. 바른 "신학함"이란, 어떤 학자의 생각을 일방적으로 매도하는 것도, 무비판적으로 그 학자를 옹호하는 것도 아니다. 그런 의미에서 「톰 라이트의 바울」의 일독을 권하고 싶다.

    이 책은 먼저 두 부분으로 구성되어 있다. 라이트는 창조 후 타락이라는 문제에 대해 하나님이 언약이라는 관점에서 해결책을 제시하고 이 언약이 그리스도에게서 최종적 완성을 보게 되었다는 큰 틀을 제시한다. 예수께서 부활하시고 이 사실이 바울을 비롯한 그의 첫 제자들에 의해 확인되었을 때 유대인의 언약적 이야기가 부활이라는 관점에서 새롭게 재해석 되었다는 것이다. 달리 표현하면 그리스도의 부활이 구약의 언약적 이야기를 재해석하는 해석학적 키[hermeneutical key]와 같은 역할을 하게 되었다는 말이다. 라이트는 예수께서 주[The Lord]가 되셨을 때 이것이 그레코로만 사회에서 가지는 함의에 대해서도 한 섹션을 할애한다. 둘째 부분에서 라이트는 이스라엘에게 기대되던 것이 예수에게서 완벽히 성취되었다는 관점에서 유대교의 전통적 신관, 하나님의 백성에 대한 개념, 그리고 유대교 종말론을 바울에게서 어떻게 재해석되었는지를 보여준다. 즉 그리스도가 어떻게 구약과 바울서신을 연결하고 있는지 큰 그림을 제시하는 것이 이 책의 목적이다.

    기독교 역사가 명시적으로 보여주듯이 신앙의 선배들에게 나타나서 그들의 지성을 일깨우시던 하나님의 역사와 그를 통해 설명된 복음으로부터 우리는 단지 겸손하게 들을 귀를 가지고 들을 수 있으면 좋겠다. 라이트의 설명에 동의할 수 없는 부분들도 있을 것이다. 서양 속담에 목욕물을 버리려다 아기까지 버리지 말라는 말이 있다. 이 말이 라이트에게도 마땅히 적용되어야 할 것이다.

이강택 국제신학대학원대학교 신약학 교수

지난 20년간 톰 라이트가 학자로서, 저술가로서, 설교자로서 형성해 온 영향력을 실감하는 사람은 아직 많지 않을 것이다. 그러나 앞으로 20년간은 다를 것이다. 그는 기독교를 이해하고자 하는 이들이 반드시 거쳐 가야 할 관문을 지키고 선 수문장의 하나로 기억될 것이다. 이미 그는 영어권에서는 연령대를 불문하고 환호를 받는 저자이며, 새로운 책이 나올 때마다 해당 주제와 관련된 논의의 판도와 게임의 규칙을 재규정하는 놀라운 역량을 보여 왔다. 자신의 전공 영역에서 일급의 저작과 성과를 꾸준히 생산하면서도 대중적 집회에서의 만남을 마다않는 톰 라이트를 보면서, 많은 이들이 C. S. 루이스가 20세기 서구 기독교에서 감당한 역할을 그가 21세기에 수행하고 있다고 느끼는 것은 과도한 찬사가 아니다.

톰 라이트는 바울신학자로 학문적 여정을 시작했다. 출판되지 않은 그의 옥스퍼드 박사 논문은 로마서를 통째로 다루고 있다. 바울과 관련한 자신의 학술 논문을 엮은 〈The Climax of the Covenant: Christ and the Law in Pauline Theology〉(1993), 그리고 매우 대중적 필체로 자신의 바울신학 개요를 소개한 「톰 라이트: 바울의 복음을 말하다」(What St. Paul Really Said?, 에클레시아북스, 1997)를 출간한 바 있으나, 총 6권을 목표로 저술 중인 자신의 주저 「기독교의 기원과 하나님의 문제」(Christian Origins and the Question of God, 크리스챤다이제스트)에 집중하느라 정작 바울에 대해서는 논의가 제한적이었다. 이제 저술하고 있는 4권에서 "바울"을 다룰 것으로 다들 예상하는 가운데, 이 책 「톰 라이트의 바울」은 그의 바울신학이 전모를 드러내기 직전에 주요한 논지를 미리 만나 볼 수 있는 흔치 않은 기회를 제공한다.

톰 라이트는 신학의 언어를 학자의 연구실에서 소환하여 생기를 불어넣고, 서로 충돌하는 견해들 사이에 논쟁을 불사하며 개입하도록 초청한다. 누구든지 성경과 세상과 자신을 적당한 타협 속에 방치해 두지 않고 한판 승부를 걸고자 한다면, 주저 말고 톰 라이트를 읽으라. 우리 시대의 지적 이종격투기 챔피언이 여기에 있다!!

양희송 청어람아카데미 대표기획자

일반화를 하는 것만큼 어리석은 짓이 없겠으나, 지난 20년간 목회 현장에서 내가 만난 기독교인들의 가장 큰 아쉬움은(물론 나 자신을 포함하여) "게으름과 두려움"으로 가득 차 "진짜 이야기가 없다"는 것이다. 신약학을 전공한다면서도 코이네 그리스어 하나를 자유롭게 읽지 못하는 박사 과정 친구, 문맥의 유기적 흐름과 성령의 감동으로 한 절, 한 절 읽어내야 할 성경을 교리적 틀로 주조하면서 성경을 완전 정복했다고 착각하는 어설픈 교만, 조금만 자신과 다르면 이단이라고 정죄하면서도 자신이 아는 그 생명의 복음을 살아내지도 못하고 일주일에 단 한사람에게도 전하지 못하는 게으르고 겁에 질린 헌신.

바로 이런 혼돈과 어둠의 시대에 톰 라이트의 글은 "성실함과 담대함"으로 등대처럼 빛을 비추고 있다. 지난 수년간 매달, 라이트의 책을 한두 권씩 읽어가면서 나는 그가 얼마나 지도를 넓게 펴서 여행하고 있으며, 얼마나 담대하게 우리에게 질문하고 있는가에 감사할 따름이다. 물론 그의 글에 모두 동의하지 않으며 전부 이해되지는 않을지라도 최소한 이 책은 책 제목 그대로 신선한[fresh] 도전을 준다.

라이트는 매우 담대하고 분명한 역사적, 신학적, 해석적, 그리고 삶의 적용적인 현실을 담아서 다시금 새롭게 바울을 읽어볼 것을 도전한다. 그러나 그의 신선함은 이단적이고 반항적이며 유행적 신선함이 아니라, 근본적이고 성경적이며 균형 잡힌 본질적 신선함이다. 즉 그의 이전 책 「신약성서와 하나님의 백성」(크리스챤다이제스트)에서 말한 것처럼, 실증주의의 극단이나 현상주의의 극단이 아닌 비판적 실제론, 즉 사랑의 해석학을 가지고 우리보다 한 발 앞에서 걸어가기에, 그는 우리에게 정답을 주입하거나 강요하지 않고, 한 페이지를 넘길 때마다 다시 성경본문과 기도의 자리에서 묵상하고 연구해 보라고, 그리고 살아내 보라고 질문하고 도전한다.

저자는 바울이 몸담고 있었던 유대교, 헬라, 로마, 그리고 교회라는 삶의 자리를 철저히 통감하면서 복음의 원래 자리인 유대인의 유일신, 선택, 그리고 종말론적 모판에 심겨진 창조와 언약의 씨앗이 어떻게 새 창조와 새 언약의 가치로 갱신, 성장되어서, 유대인이 갈망하던 구원자 메시야, 헬라인이 고귀하게 여긴 참된 지혜, 로마가 위장한 진짜 평화를 가져오는 대제국의 왕, 그리고 천국의 모형을 "이미"와 "아직" 사이에서 살아내야 할 교회 공동체의 머리이시며 그 열매되신 예수 그리스도를 포함적인 incorporative 내러티브로 그려나가고 있다.

아마도 성경과 1세기 문헌들에 대한 어느 정도의 소양을 갖춘 독자들은 행간을 넘어가는 글의 맛을 잘 느낄 수 있을 것이다. 그러나 잘 끓여진 된장찌개는 아마추어의 입맛에도 신선한 자극을 주기에 충분하므로 마음과 생각의 지평을 활짝 열고 배우고자 한다면, 이 책은 단순히 바울에 대한 신선함만이 아니라 성경 전체와 삶에 대한 신선함으로 다시 성경을 펼치고 삶을 열어볼 "성실함과 담대함"으로 공명될 것이다.

　이 책을 읽는 모든 독자가 이 담대하고 진지한 이야기^{narrative}에 참여하는 기쁨을 누려보길 소망한다.

강산 십자가교회 담임목사

Contents

서문 _ 17

Part 1. 주제

chapter 1
바울의 세계, 바울의 유산 _ 24

바울이 속한 세 가지 세계
바울의 영적 유산을 둘러싼 논쟁:
옛 관점과 새 관점, 그리고 또 다른 관점들

chapter 2
창조와 언약 _ 53

구약이 말하는 창조와 언약
바울: 세 가지 중심 구절
악과 은혜, 곤경과 해결책
결론: 창조와 언약 안의 예수

chapter 3
메시야와 묵시 _ 84

서론
바울이 말하는 메시야로서의 예수
바울 서신에서 본 묵시

chapter 4
복음과 제국 _ 115

서론
황제 제국과 이데올로기
이방 제국에 대한 유대인들의 비판
바울의 반제국주의적 신학
결론

Part 2. 구조

chapter 5
하나님을 다시 생각하다 _ 152

서론
유일신 사상: 유대적 뿌리들
유일신 사상과 기독론
유일신 사상과 성령
성경적 뿌리, 논쟁 대상으로서의 이교도, 실천적 사역이라는 문맥
결론

chapter 6
하나님의 백성을 새롭게 정의하다 _ 195

서론
선택 사상: 하나님의 백성에 대한 유대교적 관점
예수를 중심으로 재형성된 선택 사상
성령을 중심으로 다시 정의한 선택 사상
성경에 따라 재정의된 선택 사상
결론

chapter 7
종말론을 다시 그리다 _ 233

서론

1세기 유대교 종말론

메시야를 중심으로 종말론을 다시 그리다

성령을 중심으로 종말론을 다시 그리다

상황 속에서의 종말론

결론

chapter 8
예수와 바울, 교회의 과제 _ 274

서론

예수와 바울

사도 바울의 사역

결론: 바울과 교회의 과제

주 _ 308

참고문헌 _ 321

서문

케임브리지대학 헐시안 강연$^{Hulsean\ Lectures}$에 불러준 것을 매우 영광스럽게 생각한다. 이 강연 덕에 25년 전 우리 가족이 행복한 3년을 보낸 도시와 대학을 다시 찾을 수 있었다. 또한 부족한 내가 125년 전, 탁월한 두 전임자 J. B. 라이트푸트^{Lightfoot}와 B. F. 웨스트코트^{Westcott}의 자리에 설 수 있었고, 놀랍게도 현조할아버지인 템플 슈발리에$^{Temple\ Chevallier}$의 뒤를 따를 수 있었다. 그 분은 펨브룩대학$^{Pembroke\ College}$ 소속 교수로 1826년과 1827년에 헐시안에서 강연하셨고, 그 후 1835년부터 더럼^{Durham}에 갓 설립된 대학에서 수학과 천문학을 가르치며 교무과장을 겸임하셨다. 현조할아버지께서는 1873년에 돌아가실 때까지 더럼에 머무시면서 유명한 일화들을 남기셨다. 한겨울에 해와 해시계가 제대로 맞도록 수도원 성가퀴^{crenellation} 1에 눈금을 새기기도 하시고, 나중에 그 분이 기거한 참사원 관사 창문에서 망원경을 사용하여 떼까마귀의 습성을 관찰하기도 하셨다. 이 책을 읽으면서, 경박할 정도는 아니지만 꽤 변덕스러운 할아버지의 활달한 습관을 닮아 나 역시 바울 연구에서 나 자신만의 독특한 관심으로 접근했다고 단정 짓는 독자도 있을 것이다. 그러나 예전과 마찬가지로 지금은 단순히 조상이 물려준 도식의 빈자리만 채우고 있을 때가 아니다. 그보다는 탐구하고 기꺼이 혁신할 때다.

나는 이 강연(새로운 자료를 추가하고 편집한 내용을 최대한 줄여 책으로 바뀐)에서, 비록 전통적인 바울 연구에 눈금을 새기는 격이 될지라도 바울을 새롭게 조명해 보고자 한다. 바울이 특정 임무를 어떻게 감당하는지 밀접하게 관찰하는 것 또한 내가 이 강연에서 이루고자 하는 바다. 그 목적을 위해 새로운 망원경과 맞먹을 만큼 새로운 해석학을 활용한다 할지라도 말이다. 다루어야 할 주제를 여덟 장 안에 모두 이야기하거나 균형 있게 다루었다고는 하지 않겠다. 많은 부분에서 접근하는 각도가 다르긴 하지만, 이 책은 「톰 라이트: 바울의 복음을 말하다」(에클레시아북스)에서 탐구하기 시작한 몇 가지 주제를 더 발전시킨 것이다. 한편으로는 내 초기 논문집 〈The Climax of the Covenant〉와 내가 로마서를 주석한 「New Interpreters Bible」 10권이 다루는 모든 관점과 관련되어 있다.[2] 앞으로 다룰 내용이 신선한 사고를 자극하고 1세기나 다른 세기에서 가장 강하고 영향력이 큰 정신을 연구하여, 무엇보다 그 정신을 즐길 수 있길 바란다.

마지막 말은 과장이 아니다. 영국에서는 바울을 비웃으며 그가 묻지도 않은 질문에 대답을 강요해 온 경향이 오래되었다. 많은 것을 요구하는 전반적인 소명과 그의 난해한 방식과 짝을 이루어 우리가 알고 있는 바울 사상은 기록된 범위에서도 아주 작은 부분으로 요약된 것일 뿐인데도 나는 바울이 플라톤, 아리스토텔레스,

또는 세네카와 동등한 지성인이라고 생각한다. 어느 방향에서 접근하든 우리는 바울에게서 숨은 보화와 놀라움을 발견할 것이다. 우리가 그의 역량을 꿰뚫었다고 생각하는 순간, 바울은 빙그레 미소 지으며 우리가 익히 알고 있다고 여기는 본문을 상당히 다른 관점으로 다시 읽어보게 만든다. 그리고 나서 용기 있는 자라면, 바울이 이미 이루어놓은 일에 도전할 것이다. 즉 그 다른 관점들을 서로 어떻게 통합할지 깊이 생각하는 것이다. 그 작업을 떠올릴 때면 마치 긴 장화를 신은 중년남자가 잰걸음으로 춤추는 발레리나를 흉내 내는 것처럼 어색하게 느껴진다. 그러나 바울을 따라 몸을 푸는 그 준비 동작이 내가 그를 정확하게 따르기 위해 가야 할 길이 얼마나 되는지를 명확하게 보여준다면, 신선한 정신을 지닌 패기 넘치는 사람들이 그 작업을 더 잘해내는 데 자극이 될 것이다. 아마도 연구 초기 단계여서 바울을 집중적으로 연구하고 그들만의 다양한 도전과 수정, 새로운 제안에 직면할 기회가 있는 이들은 몇 가지 아이디어를 얻을 수도 있을 것이다. 바울을 좇아 그의 사상을 생각하며 세상과 기묘한 피조물인 인간을 향한 하나님의 목적과 방법을 끊임없이 새롭게 엿보는 것은 내 정신과 마음, 상상력과 영혼을 가장 자극하는 활동이다. 교회와 학계 모두 차세대 설교자와 스승이 시급하다. 그들은 기꺼이 성경을 연구하는 일에 온전히 헌신하고, 성경이 이끄는 대로 따라가며, 성경에 나오는 새로운 생각대로 생각하고, 말한 대로 행동하려고 노력하는 자여야 한다. 이 책은 신약 연구가 훌륭한 신학 학위를 따는 필수 요소일 뿐 아니라, 어느 학계에서나 유용하게 활용될 수 있는 최고의 지적·개인적 도전의 필수 요소라는 사실을 상기시켜줄 것이다. 특히 그중에서도 바울 연구는 학문 분야에서 가장 부담이 크면서 그만큼 보상도 크다.

이제 이 책에서 논의할 내용을 대략적으로 살펴보자. 1장은 전반적인 서론을, 이어지는 2-4장은 최근 연구에서 강조된 바울 신학의 주요 주제를 다룬다. 이 주제들은 바울 사상에 대한 몇몇 전제조건의 개요를 설명할 것이다. 5-7장은 바울 사상의 주요 신학적 윤곽을 체계적으로 요약하여 설명한다. 마지막 8장에서는 우리가 새롭게 조명할 몇 가지 주요 주제를 간략하게 살핀다.

각 장에서 내가 설명하려는 것은 바울의 삶과 사상에서 서로 아무 관련이 없는 것들이 아니다. 이제부터 나는 거대하고 험한 어느 산을 다양한 길을 따라 오르려고 한다. 바울 읽기는 산을 오르는 것과 같다. 스코펠봉이나 벤 네비스산에 오르는 길은 많다. 그러나 손쉽게 접근할 수 있는 등산로에만 익숙한 사람은 깎아지른 험한 암벽을 오르는 것이 더 흥미진진하고 때로 정상에 더 빨리 오를 수 있다는 사실을 모른다. 이제부터 나는 우리를 정상으로 인도해줄 여러 길을 그려보고자 한다. 영국의 호수 지방Lake District을 소개한 알프레드 웨인라이트Alfred Wainwright처럼, 직접 길을 찾아가려고 시도하는 이들에게 지도를 건네주려는 것이다.

원래 강연 형태인데다 가끔 구어체를 사용했기 때문에 꿀단지 주위를 둘러싼 말벌 떼처럼 문단마다 주를 달아야 할 수도 있었다. 그렇게 한다면 지금과는 아주 다른 책이 되었을 것이다. 나는 이 책이 「기독교의 기원과 하나님의 문제」(크리스챤다이제스트) 시리즈 4권이라고 불릴 수 있을 만큼 충분한 논의를 다루려고 한다. 적어도 그 시리즈는 핵심 문제를 더 세심하게 다루고 있다. 잘못된 전력前歷을 바로잡고 싶은 유혹도 있지만, 이 책에서는 비슷한 주제를 다룬 작가들과 심도 있게 논쟁하지는 않을 것이다. 특정 주제를 더 알아보고 싶은 독자는 앞서 언급한 다른 연구서에서 필요한 자료를 얻을 수 있다. 또한 이 책을 쓰는 데 도움이 된 자료들을 곳곳에서 소개할 것이다. 더 자세한 목록은 참고문헌을 보라.

강의하는 동안 우리 부부는 케임브리지 친구들에게 보살핌을 받는 행운을 누렸다. 학부 대표로서 우리를 초청해 준 레이디 마가렛 신학 교수Lady Margaret Professor of Divinity 3 그레이엄 스탠턴은 동료들과 함께 진정한 케임브리지 방식으로 우리를 세심하게 돌보아주었다. 다우닝대학 학장인 베리 에버리트 박사와 그의 아내 제인, 피터하우스대학 학장인 틸리온의 윌슨 경과 그 아내는 인상적인 환대와 함께, 내가 논리적인 강연을 준비할 수 있도록 조용한 장소를 마련해 주었다. 그간의 강연들 중에는 2004년 11월 텍사스 주 산 안톤에 있는 제일 장로교회First Presbyterian Church에서 열린 훈-불록 강연Hoon-Bullock Lecture처럼 형식이 조금 다른 강의도 있었다. 다른 강연들은 2005년 1월 루이지애나 주 먼로에서 열린 어번 애비뉴 장로교회Auburn Avenue Presbyterian Church 연례 목회자 집회 때 조금 수정하였다. 또 2005년 2월에 열린 벨파스트 퀸즈대학 연례 신학 강연과 3월 노팅엄대학의 퍼스 강연Firth Lecture에서도 약간 변형하였다. 우리 부부를 초청하여 친절하게 돌봐주고 아낌없는 환대를 베푼 분들에게 다시 한 번 깊은 감사를 드린다.

학문적으로나 개인적으로나 오래전부터 큰 빚을 진 C. F. D. 모울 박사께 이 책을 헌정한다. 신약을 공부하던 신학생 시절 초반부터 "모울"이라는 이름은 내게 경외감을 불러일으켰고, 열정적으로 모울 박사의 저서를 읽었다. 은퇴하신 지 얼마 안 되었을 무렵 박사님이 케임브리지에서 지내신 덕에, 나는 운 좋게도 그 분과 깊은 우정을 맺고 큰 격려를 받을 수 있었다. 내 스승이던 조지 케어드가 애석하게 돌아가신 뒤로 모울 박사는 내게 제2의 멘토와 같았다. 지금도 내 저서를 읽은 뒤에는 언제나 통찰력 있고 친절하며 빈틈없는 조언을 잊지 않으신다. 내가 지금 살고 있는 집은 박사의 종조부이신 H. C. G. 모울 주교가 100년 전에 따로 사용한 건물이다. 소중한 유산을 쓰게 해준 모울 가족에게 감사드린다. 케임브리지와 더럼을 이어주는 이 작은 책이 모두에게 감사하는 마음을 전하는 가장 좋은 길일 것이다.

오클랜드 성에서

톰 라이트

Part 1

주제

Chapter 1
바울의 세계, 바울의 유산

바울이 속한 세 가지 세계

바울을 연구하는 것은 마치 산을 오르는 다양한 길을 찾는 것과 같다고 서문에서 말한 바 있다. 이 비유를 살짝 바꿔보면 우리를 바울의 세계(1장에서 처음으로 다룰 주제인)로 데려다 줄 첫째 사실을 관측할 수 있다. 바로 이 세계가 여기서 우리가 다룰 주제다. 아니 복수형을 써서 "세계들"이라고 말하는 것이 더 나을 것이다. 바울을 읽는 것이 흥미로운 이유는 그가 적어도 세 개의 다른 세계에 두루 걸쳐 있기 때문이다. 따라서 그가 무슨 말을 하든지 세 개의 서로 다른 음향실 안에서 들어야 한다. 비록 바울은 그 소리들이 동시에 울리길 원하겠지만, 각 방의 소리가 다른 방에서는 들릴 수도 있고, 들리지 않을 수도 있을 것이다.

산 비유로 다시 돌아가 보자. 내가 어릴 적에 자주 오른 페나인Pennines 산맥 북서쪽에 서서 바울을 고찰해 보고자 한다. 요크셔쪽에서 산을 오르면 오른발은 요크셔에, 왼발은 랭커셔에 걸쳐 놓을 수 있다. 그리고 앞을 향해 눈을 들면 많은 사람이 애석해하는 옛 웨스트모어랜드 주를 볼 수 있다. 마찬가지로 바울은 (적어도) 세 가지 세계에서 살았다. 따라서 바울 서신의 윤곽을 잘 그리려면, 이 세 개의 세계를 모두 염두에 두어야 한다.

바울의 산을 오르는 첫 번째 세계는 당연히 유대교다. 제2성전기 유대교$^{\text{Second-Temple Judaism}}$에 대해서는 지난 천여 년보다 최근에 더 많은 연구가 이루어졌다. 새로운 연구 작업은 각종 성서 사본$^{\text{the Scrolls}}$과 바리새인, 초기 랍비 등에 대한 자료를 끊임없이 쏟아내고 있다. 그와 관련된 수많은 고고학적 발견은 말할 것도 없다. 그러나 이렇게 복잡하고 양이 엄청난 자료에서도 대체로 일관성 있는 그림이 나올 수 있으며 실제로 그런 그림이 나오기도 한다. 마치 등산가가 모든 골목과 개울이 서로 어떻게 이어져 있는지 보지 않고도 큰 강과 길의 윤곽을 파악할 수 있는 것과 같다. 제2성전기 유대교 안에는 지금 우리가 종교, 신앙, 문화, 정치라고 부르는 영역들이 다양하고 생생하게 혼재되어 있다(아마 당시 사람들은 이런 식으로 영역을 나누지 않았을지도 모르지만). 종교, 신앙, 문화, 정치는 서로 충돌할 때에 대부분 같은 주제 때문에 맞부딪쳤다. 예를 들면, 하나님의 백성이 된다는 것이나 토라에 충성스럽다는 것, 곳곳에서 잠식해 오는 이교도 세계에 맞서 유대인이라는 정체성을 유지한다는 것이 무엇을 의미하는지, 그리고 (특히 몇몇 사람의 관점에서) 하나님 나라의 도래와 선지자들이 예언한 "다가올 시대"$^{\text{age to come}}$, 이스라엘의 구원을 기다린다는 것이 무엇을 뜻하는지 같은 문제 말이다. 그들은 그날이 오면 하나님의 신원과 축복을 누릴 것이라고 기대했다. 이 세계가 바로 바울이 살아온 세계다. 그러나 그 세계를 사는 누구도 이전에는 생각하지 못한 것을 바울은 이야기했다. 그것 때문에 사람들에게 충격을 주고 심지어 파괴적인 영향을 끼치면서 그는 그곳에 머물렀다. 우리의 등산가가 은밀하게 흰 장미를 빨갛게 바꿔버린다면, 의심 많은 요크셔 사람들이 얼마나 의아해할지 상상해 보라.

바울이 속한 두 번째 세계는 헬레니즘이라고도 불리는 그리스 문화로, 당시 지중해 동쪽 지역과 주변 더 깊은 곳까지 이 문화가 퍼져 있었다. 그로부터 300여 년 전인 알렉산더 대왕 때부터 헬라어는 지금의 영어처럼 모든 사람에게 제2의 공용어 역할을 했을 뿐 아니라 여러모로 사람들의 사고방식에 많은 영향을 끼쳤다. 1세기 헬레니즘은 매우 다양하지만, 그중에서도 문화와 철학, (바울을 보면) 특히 수사학 기법이 깊숙이 스며들어 큰 영향을 끼치고 있었다. 바울보다 조금 젊은, 동시대 인물이던 에픽테토스Epictetus [1]의 글을 몇 장만 읽어보라. 바울과 에픽테토스는 서로 신념이 달랐지만, 그들이 사용한 용어와 논쟁 방식은 닮아 있다는 사실을 금방 알아차릴 것이다. 종종 두 사람이 같은 동네에서 살았던 것이 아닌가 하는 생각이 들 정도다. "모든 생각을 사로잡아 그리스도[메시아]에게 복종하게"(고후 10:5) 해야 한다고 생각한 바울은 당시의 일상적 수준의 헬라적 담론에 익숙했다. 그는 이교 도덕주의자의 언어와 이미지를 풍성하게 활용하면서, 거기에다 끊임없이 신선한 내용을 더하였다. 단순히 다른 문화에 순응하거나 두 세계 사이에서 양다리를 걸치려 한 것이 아니다. 유대교 전승에서 그는 유일하신 아브라함의 하나님이 만물의 창조자요 모든 인간은 그분의 형상을 따라 만들어졌다고 배웠기 때문에, 솔로몬의 지혜서^{Wisdom of Solomon} 저자와 같은 동시대 사람들처럼 바울도 헬레니즘 세계를 이루는 나머지 사람들, 특히 통치자들에게 유대적 사고에 따라 접근할 수 있는 견고한 기반을 다질 수 있었다.

바울 당시 세계를 지배한 통치자들과 그들이 창조해내려고 애쓰던 세계가 바로 바울이 살아간 세 번째 세계다. 다시 등산 비유를 사용하자면, 두 발로 두 세계 위에 굳건히 서서 몸을 내밀면 닿을 수 있을 것처럼 보이는 바로 그 세계다. 그때나 지금이나 어떤 이들에게는 놀라운 사실이겠지만, 바울은 로마 시민이었다. 우리가 사도행전의 역사성에 대해 조금은 조심스런 견해를 취한다 하더라도, 바울은 종종 자신의 특권을 매우 효과적으로 사용한 것으로 보인다. 그러나 유대교와 헬라적 배경에 대해서 그랬듯이, 바울은 황제가 통치하는 거대한 영역에 대해서도 무비판적인 신민이 아니었다. 바울이 로마제국에 대해, 그리고 그 이데올로기와 황제숭배에 관해 어떤 견해를 취했는지는 여전히 많은 논의가 필요한 대상인데, 우리는 4장 전체를 할애하여 그 주제를 다룰 것이다.

바울의 세계라는 삼각형에서 한 각을 이루는 로마라는 배경은 앞서 이야기한 두 세계와 밀접하게 통합된다. 이교도 제국을 비평하는 유대교 전승은 궁극적으로 애굽과 출애굽 사건에서 비롯된 것으로 거의 천 년 전으로 거슬러 올라간다. 압제와 해방이라는 옛 사건을 다시 이야기하면서 주요 악역을 연기하는 새로운 배우를 상상하는 일은 1세기 유대인에게 그리 어려운 일이 아니었다. 1989년, 서예루살렘에서 처음으로 부림제$^{\text{Purim celebration}}$에 참여했을 때 일이다. 나를 초대한 유대인은 에스더서 이야기를 낭독할 때 그곳에 모인 사람들이 마음속으로 현대판 하만과 그의 아들들 역을 누구로 묘사하는지가 눈에 뻔히 보인다는 사실에 무척 당황스러워했다. 강렬한 이야기들이란 지속적인 재현을 가능케 하는 그 나름의 해석학을 만들어내는 법이다. 이스라엘의 하나님이 마침내 세상의 마땅한 주인으로 메시야를 보내셨다고 바울이 믿는 순간, 세 가지 세계의 충돌과 이미지의 재생^{rebirth}이 불가피해졌다. 이것은 정치적일 뿐 아니라 새로운 신학적 의문과 가능성을 불러일으켰다. 바울은 유대교 전통을 굳게 지키며 로마의 요구와 주장에 대응했다.

마찬가지로 그 당시 로마제국의 이념과 황제숭배는 주로 헬레니즘에 의존하여 철학적이고 이념적인 모양새를 갖출 수 있었다. 수도의 상당 부분을 포함하여 로마제국 대부분 지역에서 헬라어를 모국어로, 때로는 유일한 언어로 사용했다는 사실을 기억하라. 바울은 이처럼 복잡하고 다양하게 통합된 세계에 살면서 일하고 생각하며 글을 썼다. 바울이 "여러 사람에게 여러 모습"이 되었다고 한 말(고전 9:22)이 오늘날에는 종종 모든 사람의 비위를 맞추려 했다는 말로 느껴지겠지만 그의 실제 의도는 그보다 훨씬 당당한 것이었다. 그는 유대교 메시지를 세상에 전할 사명을 받았다. 그 메시지를 전달하기 위한 방법 중 하나는(그때나 지금이나 사람들이 놀랄 만한 방법인데) 이스라엘의 유일하신 참 하나님이 이방 세계에 손 내민 사실을 자기 자신이 직접 구현하는 것이었다. 바울은 확실한 유일신론자며, 이제 살펴볼 것처럼 그 유일신 신앙의 의미를 최대한 분석하고 활용하였다.

그러나 바울의 유일신 사상은 충격적일 정도로 새롭게 정의된 것이다. 바울의 배경을 이루는 세 가지 세계에 우리는 넷째 세계를 더해야 할 것 같다. 이 세계는 그가 개종할 때 이미 존재하고 있었다. 우리가 생각하기에 이 세계는 다른 세계만큼이나 충격적인 환경을 이룬다. 바울은 에클레시아$^{ekkl\bar{e}sia}$, 즉 "부르심을 받은 자들"이라고 불리는 하나님의 백성인 메시야의 가족에 속해 있었다. 물론 다른 부분도 있지만 여러 면에서 이 공동체는 유대교 회당 공동체나 이방 사회의 시민 모임과 비슷하다. 바울은 교회가 비록 아브라함의 진정한 자손^{family}이기도 하고, 더 넓은 이교도 세계에서 평범하게 살다가 모인 사람들이기도 하며, 황제 제국 내에 자리를 잡은 이들이기도 하지만, 그럼에도 그들 가운데 어느 누구와도 다른 부류^{sort}라는 사실을 여러 방향으로 입증하는 데 많은 노력을 쏟았다. 이 공동체를 정의하는 것은 인종적 배경이나 사회적 지위가 아니었다. 사교 모임이나 특정한 제의^{cult}, 길드로 정의되지도 않았다. 주변 사람들은 그런 모임으로 오해했을지 몰라도 말이다. 메시야 예수를 따르는 사람들의 모임인 교회는 (바울이 볼 때) 자신만의 세계를 형성했다. 다른 세 가지 세계와 독특한 관계를 맺으면서도 다양한 방법으로 그 세계들에서 여러 가지 역학을 이끌어냈다. 그러한 역학 관계는 바울에게 많은 문제를 안겨주었다. 이 점은 곧 다시 다루도록 하자. 바울에게 "메시야 안에 거한다"는 것, 메시야의 몸 된 공동체에 속한다는 것은 유대교에 뿌리박은 정체성을 받아들이는 동시에 헬레니즘 세계에서 살아가며, 나아가 세계를 지배하려는 황제의 야망에 반기를 든다는 뜻이다. 세 가지 세계에서 얻은 요소들을 때로는 단단하게, 때로는 느슨하게 조합하면서 말이다. 바울은 넷째 세계에 독특한 무언가가 있다고 주장했을 것이다. 또한 예수 자신과, 그가 메시야로서 맡은 통합자적 역할에서 그 독특성의 뿌리를 밝혀냈을 것이다.

지금까지 바울의 세계를 정리해 보았다. 복잡하게 중복되면서도 때로는 서로 경쟁적인 내러티브라는 관점으로 바울의 세계를 설명하는 것이 유익할 것이다. 예를 들어 유대교 관점에서는 하나님과 이스라엘의 이야기로, 그리스-로마 관점에서는 이교 신들과 그 세계에 대한 이야기나 각 이교도가 정체성을 세우도록 도와준 암시적인 이야기로, 그리고 특별히 베르길리우스^{Vergil}와 리비우스^{Livy}, 그리고 여러 다른 작품에서 찾아볼 수 있는 거대한 이야기와 나름의 지역 문화를 담고 있는 더 작은 이야기 모두를 지닌 제국의 대서사들로 설명할 수 있다. 마찬가지로 이 세계들은 그 안에 담긴 상징들로도 설명할 수 있다. 유대교에는 성전, 토라, 토지, 가족 정체성이라는 상징이, 이교도에는 국가, 왕권, 종교, 문화라는 복잡한 상징이, 특히 로마에는 동전에서 아치, 신전, 군사력과 같이 위대하고 유일한 세계

제국을 증명하는 상징이 있다. 여기에 서로 다르지만 중복되는 문화적 실천^{praxis}을 더할 수 있다. 말하자면 단순한 생존뿐 아니라 개인의 야망을 표현하고 구현하는 삶의 방식과, 특정한 사회적·윤리적 가르침의 결과로 체득한 삶의 방식이다. 또한 모든 세계관에 놓여 있는 주요 질문에 대해 우리가 기대하는 대답을 (다른 문화 안에서도) 만들어볼 수 있다. 다음과 같은 질문들이다. "우리는 누구인가?" "우리는 어디에 있는가?" "무엇이 잘못되었는가?" "해답은 무엇인가?" "지금 우리는 어떤 시대를 살고 있는가?" 세계관을 분석하는 이 네 영역(내러티브, 상징, 실천, 질문)에 대해서는 다른 책에 설명해 놓았다.[2] 바울과 관련하여 이 주제를 자세하게 다룰 수는 없지만, 우리가 때때로 거론할 틀로서 이 영역들을 유념해 두는 것은 중요하다.

특히 이 영역 가운데 "내러티브"에 대해 더 논의하려고 한다. 요즘 들어 많은 학자가 바울 사상의 내러티브에 주목하고 있다. 나는 내러티브가 (이제 곧 다룰) 바울 사상에 대한 "새 관점"$^{new\ perspective}$으로 알려진 내용 가운데 핵심 요소라고 생각한다.[3] 최근의 관심은 리처드 B. 헤이스$^{Richard\ B.\ Hays}$의 박사 학위 논문으로 거슬러 올라간다. 헤이스는 갈라디아서라는 매우 밀도 있는 조각들 안에 응축된 암시적인 줄거리를 연구했다. 그에 따르면 바울은 예수의 죽음과 부활(특히 그의 "신실함")이 결정적 역할을 한 거대한 내러티브를 활용하고 요약했다.[4] 그러나 한 번 램프 밖으로 나온 내러티브라는 요정을 다시 들여보내기란 쉽지 않다. 특히 현대 문학비평에 의해 새롭게 펼쳐진 관점으로 세계를 보게 된 사람은 더욱 그렇다. 이런 점에서 이제 바울의 모든 측면은 암시적이든 명시적이든 이야기를 통해 조명될 것이다. 몇몇 사람의 바람과 노력과는 달리, 이것은 생소한 개념들을 바울 위에 덧씌운 것 내지는 그저 일시적인 후기 자유주의적 유행으로 일축해 버릴 수 없다. 어떤 이들이 은근히 주장하는 것처럼, 이는 한편으로 "교리", 다른 한편으로 "실제 삶"과 대립되는 "이야기"의 세계로 바울 사상을 축소하려는 것이 아니다. 명백한 예를 들어보자. 성경 시대부터 오늘날에 이르기까지 유대 문학에는 아브라함, 출애굽, 포로생활, 귀환 등과 같은 지배적인 이야기가 담겨 있다. 따라서 유대교 자료 안에 이런 이야기가 살짝 암시되어 있다면 우리는 그것을 적어도 전체적인 내러티브 the whole narrative가 그 배경 안에서 맴돌고 있다고 이해할 수 있는 증거로 여겨도 무난할 것이다. 바울 서신에서 어떤 암시를 발견할 때, 우리는 단순히 이야기로 들어가기만 하는 것이 아니라 그 이야기를 끝까지 따라가서 바울이 당연하게 여긴 내러티브 세계를 샅샅이 파헤쳐야 한다. 제2성전기 유대교에 대해 우리는 "조심스런 최소주의"minimalism에서 벗어나야 한다. 다른 경우와 마찬가지로 이 경우에도 조심스런 최소주의라는 자세는 학문적 탐구를 궁지로 몰아 아무 할 말이 없도록 만들어버릴 위험이 있다. 아직 내러티브라는 파도에 휩쓸리지 않은 유일한 모래톱 위에 떨면서 서 있을 필요가 없다. 역설적으로 보이겠지만, 안전을 확보하는 유일한 길은 파도 속으로 뛰어 들어가 헤엄치는 것이다.

    사실 내러티브로의 방향 전환은 "새 관점"이라는 혁명이 촉진시킨 가장 두드러진 발전 가운데 하나다. 이는 샌더스가 말하고 (내가 믿기로는) 생각한 것을 넘어선다.⁵ 내러티브는 발전하고 있는 "새 관점"의 한 부분으로, 또 바울 사상에서 단순히 실례나 주변 요소가 아닌 핵심 요소로 간주되어야 한다. 더불어 내러티브가 순수하게 역사와 관련 있다는 사실도 중요하다. 곧 내러티브가 고대 세계에 어떻게 기능했는지, 작은 암시가 어떻게 암묵적인 전체 내러티브(화자와 청자가 스스로 살아가고 있다고 믿는 내러티브를 포함하여)를 환기시킬 수 있는지를 이해하는 것이 중요한 도구가 된다는 것이다. 프린스턴대학의 에드워드 챔플린$^{\text{Edward Champlin}}$ 교수가 네로를 새롭게 조명하여 쓴 책이 있다. 쟁커^{Zanker}나 다른 학자들의 연구와 병행하여 그는 그 책에서 고대 그리스-로마의 다채로운 신화가 그 당시 일반인의 사고방식과 상상력에 큰 영향을 끼쳤다는 사실을 매우 자세히 묘사했다. 그 결과 무대에 등장할 역할을 네로가 신중하게 선택한 것처럼 아이네아스, 아가멤논이나 오레스테스, 오이디푸스, 그 밖에 다른 인물들을 언뜻 암시하기만 해도 그 당시 청자들은 즉시 전체 줄거리를 설명할 수 있었다. 그 줄거리를 재구성하려면 머리를 싸매야 하는 우리와 달리 그 세계 사람들은 아무 어려움 없이 줄거리를 이해했다. 챔플린이 말하는 것처럼 "상류층이든 하류층이든 그들은 신화에 나오는 용어를 일상생활에서 흔하게 사용하였다. 공적인 토론장에서도 가장 보편적으로 쓰일 만큼 그런 용어는 모두가 알아들을 수 있는 단순하고 보편적인 부호였다."⁶ 이것이 네로 자신의 이력과 주장에 어떻게 작용했는지를 아는 것은 여러 면에서 초기 기독교 연구, 특히 요한계시록 연구와 밀접한 관련이 있다. 그러나 지금 다루는 주제에 따라 내가 주장하고 싶은 것은 바울이 관심을 기울인 암시적인 내러티브가 바울에게는 분명했고, 그 독자들에게도 분명했다는 점이다. 참 하나님의 백성의 조상인 아브라함에 대한 전반적인 내러티브가 또렷이 보이는 로마서 4장과 갈라디아서 3장과 같이 명백한 본문과, 좀 덜 명백하긴 하지만 시편 116편(칠십인역에서는 115편)을 인용하고 있는 고린도후서 4장 13절과 같은 본문이 바로 그러한 내러티브다(비록 샌더스 자신은 물론 최근 "새 관점"을 비평하는 사람들에게서는 이에 대해 아무것도 들을 수 없겠지만 말이다). 사소한 구문 전환조차도 엄청난 암시를 담을 수 있다. 어느 정치인이 경찰 업무에 대해 하던 이야기가 생각난다. 그는 곧잘 "아일랜드 북쪽"the north of Ireland이라고 언급했는데, 알고 보니 그에게는 "얼스터"Ulster는커녕 "북아일랜드"Northern Ireland라고도 부르지 않는 속사정이 있었던 것이다.[7]

바울은 어느 정도 잘 알려진 내러티브만 암시한 것이 아니다. 바울 서신을 내러티브로 읽는 것을 비평하는 이들은 내러티브란 주요한 신학적 주장을 꾸며주는 장식일 뿐이며, 주요 신학적 주장은 오히려 비내러티브적 요소에서 비롯된다고 말한다. 그러나 내가 주장하고 싶은 바는 메시야 예수의 도래와 죽음, 부활을 통해 바울 자신이 일부가 되어 살아가고 있다고 믿었던 그 이야기에 새로운 장이 펼쳐졌다는 것이 바울의 핵심 논지라는 것이다. 또 그 이야기가 무엇인지, 그 속에서 그 장이 어떻게 해서 진정 새로운 순간이 되는 것인지를 이해하는 것이 바울이 말한 다른 모든 주제, 특히 옛 관점과 새 관점이 부딪히는 요인인 칭의와 율법의 문제에 대한 결정적 실마리를 제공해 준다는 것이다. 이런 논쟁에 내러티브를 받아들이지 않는 것은, 자동차를 운전할 때 필요한 것은 바퀴와 운전대이므로 휘발유는 넣지 않아도 된다고 하는 것과 같다.

물론 우리는 정확하게 지배적인 내러티브가 무엇이며 바울은 그것을 어떻게 이해했는지 계속 논의할 것이다. 그러나 나나 다른 학자들이 보여주었듯이, 아브라함, 출애굽, 다윗(물론 특별히 이 부분에 반대하는 사람도 있다), 포로생활과 귀환(이 부분에 대해서는 더욱 그렇다)을 다룬 위대한 이야기들은 단순히 뚜렷한 상징을 마음껏 끌어낼 수 있는 풍부한 배경막을 짜는 데 그치지 않으며, 바울 자신과 동시대인들이 살아가고 있다고 믿은 단일한 내러티브 체계(유형학적으로 되풀이할 수는 있지만, 그것을 단순하게 환원할 수는 없는)를 창작하기에 이른다. 아우구스투스가 세운 새로운 세계로 인도하기 위해 리비우스가 로마의 옛 위대함을 이야기하듯이, 그리고 포로생활에서 귀환하리라는 약속이 이스라엘 공동체 안에서 이루어지고 있다고 주장하기 위해 쿰란이 이스라엘 예언을 이야기하듯이, 또한 그 긴 묵시론적 드라마가 이제 대단원의 순간에 이르렀다고 주장하기 위해 에스라4서가 (우리가 요세푸스에서 엿볼 수 있는 힌트와 비슷하게) 다니엘서를 재해석하여 읽듯이 바울도 하나님과 이스라엘, 세상의 위대한 이야기들을 끄집어낸다. 구원 자체, 구원으로 말미암는 칭의, 그리고 다른 모든 사상들에 대해 바울은 각 사람이 어떻게 하나님과 올바른 관계를 맺을지의 문제가 역사와 무관하지 않다고 보기 때문이다. 오히려 바울의 관점은 아브라함의 하나님이 사랑하는 아들의 종말론적 죽음과 부활을 통해 어떻게 그분의 약속을 성취하셨는지를 말해 준다. 3장에서 다시 다루겠지만, 어떤 학자들이 "묵시 사상"apocalyptic이라고 부르는 것(아마도 1세기 구조에 맞춰 이해한 것이겠지만)이 진정 바울 신학의 중심부에 자리 잡고 있다. 약속을 성취한다는 특성에서 볼 때, 묵시 사상은 바울의 언약 신학이라는 연속성에서 벗어나지 않고 오히려 그것을 완성하고 확장한다. 나아가 연속성을 지나치게 긍정할 경우 (또한 개혁 신학과 "새 관점"의 몇몇 유형이 그러하였듯이) 메시야의 십자가에 대한 바울의 강조와 그에 따른 모든 인간의 자부심을 비평하는 내용은 들어설 자리가 없어져버리게 되는데, 묵시 사상은 그런 붕괴로부터 막아주는 역할을 하기도 한다.

그러므로 바울을 석의하는 데 내러티브를 시도하는 방법은 "새 관점"이 열어놓은 세계에서 가장 의미 있는 발전이라고 생각한다. 내러티브는 바울이 인용한 구약을 해석하는 것과 매우 긴밀하게 연관되어 있다. 리처드 헤이스와 몇몇 다른 학자가 거듭 주장한 것처럼 (많은 유대교적 문서나 챔플린이 비유대교적인 글에서 지적했듯이) 작은 암시 하나가 모든 사상 세계를 불러낼 수 있다는 점에서[8] 내러티브는 바울 읽기와 긴밀하게 연관되기 때문에 중요하다. 물론 이것은 발전된 "새 관점"이 샌더스의 주석적 제안을 완전히 반박하는 여러 부분 가운데 하나다. 널리 알려져 있듯이 샌더스는 바울이 문맥을 고려하지 않고 무분별하게 구약을 인용했다고 제안했다. 예를 들면 이신칭의 신학을 성경적으로 증명하기 위해 의미상 일치하는 용어mental concordance를 죽 살펴보다가 "의"와 "믿음"이 함께 등장하는 두 구절, 바로 창세기 15장과 하박국 2장을 찾았다는 것이다. 이처럼 실제로 성경 본문이 뭐라고 말하는지 보지 않으려고 마음먹은 사람들과 논쟁하기란 쉽지 않다. 석의와 같은 것을 다루는 논쟁은 궁극적으로 단순히 입체 안경을 쓰고 본문을 읽으면서 3차원으로 보이는지를 살피는 것이다. 안경을 쓰지 않을 때 경험하는 평평하고 흐릿한 읽기와는 다르다. 이러한 관점에서 우리는 다양한 논쟁에서 경험하는 함축적인 가설-증명 구조를 더 자주 의식해야 한다.

바울 사상에 숨겨진 근본적인 내러티브 구조를 주목하는 것은 단순히 그 사상 안에 암시된 내러티브를 인식하고 그 암시를 뽑아내어 자세히 석의하는 작업이 아니다. 암시된 이야기들을 밝혀내기 시작할 때 더 깊고 개혁적인 무언가가 일어난다. 최근에 일어난 이 흐름에 대해 두 가지 저항이 있다. 내러티브를 인정하는 것에 대한 저항과, 더 구체적으로는 이른바 "새 관점"에 대한 강한 저항이다. 제2성전기 유대교와 바울 신학에서 말하는 내러티브의 주요 핵심은 당시 사람들이 이러저러한 경험이나 교리를 그림처럼 묘사하거나 성경적으로 증명하기 위해 이야기를 좋아했다는 것이 아니다. 오히려 제2성전기 유대인은 스스로 **실제 이야기 속 배우**라고 믿었다. 다시 말해 그들은 어찌 보면 일상생활의 기쁨과 슬픔, 시련과 극복과는 관계없는 것을 묘사하기 위해 민간전승(그들에게는 주로 성경)

을 이용하는 이야기꾼이 아니었다. 그들의 내러티브는 예표론적으로^{typologically} 기능할 수 있고, 실제로 그러했다. 즉 둘을 이어줄 역사적 연속성이 없는 다른 시대의 사건과 이야기까지도 가로질러 본보기가 될 만한 양식을 제공한 것이다. 그들이 이해한 이야기의 주요 기능은 **단일하고 거대한 이야기** 속에 담긴 태초와 (그들이 바라는) 특징적인 순간을 상기하는 것이다. 그 거대한 이야기는 천지창조와 아브라함을 부르신 날부터 그들이 사는 날까지, 그리고 나아가 (그들이 바라는) 미래까지 뻗어나간다. 조금은 억지스럽지만 서로 다른 두 가지를 예로 들어 비유하자면, 이 거대한 이야기는 「제인 에어」를 읽고 그 긴 이야기와 그 속에서 일어난 재미난 사건과 같은 것을 꿈꾸는 외로운 소녀보다는, 전반전을 잘 마무리 지어놓고 경기 종지부를 찍기 위해 힘차게 나가 타점을 올리는 크리켓 선수의 모습에 더 잘 어울린다는 것이다. 예를 들어 어떤 사람은 아브라함 이야기를 기능적인 관점에서 바라보는 방법을 통해 로마서 4장을 다르게 해석할 수 있다고 어렵지 않게 설명할 것이다. 그렇다면 아브라함 이야기는 단순히 이신칭의를 증명하는 성경적 근거인가? 그렇지 않다면 무엇인가? 다음 장에서 다루겠지만, 창세기 15장 전체 내용을 염두에 둔 바울은 아브라함 때에 시작된 이야기가 이제 결정적이고 어쩌면 승리할 수도 있는 단계에 이르렀다는 것을 마지막 몇 구절에 밝히고 있다. 또한 우리는 AD 70년과 AD 135년의 사건(유대인 1, 2차 대반란)이 제2성전기 유대인이 살아온 암시적 내러티브에 완전하고 영원한 결말을 가져다 준 영향에 주목할 수 있다. 이 때문에 주로 이야기가 아닌 탈역사화된 율법 해설이라는 면을 드러낸 새로운 규범적 유대교가 탄생한 것이다. 그러나 바울 시대에 내러티브는 최고조에 달해 있었다. 바울과 당대 유대인은 줄거리가 어디까지 도달했고 자신들이 어떤 역할을 맡았는지를 밝히는 데 열성적이었다.

결국 이것은 유일하신 참 하나님이 창조자이자 통치자이며, 곧 다시 오셔서 만민을 심판할 분이라는 믿음에 근거한다. 이 사실은 바울 사상을 이해하는 데 매우 중요한 근본 원리다. 창조, 섭리, 최후의 심판으로 이루어진 유대교 방식의 유일신 사상, 바울이 개조하면서 재강조한 이 유일신 사상은 근본적인 내러티브 의식, 즉 역사적이지만 아직 끝나지 않은 창조와 언약 이야기를 만들어낸다. 아브라함과 출애굽 이야기와 같은 개별적인 이야기는 창조와 언약 이야기에 기여하여 그 풍미를 더해 주지만 단순한 예표론을 넘어 강력한 역사적 연속성까지 지닌다. 무엇보다 이것은 바벨론 포로기와 포로기 이후 문학이 목표한 것이다. 하나님은 그분이 선택한 민족을 바벨론으로 보내셨을 때 결코 그들을 버리신 것이 아니었다. 제2성전기 문학 대부분은 바로 이 이야기를 끊임없이 반복하여 이야기가 어떻게 진행되고 절정에 다다를지에 관심을 기울인다. 처음부터 이 점을 인식하고 고려하여 바울과 그의 유대교 세계를 살펴봐야만 바울 사상의 본질적 구조를 이해할 수 있다. 또한 종종 그래왔듯이 바울의 지배적 내러티브를 다른 전통과 문화 요소로 대체한다면 해석하기가 어려워진다.

내러티브는 "새 관점"을 다시 명확하게 표현하여 그에 대한 규범비평standard criticism을 피할 수 있게 해준다. E. P. 샌더스나 제임스 던 등 "새 관점"을 지지하는 대표인물 가운데 누구도 (나를 포함하여 헤이스나 다른 학자가 제안한) 바울의 내러티브적 이해를 발전시키지 않았다는 것은 참으로 의아하다. 이 부분은 특히 2장에서 바울 사상의 주요 주제(확실하게 통합된 주요 주제)인 창조와 언약을 다룰 때 더 자세히 살펴보고, 구원이란 역사와 **무관하게** 세상에서 구조rescue되는 것이 아니라 역사를 **초월하여** 세상을 구속redemption하는 것이라는 특별한 관점을 논의할 것이다. 바로 이것이 창조에서 시작하여 언약을 거친 단일한 내러티브가 (바울과 우리 자신의 관점에서 볼 때) 미래의 어느 시기에 적절하게 이루려는 핵심이다. 바울을 내러티브적으로 해석할 때 중요한 것은 (좀처럼 부인하기 힘들겠지만) 그의 글에서 암시적인 내러티브를 찾을 수 있느냐 없느냐가 아니다. 그보다는 우리가 **어떤** 내러티브를 대하고 있는지, 유대교와 바울 모두에게 그 이야기가 어떤 역할을 하는지가 중요하다. 사실, 추정되는 내용과 직접 관련하여 볼 때 내러티브의 종류는 다양하다. 이 점 역시 이 책 다른 부분에서 더 자세히 다룰 것이다.

바울이 볼 때 새 언약과 새 창조로 이어지는 언약의 성취는 예수의 죽음과 부활이라는 특정한 사건을 통해 완성되었다. 3장에서는 바울이 그 사건들을 메시야적이면서도(보통 "메시야"를 의미할 때 바울은 "그리스도"Christos라고 썼다) 묵시론적으로 이해했다는 점을 논의할 것이다. 메시야적 유대교와 묵시론적 유대교에서 예상할 수 있듯이 이 논의는 예수의 복음과 황제의 복음의 대립으로 나아간다. 이것이 4장의 주제다. 2-4장은 제2성전기 유대교에 지배적으로 암시된 이야기에 담긴 주요 주제들을 연구하여 바울이 이를 어떻게 수정하고 자기 것으로 만들었는지 살펴볼 것이다. 바울이 예수님의 복음과 (그가 덧붙인 대로) 성령의 능력에 이끌려 유대주의적 메시야Jewish Messiah를 세상에 선포할 때, 이것이 바울 사상의 핵심을 이룬다. 그가 유대주의적 메시야를 선포한 그곳은 헬라 문화가 사람들의 생각을 지배하고 로마가 끔찍한 복종을 강요하는 세계였다.

바울의 영적 유산을 둘러싼 논쟁: 옛 관점과 새 관점, 그리고 또 다른 관점들

바울이 남긴 유산을 이해하는 일은 그가 속한 세계를 이해하는 일보다 훨씬 복잡하다. 그런 복잡한 문제들을 다루는 것은 내 능력뿐 아니라 이 책의 주제를 넘어서는 일이다. 다른 신약학자들처럼 나 역시 주로 몇몇 초기 교부와 개혁자의 주석을 제외하고는 바울 석의에 무지하다. 중세를 거쳐 17, 18세기에 바울을 연구한 자료가 많이 있지만 나는 그 자료들을 읽지 못했다. 이와 비슷하게 오늘날 우리는 학문판 근대 제국주의에 빠져버릴 위험에 처해 있다. 학자들의 초점이 독일에서 미국으로 옮겨가고 있는 것이다. 30년 전 내가 박사 학위를 시작할 때만 해도 독일이 선두에 있었는데 말이다. 이것은 큰 혼동을 불러일으킬 수 있다. 여전히 유럽에서도 수많은 학문 연구가 이뤄지고 있기 때문이다. 비서구세계, 특히 아프리카에서 등장한 전반적인 학문 경향은 말할 것도 없다. 뒤늦게야 명확하게 깨달은 것은 바이마르 공화국, 나치 시대, 세계대전 후 재건이라는 무시하기 힘든 문제들이 필연적으로 우리를 독일 학문으로 몰고 갔다는 사실이다. 이러한 독일 학문 경험은 그런 경험을 공유하지 못한 이들이 당대의 특정 문화(특히 그 특정 문화가 절대 권력의 위치에 속할 때)가 지닌 학문과 그에 따른 강력한 암시적 의문과 내러티브에 편승하는 것에 대해 우리에게 경고한다. 그러나 우리가 동시에 여러 곳에 있을 수는 없지 않은가. 우리가 지닌 시각이 불완전하다는 특성을 인식하고 안타까워하면서도 우리는 최선을 다해야 한다. "(존재하고) 있는 그대로인 만물의 하나님을 위하여 보이는 그대로의 사물"을 그리는 때가 있다는 키플링의 멋진 말을 믿으면서 말이다.[9]

오늘날 모든 서양 학문처럼, 지난 200년간 유럽과 북아메리카에서 진행된 바울에 대한 논쟁은 "보이는 그대로의 사물"에 영향을 끼쳤다. 오늘날 포스트모던 시대는 우리가 계몽주의의 노예인 것에 안달한다. 계몽주의에서 자유로워지려면 그 주인에게 맞서야 한다. 모세는 다른 나라 통치자가 아닌 애굽 왕, 바로와 직면해야 했다. 계몽주의에서 비롯된 바울에 대한 주요 논점은 네 가지다. 바로 역사, 신학, 석의, 현 시대와의 관련성이다.

사람들은 이 네 가지 요소를 자주 혼동한다. 그러나 이 네 가지는 기본적으로 분리될 수 있다. 역사라는 요소는 바울을 역사적인 차원에 놓고 그가 처한 사회적·문화적 상황, 즉 (그가 경험하고 가르치고자 한) 종교 형태와 당시 다른 활동의 관련성을 이해하려고 하는 것이다. 비록 겹치기는 하지만 신학이라는 요소는 바울의 세계관과 신학 형태를 설명하고, 그가 말한 하나님과 세상, 악의 문제와 그에 대한 해답, 인간이 된다는 의미와 더 온전하고 진정한 인간이 되는 방법(어느 전통에서든 이러한 신학적 질문은 끊임없이 제기된다. 그러나 놀랍게도 오늘날 많은 사람이 그 사실을 인식하지 못하고 있다)을 정리하여 다양하면서도 서로 맞물린 바울의 신학적 표현에서 그의 특정한 역사적 도전이 어떻게 도출되었는지를 살피려고 시도하는 것이다. 따라서 역사와 신학, 특히 유대교를 겨냥한 세계관 안에서 이 둘은 서로에게 영향을 끼칠 수밖에 없다. 그러나 이들은 결코 동일하지 않다. 한 편으로 두 요소는 모두 셋째 요소인 석의에 영향을 끼친다. 이런 점에서 나는 석의를 이 책에서 다룰 과제의 시작점이자 종착점으로 보고 있다.

역사, 신학, 석의는 늘 학자들이 지켜봐온 관심사다. 어떤 특정한 시대나 특정한 설교자만 관심을 기울인 주제가 아니라는 것이다. 바울을 해로운 자요, 자기모순에 빠져 횡설수설하는 신경증 환자라고 생각하는 사람은 마치 바울이 하나님의 입에서 직접 말씀을 전해 받은 것처럼 여기는 사람만큼이나 그들의 청자가 바울에 대해 부정적 관점을 고수하도록 만드는 데 열성적이다. 그래야 바울의 윤리적 가르침을 더 확실하게 거부할 수 있기 때문이다. 중립적인 태도는 있을 수 없다. 하이젠베르크^{Heisenberg}의 불확정성 원리는 포스트모더니즘의 비평학설에 영향을 주었고, 결국 객관주의라는 단단한 성벽을 뚫는 작은 바늘이 되었다. 무언가를 관찰하는 행위가 관찰 대상을 변화시킬 수 있기 때문에 이론상 정확하게 관찰할 수 없다는 것이 바로 불확정성 원리다. 내가 다른 곳에서도 자주 논의했듯이 여기서 더 나아갈 유일한 방법은 확고한 비판적 현실주의에 의지하는 것이다. 이 현실주의에서 역사적·신학적 인식론이 생겨난다. 이 인식론은 일부에서 내놓은 소생한 실증주의는 물론, 그와는 다른 곳에서 제기한 열정적인 주관주의와는 상당한 거리가 있다. 이것은 바울이 말하는 이야기의 힘과 그 힘이 지닌 영향력에 의존한다.

20세기를 통틀어 사방에 퍼져 있는 비중립적인 바울 학자들을 거명하기란 어렵지 않다. 알베르트 슈바이처$^{Albert\ Schweitzer}$가 유대인의 묵시적 관점에서 초기 기독교를 조명하고 적어도 그런 전제 아래 니체 철학을 이해한 것이나, 그 시기에 루돌프 불트만$^{Rudolf\ Bultmann}$이 하이데거의 실존주의를 받아들이고 그 사상을 바탕으로 바울을 이해한 것은 우연이 아니다. 유럽이 나치 대학살^{Holocaust}을 일으킨 신이교주의를 멀리하고 유대교에 대한 부정적 평가가 엄청난 실수는 아니었는지 의문을 제기할 때, W. D. 데이비스^{Davies}가 「바울과 랍비식 유대교」$^{Paul\ and\ Rabbinic\ Judaism}$와 같이 이전과 확연히 다른 책을 쓴 것도 마찬가지다. 그러한 세계에서 스웨덴의 루터교도 크라이스터 스탕달$^{Krister\ Stendahl}$이 「바울과 서구의 내향적 양심」$^{Paul\ and\ the\ Introspective\ Conscience\ of\ the\ West}$이라는 유명한 논문을 통해 널리 퍼져 있던 독일 루터교 전통에 도전하고, 에른스트 케제만$^{Ernst\ Käseman}$이 칭의를 구원사로 대신하려는 것은 히틀러를 추종한 독일 그리스도인을 따르는 것이라고 경고한 일도 우연이 아니다. 바울과 유대교를 거론할 때면 늘 그렇듯, 그때에도 케제만은 20세기의 암시적인 도덕적 분수령("히틀러를 지지한 사상을 분석하라. 그리고 그들과 잠시도 마주치지 말라")을 환기시켰다. 같은 논쟁이 바울 신학자들에게 계속 영향을 끼쳤다. 예를 들어 J. 루이스 마틴Louis Martyn이 이른바 "언약" 사상에 대하여 "묵시적" 개념을 강력하게 지지한 것을 보라. 또한 우리는 아우슈비츠의 굴뚝을 떠올리기 위해서 "대체주의"supersessionism **10** 라는 말을 언급해야만 한다. 1970년대 미국에서 E. P. 샌더스가 주장한 세 가지도 다 그럴 만한 이유가 있었다. 첫째, 샌더스는 유대교와 바울을 "종교 형태"라는 관점에서 논쟁했다. 둘째, 특정한 종교 형태를 띠어야 한다는 의무로부터 유대교를 변호했다. 셋째, 바울과 유대교는 결국 다르지 않으며, 바울이 유대교와 거리를 둔 것은 단지 개인적인 경험 때문이지 결코 근본적인 신학적 차이 때문은 아니라고 제안했다. 이 주장은 미국과 영국 대부분 지역에서 선풍적인 인기를 끌었지만 독일에서는 맥을 못 썼는데, 어쩌면 당연한 일인지도 모른다. 미국의 일부 주에서 당대에 모든 불꽃놀이를 금지하고 16세기 이후 해석적인 불꽃신호가 등장하는 옛 영화를 제한하는 법률을 통과시켰지만, 독일에서는 그러지 않은 것도 마찬가지다. 물론 신청교도주의 자체는 완전히 문화에 영향을 받은 현상이다.

오늘날 보이는 열광주의 현상도 상황적이고 문화적인 의제에서 자유롭지 못하다. 수년간 뉴헤이븐의 정경을 중시하는 분위기와 후기 자유주의를 접한 후에야 R. 헤이스는 내러티브적으로 바울을 접근하고 바울이 인용한 구약을 새로운 방법으로 이해하기 시작했다. 코펜하겐의 트뢸스 엔버그 페더슨^{Troels Engberg-Pedersen}이 전통적 유대교나 기독교 사상보다는 비기독교적인 1세기 철학에 의존한 새로운 바울 자료를 확신 있게 제안한 것도 우연이 아니다. 오늘날 획일적인 미국이라는 제국이 (모든 악의 근원이 아니라면) 주요 경향 전달자임을 당연히 여기는 보스턴의 한 대학에서 리처드 호슬리^{Richard Horsley}가 바울에 대한 새로운 정치적 해석을 개척한 것도 같은 맥락이다. 일부에서 이런 새로운 주장을 그저 일시적인 좌파의 유행으로 일축하려고 하는 것이나, 오늘날 전 세계의 많은 그리스도인이 이러한 다양한 움직임과 이에 대항하는 움직임을 전혀 모른 채 즐겁게 바울을 읽고 있는 것도 우연이 아니다.

그렇다면 그들이 더 나은 것인가? 결코 그렇지 않다. 우리가 지녀야 하는 관점이 순수하고 오점 없는 객관주의라고 가정하고 그러한 관점으로 바라볼 경우에만, 우연적이지 않은 일련의 사건들이 지금까지의 학문을 가치 없는 것으로 축소하는 결론에 이를 것이다. 다만 내가 감히 할 수 있는 말은 이 책을 읽는 독자들에게 언젠가 닥쳐올 우연적이지 않은 사건이 무가치하지 않다는 것이다. 그 사건들은 가치 있다. 나는 결정론자도, 허무주의자도 아니다. 이 모든 다양한 사상이 지난 수백 년간의 문화 속에 의미 있게 자리매김될 수 있다는 사실은 성서 연구에 끊임없이 새로운 빛이 비치도록 선한 섭리가 세상의 문제를 정돈하고 있다는 암시일 수 있다. 비록 이것은 다른 종류의 결정론이라는 위험이 있지만 말이다.

　나는 세 가지를 강조하고 싶다. 첫째, 우리가 아무리 해체한다 할지라도 새로운 도전이 되어 다시 돌아오고야 마는 성경 텍스트다. 바울의 텍스트는 특히 그런 경향이 아주 강하다. 둘째, 신선하면서도 눈을 뗄 수 없는 텍스트의 해석이다. 새로운 눈으로, 분명 그 동기는 새롭겠지만 여전히 변함없이 익숙한 단어를 살펴 낯선 메시지를 듣는 것이다. 그러고 나서 (이 부분이 가장 중요한데) 그 해석을 시험해 보는 것이다. 독자의 문화적·종교적 성향을 공유한 사람들뿐 아니라, 그렇지 않은 사람들에게도 시험해 보는 것이다. 단순한 공모일 위험에도 불구하고 학문이 지닌 공적 특성은 게토(유대인 거주 지역)를 세상 전체로 의식하는 통찰력을 향하여 급등하고 있다. 마지막으로, 불가사의하고 예측할 수 없으며 대부분 숨겨져 있는 성령의 역사다. 바울을 논의할 때 성령의 역사를 빼놓는 것은 이상한 일일 것이다. 베토벤의 소나타를 거론하면서 피아노가 있었을 가능성을 마음속에서 떨쳐버리는 것처럼 말이다. 피아노를 치지 못하는 사람일지라도 보통 피아노를 칠 줄 알면 음악을 거론하는 데 더 유리하다고 여기지, 장애라고 생각하지 않는다.

　따라서 우리 모두 문화적 상황에 살고 있으며 어떤 사상은 장소나 시대에 따라 좀 더 쉽게 상상할 수 있다는 사실이 우리를 낙담시키거나 그저 사적인 세계에만 은둔하게 만드는 이유가 되지는 않는다. 그와 반대로 불가능한 객관주의를 목적으로 하지 않아도 되며, 대신 한편으로 자신의 출발점을 정직하게 인정하고 다른 한편으로는 사적인 방법이 아닌 공적 담화를 끈질기게 목적으로 삼는 것에 만족하여 안도감을 느낄 것이다. 석의를 하려면 렘브란트뿐 아니라 반 고흐도 필요하다. 어쩌면 피카소나 트레이시 에민$^{T.\,Emin}$도 필요할지 모른다. 심지어 골룸조차 검은 탑으로 향하는 길에서 필연적인 동행자가 아니었던가.[11] 이는 좋은 해석과 나쁜 해석, 좋은 역사와 나쁜 역사, 좋은 신학과 나쁜 신학 사이에 차이가 없다는 말이 아니다. 전통적으로 생각해 온 차이 자체보다는, 그러한 차이를 끌어내기가 쉽지 않다는 사실을 받아들이는 것이다. 그리고 한 가지 관점에 대해 최대한 열심히 논쟁하는 동안 당연하다는 듯 그 관점이 부적절하다고 여기기보다 어떤 점에서 오해의 소지가 있을 수 있다는 사실을 기꺼이 받아들이는 것이다. 이 점에서 나는 에른스트 케제만이 존경스럽다. 그의 가장 위대한 저서 서문에서 그는 자신이 한계에 도달했으니 이제 자신의 사상과 행위의 잠재적인 특성을 겸허히 받아들이고 기꺼이 다른 이들을 위해 길을 비켜주겠다고 선언했다.[12] 처음 그 서문을 읽었을 때 나는 그가 겁쟁이마냥 진정한 도전에서 뒷걸음친 것이라고 생각했다. 그러나 이제는 그가 더 큰 부르심에 응한 것이라는 사실을 안다.

그러나 이런 식으로 우리 자신의 위치를 상대화한다면, 이른바 학문의 "고정점"에 대해 질문할 때가 이를 것이다. 이 고정점은 아마도 확고한 주장보다는 유행(그리고 그러한 유행에 도전하는 사람은 학자답지 않다고 생각할지도 모른다는 두려움)에 의해 남아 있게 되었을 것이다. 그러한 고정점들은 우리와는 매우 다른 시대에

1장 바울의 세계, 바울의 유산

발전했기 때문이다. 여전히 에베소서뿐 아니라 골로새서마저도 바울이 쓰지 않았다고 하는 일반적인 가정을 예로 들어보자. 이 두 책의 자료가 바울에게서 온 것인데도 말이다. 물론 이 주제와 관련되어 흥미로운 관점이 많다. 그러나 독일 실존주의 루터교가 신약학에서 지배적인 권력을 휘두르던 시대에 이런 주장들이 나타났다는 사실을 보면 의구심이 생긴다. 교회론이 순전히 기능적이지 않거나, 유대교에 대한 관점이 완전히 부정적이지 않거나, 예수 그리스도를 하등 기독론low Christology에 비추어 바라보지 않거나, 창조를 칼 바르트의 부정Nein 신학 관점으로 보지 않는 경우, 독일 실존주의 루터교는 그런 견해들을 크게 의심하였다. 두 서신서의 형식을 두고 벌어진 지엽적인 논쟁(원문에 거의 비중을 두지 않아 늘 설득력이 없는)에는 칭의냐 교회냐, 구원이냐 창조냐라는 잘못된 양자택일의 음울한 분위기가 맴돈다. 그렇다면 이 경우는 어떤가? 고린도전서와 고린도후서 사이에 보이는 두드러진 형식 차이는 로마서와 에베소서의 차이보다 심하다. 그러나 단지 그 이유만으로 둘 중 하나는 바울이 쓴 것이 아니라고 의심하는 사람은 아무도 없다. 특히나 "고등 기독론high Christology의 창시자는 바울이 아닌 후세 사람"이라고 주장하는 가정을 뒷받침할 만한 자료는 이 서신서들에서 발견된 것이 아니다. 최근 북미에서는 이 논쟁이 에베소서와 골로새서가 원본이 아닌 2차 자료라는 내용으로까지 발전하였다. **이유인즉슨 이 서신서들이 로마제국에 맞서는 대신, 한발 물러나 제국과 협조한다는 것은 솔직히 터무니없기 때문이라는 것이다.** 바울에 대한 "새 관점"

의 글들은 대부분 옛 관점에서 내린 비평적 결정이 옳다고 가정하고 그대로 따랐다. 새 관점 자체가 몇 가지 의문을 제기한다는 사실을 알아차리지 못한 채 말이다. 30년 전, 로버트 모간은 체스 게임을 다시 시작하기 위해 말들을 제자리에 돌려놔야 할 때가 되었다고 제안했다.[13] 이제 바울 서신을 이렇게 대해야 할 때가 왔다. 사도행전에 있는 바울의 자료들도 마찬가지다. 그러나 이러한 계획적인 평가는 이 책의 범위를 넘어서는 작업이다. 물론 이 책 역시 때때로 에베소서와 골로새서, 그리고 아주 가끔 사도행전에 초점을 두겠지만, 실질적으로 이 책에서 제안하는 내용은 누구나 인정하는 서신서들에 기초한다. 이런 내 말이 "나 자신은 위험에 빠지고 싶어하지 않으면서 다른 이들을 위험으로 몰아넣으려는 것"처럼 들릴 수도 있다. 이에 대해 유일한 변명을 대자면, 비록 나는 바울 서신을 대부분 해체하고 분석하고 싶을지라도 언젠가는 교회의 정형화된 관념을 따라야 하기 때문이다.

이 시대 문화 속에 우리의 토론 주제를 위치시키려면, 중심과 주변, 추상적인 신학과 일시적·상황적 저작물 사이에 생기는 영원한 갈등을 더 설명해야 한다. 나는 이들 또한 잘못된 양자택일적 구분이라고 생각한다. 이러한 구분은 이 시대 문화 요소, 심지어는 개인의 성향에서 비롯된다. 체계적인 설명을 좋아하는 사람도 있고, 자유분방하여 상황에 따라 다르게 반응하는 사람도 있는 법이다. 성경학자 가운데는 본질적으로 조직신학을 의심하는 사람도 있다. 이런 의심은 풍성하면서도 세밀한 현대 분류학계에서 직접 얻은 지식이 아닌, 교회학교라는 작은 기관에서 얻은 기억에서 유래하는 경우가 더 많아 심히 걱정스럽다. 반대되는 사람을 만날 때도 있다. 상황주의에 대한 의심은 실제 역사 해석에 대한 지식 연구보다는 도덕적 혼란이라는 두려움에서 생기는 경우가 많다.

바울을 연구하다 보니, 이런 구분 때문에 바울이 혼란스러워했을 것 같다는 생각이 든다. 물론 바울은 모든 편지를 각 교회의 특정 필요에 맞게 썼다고 말할 것이다. 로마서조차(아니면 "특히 로마서는"이라고 말하는 게 더 옳을 수도 있겠지만) 그런 특징을 보인다. 이런저런 식으로 미묘한 차이를 줘야 할 때에도 바울이 줄곧 일관된 메시지를 상세히 설명하고 있다고 주장하지 않는다는 뜻은 아니다. 다른 교회의 성도에게 설교하거나 문화권이 다른 사람들과 목회 사역을 해본 사람이라면 아주 특별한 상황이 등장하는 순간이야말로 매우 핵심적이고 타협할 수 없는 것을 끌어내야 할 때라는 사실을 잘 알 것이다. 그런 경험이 있는 사람들은 상황이 구체적일수록 (아무리 금방 설명한 내용일지라도) 더욱 핵심적인 진리로 돌아가야 한다는 통칙을 만들어낼 것이다.

나는 일부러 바울의 영적 유산 자체보다는 그 유산을 둘러싸고 논쟁하는 배경을 더 많이 이야기했다. 더 높은 수준으로 볼 때 바울의 유산은 진정으로 교회를 매우 긴장시켰다. 바울은 우리가 그를 다 이해했다고 느껴 긴장을 푸는 것을 용납하지 않는다. 늘 상당한 도전을 던져주기 때문이다. 우리가 이해하지 못하는 바로 그 부분이 좋은 기회를 놓치지 않으려는 우리에게 가장 절실한 부분이다. 수년 동안, 특히 최근에 바울을 읽고 해석한 다양한 방법을 살펴볼수록 우리에게는 바울 세계를 더욱 조밀하게 엮어놓은 역사적 설명(오늘날 "중층 기술"thick description이라고도 부르는), 바울 신학의 요소에 대한 신중하면서도 미묘하게 다른 이해, 바울 서신에 대한 밀접하고 주의 깊은 해석, 21세기에 뜻하는 모든 것을 동원한 전면적인 숙고가 필요하다는 사실을 발견하게 된다. 이 책에서 이러한 것들을 자세히 다룰 수는 없다. 다만 적게나마 내가 의도하는 과제를 독자들에게 폭넓게 이해시키는 것이 중요하다. 그 점에서 이 책이 조금이나마 이바지하기를 바란다. 가장 좋은 준비 자세는 고속도로와 골목길을 더 잘 이해할 수 있도록 우선 지도를 최대한 넓게 펼쳐놓는 것이다. 이제 다음 장에서 우리는 바울, 사실대로 말하자면 성경 한쪽 끝에서 다른 쪽까지 펼쳐져 서로 맞물려 있는 두 가지 주제를 다루려고 한다. 이른바 창조와 언약이다.

Chapter 2
창조와 언약

구약이 말하는 창조와 언약

이 두 개념이 함께 들어 있는 시편 몇 편을 살펴보면 내가 말하는 "창조와 언약"의 의미가 명확해질 것이다. 그리고 똑같은 주제들이 똑같은 역할을 하는 세 가지 중심 구절을 읽어보자. 그래야 비로소 바울을 연구하는 초기 방법으로 적절한 생각을 떠올리게 해줄 이 두 가지 개념(창조와 언약)을 통해 내가 의도하려는 바가 분명해질 것이다. 이것은 바울의 근본 사상 구조로 여겨지는 것이 무엇인지, 이어지는 장에서 다룰 다른 주제들과 어떻게 연관되는지를 더 자세히 살펴볼 길을 열어놓을 것이다.

가장 먼저 살펴볼 곳은 시편 19편이다. 시편 19편은 요제프 하이든이 〈하늘이 하나님의 영광을 선포하고〉라는 합창곡으로 더욱 웅장하게 표현한 시이기도 하다. 그러나 1절을 넘어서지 못한 하이든의 곡은 사실 시편 기자가 우리에게 의도하는 바를 오히려 방해할 수 있다. 시편 19편은 단순히 창조의 영광을 노래한 시가 아니다.

대략 1-6절과 7-14절, 두 부분으로 나눌 수 있는데, 이러한 병렬 구조는 창조와 언약을 바라보는 문을 열어준다. 창조와 언약 개념은 유대교는 물론 바울에게도 언제나 중심이 되는 사상이었다.

첫 여섯 구절은 세상을 창조하신 하나님을 찬양하는 노래, 즉 찬가^{paean}다. 피조물 자체가 하나님을 찬양하며, 말과 언어는 없으나 그보다 더 위대한 힘과 능력으로 하나님의 영광을 선포하고 찬미한다. "그의 소리가 온 땅에 통하고 그의 말씀이 세계 끝까지 이르도다." 이 노래에서 시편 기자는 해의 능력과 힘을 찬미한다. "그의 열기에서 피할 자가 없도다"라고 선포한다. 그러고는 아무런 예고도 없이 후반으로 넘어간다. 둘째 부분은 첫 부분과 비슷한 찬가지만, 야훼의 법인 토라를 찬양한다. 해가 하나님의 피조물에게 하던 일을 이제 토라가 인간의 삶에 행한다. 토라는 빛과 에너지를 가져다주며, 인간의 마음 깊은 곳까지 면밀히 살피는, 야훼의 임재에서 오는 열기를 전해 준다. 물론 토라는 이스라엘 민족을 야훼의 백성으로 세우기 위해 주신 언약 증서며 이스라엘을 야훼에게 묶어두기 위해 주신 율법이다. 토라를 안내자로 삼은 이스라엘은 유일하신 창조주 하나님이 선택한 특별한 민족이다. 시편 147편 끝부분도 같은 내용을 매우 생생하게 전하고 있다. "그의 율례와 규례를 이스라엘에게 보이시는도다. 그는 어느 민족에게도 이와 같이 행하지 아니하셨나니 그들은 그의 법도를 알지 못하였도다"(147:19-20). 147편을 마무리하는 "할렐루야"는 창조와 언약이 어떻게 함께할 수 있는지를 잘 보여준다. 다른 민족이 흑암에서 방황하는 동안, 이스라엘은 창조주에게 선택받은 민족이라는 특별한 부르심을 찬양한다. 그들은 우주의 비밀을 아는 민족이며, 다른 점에서 보면 그 감추어진 법을 따라 살도록 부름 받은 백성이다.

창조와 언약을 강조하면서 다루려는 또 다른 시편은 그 분위기가 시편 19편과는 사뭇 다르지만 근본 신학은 동일하다. 시편 74편은 예루살렘을 멸망시킨 강력한 이방 민족을 두고 불평을 토로하는 애가다. "하나님이여 주께서 어찌하여 우리를 영원히 버리시나이까? 어찌하여 주께서 기르시는 양을 향하여 진노의 연기를 뿜으시나이까? …… 주의 대적이 주의 회중 가운데에서 떠들며 자기들의 깃발을 세워 표적으로 삼았으니 그들은 마치 도끼를 들어 삼림을 베는 사람 같으니이다. …… 하나님이여 대적이 언제까지 비방하겠으며 원수가 주의 이름을 영원히 능욕하리이까?"

이렇게 아픔을 토로하던 시편 기자는 12절에서 이스라엘을 애굽에서 해방시켜주신 능력의 창조주 하나님이 강력한 이방 민족들을 깨뜨리셨다고 선포한다(성공회의 전통적인 합창을 즐기는 사람이라면 단조이던 애가가 12절부터는 강력한 선포에 어울리는 장조로 바뀐다는 사실을 알아챌 것이다). "하나님은 예로부터 나의 왕이시라. …… 주께서 주의 능력으로 바다를 나누시고 물 가운데 용들의 머리를 깨뜨리셨으며 …… 낮도 주의 것이요 밤도 주의 것이라. 주께서 빛과 해를 마련하셨으며 주께서 땅의 경계를 정하시며 주께서 여름과 겨울을 만드셨나이다." 다시 말해서 사방에 있는 모든 것이 요동하고 파괴되어갈 때 창세기 1장과, 창조자 하나님이 과거에 이스라엘에게 능력을 베푸신 증거를 돌아보라는 뜻이다. 그런 다음 시편은 18절에서 다시 애가로 돌아가 하소연한다. "여호와여 이것을 기억하소서. 원수가 주를 비방하며 우매한 백성이 주의 이름을 능욕하였나이다."

이처럼 매우 다른 두 시편이 각각 창조와 언약에 관해 같은 신학을 끌어내고 있다. 하나는 창조를 찬양하면서 그 안에서 다시 이스라엘 백성 한 사람 한 사람이 각각 완전하고 정결하며 통합된 인간이 될 수 있게 할 언약의 증서인 토라를 찬양한다. 다른 하나는 이방 민족들이 이스라엘을 황폐케 한다고 불평하면서도 그 언약의 하나님이 악을 다루는 능력과 권리, 책임을 지닌 창조자 하나님이라고 이야기한다. 다른 예도 많지만 특별히 이 시편들을 고른 이유는 두 가지 모두 바울을 연구할 때 핵심이라고 할 만한 몇몇 주제를 매우 생생하고 명확하게 다루고 있기 때문이다.

구약도 상당부분 인용할 수 있다. 여기서는 바울이 직접 호소한 구절에만 초점을 맞추려고 한다. 나는 이미 다른 곳에서 창세기를 다음과 같은 방식으로 읽어야 한다고 주장했다. 아브라함과 맺은 약속은 하나님이 아담에게 내리신 명령을 반복한 것이다. 창세기 전체에서 다루는 논점, 다시 말해 창세기 전체 내러티브에서 말하려는 관점은 하나님이 아담의 죄 문제를 원래대로 회복시키기 위해 아브라함과 그의 가족을 부르셨다는 것이다. 해결로 가는 다리인 아브라함과 그의 가족 역시 문제 가운데 있지만 말이다.[1] 곧 살펴보겠지만 이것은 창세기를 새롭게 해석한 바울의 핵심에 상당히 근접하다. 신명기, 특히 언약을 설명한 27-30장은 약속의 땅이라는 관점으로 창조와 언약을 연결한다. 만약 이스라엘이 야훼의 음성을 순종한다면 약속의 땅 안에 세워진 창조 질서대로 그 땅이 매우 비옥할 것이지만, 이스라엘이 불순종한다면 땅 자체가 그들을 대적하여 결국 떠도는 신세가 될 것이라고 말한다. 그때에는 이스라엘이 전심으로 야훼께 되돌아와야만 약속의 땅으로 돌아갈 수 있다고 강조한다. 이사야 40-55장은 다양한 각도에서 창조와 언약을 다룬다. 40장에서는 야훼가 이스라엘이 완전하게 믿고 신뢰할 수 있는 주권적 창조자라고 호소한다. 55장에서는 이스라엘을 회복시킨다는 관점에서 볼 때 비와 눈이 하늘에서 내려 땅이 열매를 맺듯 야훼의 말씀도 같은 결과를 가져온다는 사실을 찬양한다. 40장과 55장 사이에 있는 다른 장들, 특히 마지막 종의 노래에 이르기까지 이사야 선지자는 시편 19편과 74편은 물론 다른 많은 이들과 동일한 사상을 보여준다.

> 너희를 위로하는 자는 나 곧 나이니라. 너는 어떠한 자이기에 죽을 사람을 두려워하며 풀같이 될 사람의 아들을 두려워하느냐? 하늘을 펴고 땅의 기초를 정하고 너를 지은 자 여호와를 어찌하여 잊어버렸느냐? 너를 멸하려고 준비하는 저 학대자의 분노를 어찌하여 항상 종일 두려워하느냐? 학대자의 분노가 어디 있느냐? …… 나는 네 하나님 여호와라. 바다를 휘저어서 그 물결을 뒤흔들게 하는 자이니 그의 이름은 만군의 여호와니라. 내가 내 말을 네 입에 두고 내 손 그늘로 너를 덮었나니 이는 내가 하늘을 펴며 땅의 기초를 정하며 시온에게 이르기를 너는 내 백성이라 말하기 위함이니라(사 51:12-13, 15-16).

바로 이것이다. 창조주 하나님이 언약의 하나님이며 언약의 하나님이 창조주 하나님이다. 선지자든 종이든 어느 쪽을 통해서든 하나님의 말씀은 그분의 백성을 원수에게서 구원하고 해방한다. 이 조합이 강한 암시적 내러티브를 구성한다. 이 내러티브를 통해 제2성전기 유대교의 다른 다양한 내러티브에서 일관성과 의미를 찾아낼 수 있다. 역설적으로 보일 수 있는 이중적 진술, 즉 창조주 하나님이 언약의 하나님이고 언약의 하나님이 창조주 하나님이라는 진술은 고대 유대교 안에 몇 가지 깊은 의미를 전달한다.

첫째, 언약은 창조 안에 있는 많은 문제를 해결하기 위해 존재한다. 하나님은 죄 문제, 아담의 문제, 세상의 문제를 해결하기 위해 아브라함을 부르셨다(다른 이야기지만, 이것이 바로 죄 문제를 다루는 해석들이 언약 신학과 연계하지 못한 채 시작도 하기 전에 좌초하는 이유이기도 하다). 이스라엘의 소명은 언약을 확고하게 부여잡는 것이다. 이스라엘을 통해 하나님은 세상의 문제를 다루시고 해결하시며, 땅 끝까지 공의와 구원을 이루실 것이다. 이 일이 정확히 어떻게 이루어질지는 이사야서에도 적잖이 불가사의하게 남아있지만 말이다.

그러나 둘째, 언약에 생긴 문제를 해결할 때에도 창조를 언급한다. 문제에 봉착하거나 언약 자체가 땅에 짓밟힌 것처럼 보일 때, 이스라엘 백성은 언약의 하나님을 향해 바로 창조자라고 부르짖는다. 이스라엘은 야훼께서 창조주로서, 언약의 하나님으로서 다시 행하시길 바라고 믿을 때마다 창세기 1장과 출애굽기를 회고한다. 창조주이신 야훼 하나님은 백성을 도울 능력뿐 아니라, 그럴 권리도 있는 분이다. 언약의 하나님인 야훼 하나님은 이 세상에 공의를 세울 책임이 있는 분이다. 특히 백성이 도와달라고 부르짖을 때에는 그 백성을 신원할 책임이 있다. 우리는 창조와 언약 모두 "어딘가 심각하게 잘못되었다"라고 가정한다는 사실에 조심스레 주목해야 한다. 창조와 인류 자체는 어딘가 크게 잘못되었다. 이 문제에 대한 해결책은 이스라엘과 맺은 언약과 관련되어 있다. 그런데 언약도 어딘가 크게 잘못되었다. 이스라엘의 죄 문제든 이방인의 억압이든, 아니면 둘 모두든 간에 이 문제에 대한 해결책은 창조 세계 또는 창조주이신 하나님을 다시 상기하는 것이다.

지금까지 구약에 초점을 맞추어 살펴보았다. 한편으로 구약이 이 주제를 매우 명확하게 다루기 때문이기도 하지만, 다른 한편으로 바울이 구약, 특히 창세기, 신명기, 시편, 이사야서로 거듭 돌아가기 때문이다. 바울이 그렇게 하는 이유는 추상적인 개념을 설명할 본문을 찾기 위해서가 아니라 역사적인 이야기로서 하나님과 세상, 인류와 이스라엘에 대한 지배적인 내러티브를 재설계하기reground 위해서다. 물론 제2성전기 문학에 나타난 동일한 주제들을 바울 시대에 맞게 상황화하는 것은 중요하다. 그러나 여기서 이 점을 자세히 설명할 여유는 없다. 그저 솔로몬의 지혜서, 쿰란 문학과 같은 다른 문서나 에스라4서, 바룩2서와 같은 묵시 문학에서도 (비록 다른 방식으로 나타나긴 하지만) 그러한 주제를 찾을 수 있다는 사실만 살펴보려고 한다. 특히 창조자인 이스라엘의 하나님이 결국 악의 세력과 마지막 대결을 벌여야 하는 이유로 이 주제들이 언급되고 있다는 사실을 보게 될 것이다. 이것은 어찌 보면 출애굽만큼이나 극적인 사건이고, 또 어찌 보면 악의 세력이 심판받아 저주받고 추방당하는 큰 재판정의 모습과도 같다. 이런 점에서 다니엘 7장과, 다니엘 7장을 다시 활용한 다양한 후기 문서가 떠오르는 것은 당연하다. 비록 바울은 후기 문서들을 제쳐두고 성경 자체에 관심을 보이긴 하지만, 그가 성경적 주제를 재사용한 유형은 바울 당시 사람들에게서도 쉽게 찾아볼 수 있을 만큼 비슷하다.

이 모든 창조와 언약 신학을 잘 요약할 뿐 아니라 바울 사상의 핵심으로도 큰 의미를 지닌 강력한 슬로건 "체다카 엘로힘"$^{tsedaqah\ elohim}$은 하나님의 "의로움"^{righteousness}이나 "공의"^{justice}, "언약에 대한 신실함"$^{covenant\ faithfulness}$을 뜻한다. 바울 서신에서 보았듯이, 이사야서나 다른 구약성서에서도 이 어구를 어떻게 번역할지는 이미 매우 민감한 문제였다. 어찌 되었든 우리는 이 사상이 지닌 모든 복잡성을 한데 모은 단어가 필요하다. 과거 바울 시대에 히브리어와 동등한 개념으로 쓰인 헬라어 "디카이오쉬네 떼우"$^{dikaiosynē\ theou}$처럼 우리 시대에도 그 의미를 환기시켜줄 만한 단어가 필요한 것이다. 그 단어에는 창조자이자 언약의 하나님이 그분의 창조 능력과 언약에 대한 신실함을 따라 역사하셔서 세상을 올바로 세워놓으실 것을 신뢰할 수 있다는 사실이 담겨 있어야 한다. 이 모든 것을 어떻게 한 단어로 요약할 수 있겠는가?

영어에는 그런 단어가 없다. "신실"^{faithfulness}이라고 말할 수도 있겠으나 이 단어로는 "공의"justice, 즉 "세상을 바로잡다"라는 뜻을 전하기 어렵다. "의로움"righteousness이라고 말할 수도 있다. 그러나 예상하는 대로 오늘날에는 이 단어의 의미를 "도덕적 올바름"이나, 개신교적 차원에서 하나님이 신실한 자들에게서 찾는 성품으로 이해한다. 나는 그것이 잘못되었다고 생각하는데, 이에 대해서는 나중에 더 거론하겠다. "공의"는 바울과 그가 인용한 본문에서 다루는 요소를 환기시켜주지만, 사실상 오늘날에는 매우 자주 잊히는 단어다. 다시 말해 하나님은 창조자이므로 영 단번에 세상을 바로잡으실 의무가 있다. 그러나 바울이 속한 유대적 상황에서 볼 때 "공의"는 어떤 추상적 개념이 아닌, 피조물에 대한 창조자의 의무와 그분이 정한 언약에 신실해야 하는 언약의 하나님의 의무에서 싹튼다는 사실을 끊임없이 상기하지 않는다면, 우리는 그 단어가 풍기는 어감과 설득력을 잃어버릴 것이다. 이 복합적인 의무가 시편 74편이 호소하는 바이며, 바울 서신에 구구절절 흐르는 그의 실제적인 사상 경향을 이해하는 관점이기도 하다. "공의"라는 말이 지닌 한 가지 장점은 "칭의"justification라는 단어와 어원이 같다는 것이다. 창조의 한 부분이 최후 갱신에 앞서 올바르게 세워지는 현재의 어느 시점인 "칭의"와 같은 뿌리를 가지고 있다는 것이다. 이에 대해서도 나중에 다시 거론하겠다. 이번 장에서는 외부 요소를 자세히 다루기보다는, 바울 사상의 근본 구조를 다루려고 한다.

바울_ 세 가지 중심 구절

초기 상황 설정은 이 정도면 충분한 것 같다. 이제부터는 바울 서신 세 곳을 간단히 살펴보자. 이 구절들은 내가 이미 다른 곳에서 폭넓게 다루었지만, 이 책에서는 바울의 가장 중요한 논쟁점이라는 측면에서 창조와 언약 신학이 각 구절 안에 (약간씩 다른 형식을 취하긴 하지만) 얼마나 비슷한 모습으로 나타나 있는지를 입증하려고 한다. 지금까지 이야기한 내용을 통해서 내가 "언약"과 "창조"라는 단어를 같이 사용하는 이유를 명확하게 이해하길 바란다. 앞서 살핀 구절들에서 이 두 단어를 찾아볼 수 있어서가 아니라(사실 이 두 단어가 사용된 경우는 드물다), 바울 시대의 유대인들이 스스로를 창조자 하나님이 선택하신 하나님의 백성으로 여겼다는 생각을 요약하는 데 가장 편리한 약칭이기 때문이다. 이 관점에서만큼은 "단어 자체가 자주 언급되지는 않지만 언약은 유대교 문학의 숨은 전제"라고 말한 E. P. 샌더스에게 전적으로 동의한다.[2] 석의에는 조화와 일치가 필요하지만 그것에 지배받아서는 안 된다. 바울이 자신의 글에 "디아데케"*diathēkē*, 언약라는 말을 잘 쓰지 않았다고 해서 그를 언약신학자라고 부를 수 없다고 주장하지는 않는다. 우리는 성서적 대주제에 대한 함축적 내러티브나 암시와 같이 더 중요한 것을 인식하는 법을 배워야 한다. 관련 자료에서 쉽게 찾을 수 없다는 이유로 이러한 대주제를 부적절하게 다루어서는 안 된다.

(1) 골로새서 1장 15-20절

가장 먼저 거론할 바울 서신은 골로새서 1장 15-20절이다. 물론 이 서신의 저자가 여전히 논쟁거리인 것은 사실이다. 그러나 나는 이 구절뿐 아니라 이 서신 전체를 바울이 썼다고 생각한다. 만약 바울이 아닌 다른 사람이 이 서신을 썼다고 본다면, 익명의 서신서 기자가 바울이 지은 시(1:15-20)를 인용한 것일 수 있다. 그러나 신학적 해석에 직면하면서 그런 논쟁은 서서히 사라지고 있다. 이 구절에만 요약된 것이긴 하지만 이 시에는 바울 사상의 흔적이 남아 있다. 또한 구약에서 이미 주목했듯이, 내가 이제 중요하게 다루려는 창조와 언약의 결합이 이 시에 정확하게 제시되어 있다.[3]

시편 19편과 마찬가지로 이 시 또한 엇비슷하게 둘로 나뉜다. 앞부분은 "그[메시야]는 보이지 아니하는 하나님의 형상이시요 모든 피조물보다 먼저 나신 이시니 만물이 그에게서 창조되되 하늘과 땅에서 …… 만물이 다 그로 말미암고 그를 위하여 창조되었고"(1:15-16)이고, 뒷부분은 "그가 근본이시요 죽은 자들 가운데서 먼저 나신 이시니 …… 아버지께서는 모든 충만으로 예수 안에 거하게 하시고 …… 그로 말미암아 자기와 화목하게 되기를 기뻐하심이라"다(1:18b-20. 17-18a절은 이 큰 장면에 속하는 작은 장면이다). 누가 썼든 간에 시적 구조에 따르면 이 글은 시편 19편과 거의 비슷한 주장을 하고 있다. 즉 창조주 하나님은 구속하시는 언약의 하나님이며, 반대로 언약의 하나님은 창조주 하나님이라는 것이다.

물론 메시야 예수에게서 창조와 구속이 생긴다는 사실을 창조와 언약 신학 안에 살짝 끼워 넣었다는 중요한 차이가 있다. 바울이 이 시를 어떻게 재고했는지에 대한 단서는 유대교의 지혜 신학에서 찾을 수 있다. 그러나 결정적인 단서는 (앞서 종종 주목했듯이) 이 시가 창세기 1장 1절의 "태초에"라는 말이 지닌 의미를 활용한 방법이다. "태초"를 뜻하는 히브리어를 근본, 머리, 전부, 첫 열매 등 이런저런 모양으로 바꿔 예수가 하나님의 진정한 형상이라는, 다시 말해 창세기 1장 26절을 진정으로 실현했다는 주장과 결합한 것이다. 예수 안에서 창조와 언약이 결합되었다고 할 때, 가장 눈에 띄는 사상은 이 결합이 실제 사건으로 나타났다는 점이다. 이 사건은 이미 일어났으며, 이 이중적인 신적 목적은 놀라우면서도 충격적이게도 예수의 십자가 처형이라는, 수치스럽고 잔인한 죽음으로 성취되었다. 이것은 바울 사상과 완전히 일치한다. 바울 신학이 지닌 폭발적인 힘은 바울의 사고 구조와, 그것을 명쾌하게 표현한 문장에 있다. 바울이 쓴 문장은 약속의 실현과 함께 충격적이고 상상조차 할 수 없을 정도로 완전히 새로운 것을 담고 있다.

(2) 고린도전서 15장

약속의 실현과 상상할 수 없을 정도로 새로운 것의 조합이라는 특징은 내가 지금 강조하려는 고린도전서 15장에서 잘 드러난다. 가장 길고 자세하게 바울의 논점을 드러내기도 하지만 이 말씀은 그 안에 담긴 복잡성 때문에 우리를 혼란스럽게 하기도 한다.[4] 그러나 전체 구절을 이해하는 주요 기본 원칙은 근본적으로 바울이 예수에 관한 사건들에 비추어 창세기 1-3장을 떠올리게 한다는 것이다. 요약하자면, 20절에서 논의를 시작하자마자 바울은 창세기 3장을 언급한다. "사망이 한 사람으로 말미암았으니 죽은 자의 부활도 한 사람으로 말미암는도다. 아담 안에서 모든 사람이 죽은 것같이 그리스도[메시야] 안에서 모든 사람이 삶을 얻으리라"(고전 15:21-22). 이 구절은 메시야를 통한 새로운 창조를 표현한다. 이 개념은 23-28절에서 더 자세한 논의를 거쳐 발전된다. 이때 바울은 다양한 구약 원본, 특히 창세기 1장을 재현한 시편 8편을 인용한다. 그리고 잠시 곁길로 빠졌다가(29-34절) 다시 주제로 돌아와 "죽은 자들이 어떻게 다시 살아나며 어떠한 몸으로 오느냐"라는 문제에 대답한다. 이때 바울은 씨앗과 식물과 여러 다른 모양의 형체^{physicality}, 즉 별과 물고기와 짐승처럼 하늘에 속한 형체와 땅에 속한 형체에 대한 창세기의 몇몇 부분을 인용한다. 예수의 부활을 시작으로 부활한 몸이 입을 새로운 형체에 대한 묘사는 42-49절에 이르러 절정에 달한다. 이 묘사는 창세기 2장 7절에 나온 아담 이야기와 대조된다. 아담은 땅에서 나와 흙에 속한 존재지만, 예수께서 지금 입으신 새로운 몸은 하늘에서 나온 신선한 선물이다. 궁극적인 결과는 새로운 인간을 창조하는 것이다. 더 구체적으로는 이제 승천하신 메시야의 형상이 아닌, 또다시 하나님의 형상을 입은 존재가 되는 것이다. "우리가 흙에 속한 자의 형상을 입은 것같이 또한 하늘에 속한 이의 형상을 입으리라."

이것이 메시야를 통해 이 세상에 존재하는 문제, 즉 죄와 사망[5]

의 문제를 처리하는 방식이다. 구체적으로 말하면 메시야를 통해 죄악이 정복되고 위대한 승리의 약속이 이루어지는 식으로 문제들이 처리되었다는 것이다. 이 내용은 다음 장에서 다룰 주제인 "메시야와 묵시 사상"을 살짝 맛보는 것인데, 서로 대립되는 개념들의 관련성을 미리 파악해 두는 것도 나쁘지 않다. 내가 하고픈 말은 시편이나 다니엘서처럼 바울도 창조 자체, 즉 창세기로 돌아가 하나님이 언약을 성취하심으로 세상을 어떻게 다시 새롭게 하셨는지를 보여준다는 것이다. 결국 이것은 고린도전서 15장이 말하는 핵심을 이해하는 데 굉장히 중요하다. 바로 하나님은 창조하신 세상을 내버려두시지 않고 갱신하신다는 것이 15장의 핵심 사상이다.

(3) 로마서 1-11장

셋째로 살펴볼 본문은 더 길다. 이것을 한꺼번에 설명하려고 들면, 독자들에게 갑자기 복잡하고 많은 논의 내용을 떠안기는 꼴이 될 것 같다. 그러나 그럴 만한 가치는 있다. 로마에 보낸 편지인 로마서는 크게 네 부분으로 나뉘는데, 지금 다룰 부분은 그중에서도 앞의 세 부분이다(1-11장). 이제 이 바울의 걸작을 개관하고 이해하는 방법을 제안하려고 한다. 이 서신은 창조와 언약이라는 한 쌍의 주제를 장엄하고 새롭게 표현하고 있다.[6]

서신서 첫 주요 부분인 1장 18절-4장 25절에서 바울은 먼저 만물에 담긴 하나님의 능력과 선하심을 설명한다. 또한 인류가 하나님을 인정하지 않고 마땅히 그분께 돌려야 할 찬양과 경배를 드리지 않는 이유도 밝히고 있다. 그 결과, 하나님의 형상을 지닌 인간은 타락했다. 세상은 폭력과 증오로 가득 찼다. 스스로 폭력과 증오에 사로잡히지 않았다고 여기는 자들도 사실은 그다지 나을 것이 없다. 이 각본대로 보자면, 바울도 당시 다른 유대인과 거의 다르지 않다. 유대인들은 이 상황에 대해 언약을 내세우며 대답할 것이다. 다소 출신의 사울도 그랬다! 즉, 하나님은 이방의 빛, 어리석은 자들의 선생, 맹인의 길을 인도하는 자로 이스라엘을 부르셨다. 이것이 바로 언약이 존재하는 이유다. 그러나 이런 주장이 있을 것을 안 바울은 이제 그 생각을 완전히 뒤엎어버린다(2:17-29). 언약 백성인 이스라엘은 문제를 해결하는 대리인이 아닌 문젯거리가 되어버렸다는 것이다. 포로생활을 말해 주는 성경 본문이 입증하듯, 이스라엘도 다른 민족보다 나을 것이 없기 때문이다. 이 사실은 하나님 자신에게 위기를 가져온다. 이 점은 에스라4서에서 고통스럽게 바라본 위기와 정확하게 일맥상통한다. 그렇다면 "하나님은 어떻게 언약에 신실하면서도 공의롭게 세상을 다스리실 수 있는가?"

이것이 바로 언약에 신실하신 "하나님의 의"$^{dikaiosynē\ theou}$에 관한 질문이다. 1장 17절에서 바울은 로마서의 핵심 주제로 하나님의 의를 선언한다. 그리고 3장 21절부터 이 문제에 대답한다. 에스라4서와 같은 책을 쓴 사람은 내놓을 수 없는 신선한 대답이다. 바로 하나님이 신실하신 메시야 예수 안에서 그분의 **의**를 나타내셨다는 것이다. 신실하신 예수 안에서 마침내 우리는 하나님의 목적에 신실한 이스라엘 백성을 발견하며, 그의 죽음을 통해 죄가 처리되었다.

그를 통해 하나님은 유대인과 이방인이 같은 관점으로 받아들일 만한 새로워진 사람들을 창조하셨다. 창세기 15장 전체를 기초로 하는 로마서 4장에서 이제 창조와 언약 사상은 맹렬한 기세로 하나가 된다. 4장에서 바울은 아브라함을 상기시킨다. 바울이 아브라함을 상기시키는 이유는 이신칭의를 입증하기 위하여 무작위로 고른 증거 구절로서도 아니고, 그리스도 이전에 존재한 그리스도인의 본보기로서도 아니다. 바로 아브라함은 하나님이 맨 처음 언약을 맺은 사람으로 그 언약이 이제 예수 안에서 성취되었기 때문이다. 로마서 3장 21-31절에서 보듯이, 로마서 4장에서도 우리는 "하나님의 의"가 나타난 것을 볼 수 있다.

그러나 유대인과 이방인이 함께 아브라함의 진정한 자녀가 되는 것(로마서 4장의 핵심 주제다)으로 성취되는 이 언약은 로마서 1장에 서술된 인간 재앙의 모습 이후 새로워진 창조의 모습을 암시적으로 보여준다. 4장 18-21절에 자세히 설명된 아브라함의 믿음은 로마서 1장에 서술된 인류의 불신앙과 의도적인 대조를 이룬다. 여기서 아브라함은 죽은 것 같은 자기 몸을 보고도 믿음이 약해지지 아니하고, 믿음이 없어 하나님의 약속을 의심하지 않고 믿음에 견고해져서 하나님께 영광을 돌리며, 창조자이신 하나님이 약속하신 바를 능히 이루실 줄 확신했다. 이것은 피조물의 회복이자 남자와 여자의 형상을 지닌 인류의 본질이 회복되는 것에 관한 예표$^{\text{advance sign}}$로, 이 믿음으로 말미암아 아브라함과 사라가 아들을 낳을 수 있었다. 따라서 아브라함의 믿음은 예수의 죽음과 부활을 적절하게 시사하며, 이 믿음은 언약의 표징이자 다양한 민족으로 이루어진 하나님 백성의 증표, 하나님이 새롭게 하신 인류의 표지가 된다. 더 나아가 바울이 로마서 4장에서 창세기 15장을 설명하면서 생각한 바를 숨길 수 없다는 증거 가운데 하나는 아브라함에게 하신 하나님의 약속을 재정의하고 그 약속의 개념을 확대했다는 것이다. 창세기에서 아브라함은 거룩한 땅을 약속받았다. 동시대 다른 몇몇 인물이 해석한 것처럼 바울도 이 말씀을 뭔가 특별한 것의 예표로 해석했다. 아브라함과 그의 후손에게 약속된 것은 **세상**을 유업으로 받는 것이라고 바울은 선포한다(4:13).

이 약속은 다음 네 장(롬 5-8장)으로 이어진다. 로마서 1-4장은 언약의 성취가 창조 세계에 생긴 문제를 다루는 방법을 한 가지 관점에서 설명한다. 그와 동시에 이스라엘 민족이 해결하지 못한 언약의 문제를 하나님은 메시야 예수를 통해 새로운 창조의 약속을 성취하심으로 처리하셨다고 말한다. 5-8장은 창조와 언약이라는 주제를 밀접하게 연결하여 발전시켜나간다. 고린도전서 15장과 마찬가지로 로마서 5장은 메시야 예수 한 사람의 순종이 아담 한 사람이 불러온 결과를 반전시켰다는 사실을 밀도 있으면서도 정교하게 그려낸다. 메시야 예수가 언약이 해야 할 일을 한 것처럼 보인다. 그렇다면 언약 자체는 어떻게 되었는가?

이것이 바로 유대교 율법의 문제로, 특히 로마서 7장에서 정점에 이른다. (창조와 언약이라는 맥락은 "바울과 율법"에 대한 의문에 접근하는 올바른 방법이다. 창조적이거나 언약적이지 않은 해석으로 접근하는 것은 합당치 않아 보인다.) 바울은 이스라엘이 토라를 받았을 때 무슨 일이 일어났는지, 토라의 영향 아래 살아가는 이스라엘에 무슨 일이 일어나는지를 로마서 7장에서 상세히 설명한다. 이스라엘이 아담의 죄악과, 그 죄악으로 인해 죄를 저지르는 악인의 인생을 반복하고 있다는 사실이 토라를 통해 명확해진다는 식으로 말이다. 이쯤에서 바울이 일부러 시편 19편을 해체했다거나, 그가 마지막 구절들을 엄밀히 탐구하여 우리가 토라를 받아들일수록 우리 자신에게 있는 은밀한 잘못이 더 많이 드러난다는 사실을 알아냈다고 말하고 싶은 사람도 있을 것이다. 그러나 이 점에 대해서는 로마서 7장에서(물론 8장에서도) 그 해답을 얻을 수 있다. 이것이 창세기 1-3장을 새롭게 해석한 바울의 창조 신학 가운데 가장 인상적인 부분이다. 바로 노예 상황에서 해방되어 약속된 유업을 향해 가는 여정인 출애굽 내러티브를 결합한 것이다. 창조 자체는 부패의 속박에서 자유로워질 것이다. 그리고 하나님의 자녀라는 영광스러운 자유를 누릴 것이다. 이 논쟁의 방향을 바꿔준 지렛대가 바로 로마서 8장 3-4절이다. 율법이 육신으로 말미암아 연약하여 할 수 없는 그것을 하나님은 행하셨다. 즉 언약을 세운 목적을 성취하셨을 뿐 아니라, 동시에 언약의 백성이 창조 세계에 담긴 문제에 속해 있다는 사실을 해결하신 것이다. 예수와 성령을 통해 언약이 회복되고, 그 결과 새로운 창조 세계가 태어났다. 창조와 언약이라는 아주 중요한 유대교 내러티브 안에 바울 사상이 자리매김하면서 우리가 예상했듯이 말이다. 이것이 로마서 7장과 8장의 바탕을 이루는 논리다.

로마서 9장은 애가로 시작한다. 이 부분은 살짝 시편 74편을 연상시킨다. 메시야가 오셨는데도 믿지 않고, 바울과 다른 사도들이 그 메시야에 대한 복음을 전파해도 계속 받아들이지 않으면서, 이스라엘은 비참한 곤경에 처하게 된다. 바울은 이 문제를 두고 씨름하며 주로 언약에 관한 내러티브를 개작한다. 개작된 그 이야기는 제2성전기 문학에서 찾아볼 수 있는 비슷한 다른 개작 이야기들에 속할 수 있다. 비록 어떤 부분에서는 다양하고도 눈에 띄는 방식으로 차이를 보이지만 말이다. 서서히 명확해지겠지만 그가 개작한 이야기는 바로 언약에 신실하신 "하나님의 의"에 대한 이야기다. 그러나 당시 일어나고 있던 상황과 처음에 맺은 언약의 본질(이스마엘이 아닌 이삭, 에서가 아닌 야곱 등)은 그러한 하나님의 의에 의문을 제기하는 것처럼 보인다. 바울이 선포한 바에 따르면(10:3-4), 이스라엘은 하나님의 언약적 의를 모르고 자신의 언약적 자격, 즉 자기 의만 세우려고 했다. 따라서 이스라엘은 메시야를 통해 목적을 이루시려는 하나님의 언약 계획에 복종하지 않은 것이다.

극적이긴 하지만 자주 오해되는 구절에서, 바울은 이미 일어난 언약의 갱신을 명확히 제시한다.[7] 로마서 10장 6-10절에서 바울은 포로생활의 귀환과 언약적 심판 후 회복을 이야기하는 신명기 30장을 상세히 설명한다. 이 구절은 이미 한편으로 바룩서에서, 다른 한편으로 4QMMT[8]와 같은 다른 책에서도 동일하게 설명된 바 있다. "네 마음에 누가 하늘에 올라가겠느냐 하지 말라 …… 혹은 누가 무저갱에 내려가겠느냐 하지 말라 하니 …… 말씀이 네게 가까워 네 입에 있으며 네 마음에 있다 하였으니." 바울은 (이 구절이 뚜렷하게 언급하고 있지는 않지만 확실히 전제하고 있듯이) 하나님이 그리스도 안에서 성령으로 말미암아 이루신 일과 연관 지어 언약의 갱신을 설명하고 있다. 그 결과는 신명기가 예상한 것과 다르다. 이스라엘 민족이 약속의 땅으로 귀환하는 것이 아니라, 메시지가 모든 백성에게 전파되는 것이다. 로마서 8장에서 주장하는 바는, 창조주 하나님을 대신한 메시야 예수의 복음을 통해 이제 온 세상이 약속의 땅이 되었다는 것이다. 바로 이 시점에서 바울은 당당히 시편 19편을 인용한다. "그 소리가 온 땅에 퍼졌고 그 말씀이 땅 끝까지 이르렀도다"(롬 10:18). 사도적 선고는 단순하게 원시복음$^{original\ gospel}$, 즉 첫 창조의 좋은 소식을 그대로 따른다. 언약의 갱신은 창조된 질서를 회복하는 결과를 가져왔다. 바울이 (내가 생각하기에 부활절에 온 우주로 빠르게 퍼져나간, 무언의 충격파$^{unspoken\ shock\ wave}$를 언급하고 있는) 골로새서 1장 23절에서 말하듯이, 복음은 이미 천하 만민에게 전파되었고 바울 자신은 그 복음의 일꾼이 되었다. 이 복음을 믿는 자가 바로 구속된 피조물의 첫 열매가 된다. 이 말은 야고보서 1장 18절에 기록된 것이지만, 적어도 정서적으로는 바울이 한 말과 잘 들어맞는다. 아브라함과 그의 후손은 진정으로 세상을 유업으로 물려받을 자들이지만, 이제 그 아브라함의 후손은 이스라엘의 메시야인 예수를 중심으로 재정의되었다.

    로마서 11장 마지막 부분에 이르면 언약의 갱신으로 말미암아 피조물 역시 갱신되었다는 암시가 터져 나온다. 바울은 구약에서도 가장 장엄한 구절을 인용하여 하나님을 지혜롭고 헤아릴 수 없는 창조자로 찬양한다.

> 깊도다 하나님의 지혜와 지식의 풍성함이여, 그의 판단은 헤아리지 못할 것이며 그의 길은 찾지 못할 것이로다. …… 이는 만물이 주에게서 나오고 주로 말미암고 주에게로 돌아감이라. 그에게 영광이 세세에 있을지어다. 아멘(롬 11:33, 36).

메시야 예수를 중심으로 이스라엘 이야기를 개작하여 그 안에 나타난 언약에 신실하신 하나님의 의를 새롭게 이해하면서, 바울은 다시 원시 유대교 특성인 창조자 하나님을 찬양하는 자리로 돌아왔다.

골로새서, 고린도전서, 로마서, 이 세 부분은 구약에서 쉽게 볼 수 있는 창조와 언약 신학으로 바울을 읽는 것이 옳다는, 가장 강력하고 명백한 증거를 제공한다. 그러나 우리가 살펴보았듯이 바울이 늘 창조에서 새로운 창조로, 언약에서 갱신된 언약으로 넘어간다는 것은 잘 알려진 사실이다. 바울에게는 언제나 약속의 성취와 놀라운 갱신이 중요한 주제였다.

이러한 예는 많이 널려 있다. 고린도후서 3-5장 가운데 3장에 나타난 새 언약 신학이 5장 17절의 새 창조("그런즉 누구든지 그리스도[메시야] 안에 있으면 새로운 피조물이라!")와 5장 19절의 선포("하나님께서 그리스도[메시야] 안에 계시사 **세상**을 자기와 화목하게 하시며")를 꿰뚫는 과정을 탐구해 보면 꽤 흥미로울 것이다. 아브라함에게 하신 하나님의 약속이 메시야 예수를 통해 성취되었다고 분석하는 로마서와 마찬가지로 갈라디아서 3장과 4장도 바울로 하여금 "그리스도로 말미암아 세상이 나를 대하여 십자가에 못 박히고 내가 또한 세상을 대하여 그러하니라. 할례나 무할례가 아무것도 아니로되 오직 새로 지으심을 받는 것만이 중요하니라"(갈 6:14-16)라고 선포하게 만들었다. 이것이 "하나님의 이스라엘"이라는 이름을 주장할 때 새로워진 하나님의 백성이 보여줘야 하는 본보기$^{kan\bar{o}n}$다. 이런 주제를 많이 찾아내기 시작한다면 분명 에베소서 1-3장이 말하는 전체 주장도 (그 글을 누가 썼든 간에) 이 논의 가운데 포함시켜달라고 아우성칠 것이다.

지금까지 창조와 언약이라는 주제가 구약에 뿌리를 박은 채 제2성전기 유대교 안에서 발전하였고 매우 유대교적인 바울의 사고방식에 기본적인 토대를 이룬다는 사실을 밝혔다. 우리는 바울이 이 주제를 다양한 방법으로 발전시킨 것을 볼 수 있다. 그렇다고 해서 그가 다른 중요한 계획을 위해 이 주제를 포기한 것은 아니다. 우리가 이미 보았듯이 특히 그는 창조자이신 이스라엘의 하나님이 언약적 약속들을 성취하시고 그로 말미암아 언약과 창조 둘 모두를 갱신하기 위해 단호히 행동하셨다고 믿었다. 그에 따라 바울은 자신이 그 이야기의 다른 시점에 살고 있다고 믿었다. 쿰란에서 볼 수 있는 "시작된 종말론"$^{inaugurated\ eschatology}$과 유사한 부분이 있긴 하지만 말이다. 이미 새로운 시대가 시작되었으나, 옛 시대는 여전히 새 시대와 함께 가고 있다. 이것이 결국 교회에 대한 바울의 비전과 그가 교회 안에서 고심하는 문제를 만들어냈는데, 이 점에 관해서는 다른 곳에서 다루겠다.

이제부터는 2장이 제시한 실마리들을 한데 모아 창조와 언약이라는 한 쌍의 주제가 어떻게 암시적 내러티브라는 맥락을 나타내는지 살펴보려고 한다. 이 내러티브를 통해 우리는 세상과 이스라엘이 무엇이 잘못되었고, 어떻게 다시 바로잡을지에 대해 바울이 이해한 바를 파악할 수 있다. 전자는 악이요 후자는 은혜라고 말할 수도 있을 것이다. 또한 이것은 칭의와 구원론에 관한 질문을 이 각도에서 접근하는 것이 보편적인 각도에서 접근할 때보다 얼마나 더 잘 접근할 수 있는지를 보여줄 것이다. 이것 역시 이어지는 글에서 계속 거론하겠다. 그러고 나면 결론적으로 바울이 주장하는 예수의 핵심적 그림, 특히 그의 죽음과 부활에 대한 그림이 우리가 창조와 언약에서 시작한 성경적 이미지와 밀접하게 관련되어 있다고 주장할 수 있을 것이다.

악과 은혜, 곤경과 해결책

앞서 보았듯이 언약에 관한 암시적 내러티브는 창조된 세상 안에 무언가가 크게 잘못되었다는 것을 전제한다. 그러나 하나님이 해결책을 계획하신 이유는 반드시 무언가가 잘못되었기 때문만은 아니다. 하나님이 제안하신 특정한 해결책(한 민족을 일으키시고 그들에게 땅을 약속하신 것)은 잘못된 그 무언가가 인간 사이의 관계, 그리고 인간과 인간이 아닌 피조물의 관계에 생긴 균열과 중요하게 관련되어 있다는 것을 보여준다. 로마서 4장이 제시하듯이, 하나님이 요구하시는 특별한 믿음은 인간이 하나님을 신뢰하고 전지전능하신 창조주로 찬양과 존귀를 드리지 못한 것이 문제의 근원임을 보여준다. 토라라는 선물 안에 이 모든 내용이 눈에 띄게 다시 강조되어 있다. 토라는 진정한 인간의 삶이 어떤 모습인지를 보여주는 특별한 청사진이다. 시편 19편은 물론 다른 많은 곳에서도 충분히 보았듯이 이 청사진은 기꺼운 찬사를 불러일으켰다.

하나님이 의도하신 진정한 형상을 지닌 창조물이 되지 못한 결과, 인간은 부패하고 죽게 되었다. 창조, 그리고 창조자인 하나님에서 시작할 때, 우리는 죄와 죽음에 관한 경고가 자주 반복되는 것이 아무 근거 없는 말이 아님을 알 수 있다. 바울은 그 경고가 자명하다고 여겼다. 하나님은 단순히 이상한 법을 만들어놓고 그 법을 어긴 사람에게 노여움을 품는 폭군이 아니기 때문이다. 오히려 하나님은 체계적이시다. 그분은 특별한 방법, 즉 창조주를 예배하는 것이 중심적인 특성으로 기능하도록 인간을 지으셨다. 그러므로 창조주를 경배하지 않고 그분에게 등을 돌린 사람들, 즉 단 한 사람(예수)을 제외한 전 인류는 어디서도 찾을 수 없는 생명을 구하기 위해 애쓰고 있는 것이나 마찬가지다. 다른 말로 하자면 그들은 부패와 죽음을 자초한 것이다. 전체 유대교 전승에 비추어 볼 때, 가장 원초적인 죄는 실제로 살아 계신 창조자 하나님이 아닌 것을 경배하는 우상숭배다.

　이 모든 것은 바울이 사용한 전문 용어 사르크스^{sarx}와 관련된다. 이 단어는 보통 "육신"^{flesh}으로 번역된다. 잘 알려진 사실이지만 바울이 말하는 "육신"이란 단순히 육체적 실체$^{physical\ substance}$를 뜻하는 것이 **아니다**. 그럴 경우에는 대부분 "몸"^{body}이라고 번역되는 소마^{sōma}를 사용하기 때문이다. 그에게 "육신"이라는 단어는 부패할 수 있는 세상에 존재하는 물질을 상징하며, 그 물질 역시 부패할 수 있고 타락하여 죽을 것이라는 사실을 나타낸다. 이러한 관점에서 바울이 사용한 용법은 한 단계 더 나아가 우상숭배의 결과에 따른 도덕적 행위까지 포함된다. 이 행위는 이미 진행되고 있는 부패를 나타내는 동시에 그 부패로 초청한다. 그렇기 때문에 "육체의 일"(갈 5:19, the works of the flesh)이라고 말한 것이다. 창조의 선함과 우상숭배로 말미암는 창조 세계의 해체를 주장하는 전반적인 신학의 관점에서 볼 때 이러한 분석은 다른 각도에서 그 문제를 접근하는 것보다 바람직해 보인다. 다른 각도라 함은 예를 들면, 한편에서는 이 용어의 초기 역사적 관점에서, 다른 한편에서는 이원론적 세계관을 가정하는 관점에서 접근하는 것이다. 이 경우에는 창조에 관한 지배적인 내러티브들이 가장 중요하다.

　언약 안에 있는 잘못된 것을 설명하는 바울의 논증에서도 마찬가지다. 이 논증은 같은 단어인 사르크스가 다르게 사용된 예를 소개해 준다. 다양한 관점에서 다양한 강도로 반복되긴 하지만, 간단히 말해서 바울의 요점은 이스라엘도 아담 안에 있다는 것이다.

즉, 해결책을 지닌 사람들 자체도 문제의 일부분이며, 선하고 거룩한 토라가 (놀랍게도 사람들은 거의 그렇게 이야기한다) 문제를 더 강화시킨다. 한편에서 토라는 이스라엘 안의 죄를 지적하고, 또 다른 한편에서 이스라엘은 그 누구에게도 양도할 수 없는 민족적인 특권을 세우는 데 토라를 사용하여 그것을 우상화하기 때문이다. 그렇기 때문에 바울이 이스라엘을 가리켜 **육신[육체]을 따른다**^{according to the flesh}고 말할 수 있는 것이다. 이 점은 더 자세히 설명해야 하지만, 여기서는 다루지 않겠다.

이러한 움직임은 한편으로 죄 문제와 관련하여 용서받았느냐에 대한 질문을 강조하는 사람들과, 다른 한편으로는 이스라엘의 문제와 관련하여 이방인을 하나님의 백성으로 포함시키느냐를 강조하는 사람들의 잘못된 양자택일로 바울에 대한 해석을 가르는 어리석음을 보여준다. 이것이 바로 이른바 "새 관점"이 필요한 이유다. "칭의"를 논할 때마다 바울은 이방인을 포함하는 문제도 함께 이야기하는 것처럼 보이기 때문이다. 그러나 대체로 바울은 죄인이 하나님과 바른 관계를 맺는 방법에 대해 그가 이야기하는 전통적인 관점과 이 부분이 어떻게 통합되는지는 보여주지 않는다.[9] 일단 창조와 언약에 관한 전반적인 내러티브 안에서 질문의 틀을 잡는다면, 바울이 내세우는 새로운 주장으로 가는 길은 아무 장애물 없이 뻥 뚫릴 것이다. 바울의 새 주장은 관련된 본문들을 훨씬 공정하게 석의하여, 두 강조점이 사실은 같은 것에 속하며 둘 모두 같은 수준으로 강조되어야 한다는 사실을 보여줄 것이다.

바울이 모든 서신에 전제한 명제, 전체로든 부분으로든 그 의미가 분명한 세 가지 명제를 차례로 서술해 보겠다.

(1) 하나님은 선한 창조 세계 안에 있는 악을 해결하기 위해 아브라함과 언약을 맺으셨다. 이것은 특히 하나님의 형상을 지닌 인간 내부에 존재하는 악을 해결한다는 뜻이다. 이에 대해서는 이미 설명한 바 있다.

(2) 아브라함의 후손은 다른 인간들이 저지르는 죄악을 함께 가지고 있으면서도 하나님의 형상을 전달하는(image-bearing) 소명도 공유하게 되는데, 이들은 세상의 빛이라는 이 소명을 자신들만의 배타적인 특권으로 간주했다. 이것은 그들만의 변형된 죄이자 우상숭배의 이차적인 형태였다. 그들은 이미 이방인과 공유하던 죄악의 기본적인 형태에 이것을 혼합한 것이다. 이런 시각은 이스라엘에 대한 바울의 비평에서 주를 이루는데, 로마서 2, 7, 10장, 갈라디아서 2, 3, 4장과 같은 본문에서 더 찾아볼 수 있다.

(3) 예수의 죽음과 부활, 성령의 은사를 통해 하나님이 언약을 완수하실 때, 그로 인해 언약에 신실한 하나님의 의와 새로운 창조를 향한 그분의 궁극적 목적이 드러난다. 이는 두 가지 결과를 가져온다. 첫째, 언약이 지닌 본연의 목적을 성취하고 (그래서 죄를 해결하고 용서를 얻는다), 둘째, 아브라함의 후손에게 늘 의도된 바대로 그들이 유대인과 이방인을 아우른 세계적인 하나님의 백성이 되는 것이다. 우리가 이 문제를 올바르게 이해한다면, 바울의 관점에서 적어도 이 두 결과가 동시에 증명될 수 있을 뿐 아니라 같은 사상으로 여겨질 수 있을 만큼 서로 아주 밀접하게 연합되어 있다는 것을 알 수 있을 것이다.

현 논의에 비추어 이 장에서 도출해낼 수 있는 가장 중요한 결과는 바로 "새 관점"과 그 관점에 관한 비평일 것이다. 둘 모두 인간의 죄와 구속, 이스라엘의 멸망과 회복에 관한 통합된 비전으로 매듭지어져야만 한다. 바로 이 그림이 바울 사상 면면에 줄기차게 흐르는 특징이며, 정확히 말하자면 바울 사상을 지배하는 범주가 바로 창조와 언약이기 때문이다. 그는 단지 죄인 개개인이 어떻게 거룩하신 하나님과 올바른 관계를 맺는지에 관한 암시적 내러티브를 상정한 것이 아니다(단지 이방인이 어떻게 하면 쉽게 하나님의 백성에 속할 수 있는지에 관한 암시적 내러티브를 상정하지 않은 것처럼 말이다). 문제를 설명하는 예전 방식에 만족하는 한, 바울은 계속해서 이 문제를 더 방대하게 질문할 것이다. 창조자 하나님이 어떻게 피조물에 진실하실 수 있을지, 언약의 하나님이 어떻게 언약에 진실하실 수 있을지, 이것들이 어떻게 둘이 아닌 하나인지와 같은 질문으로 말이다. 바로 이것이 "하나님의 의"에 대한 모든 것이다.

바울이 인류와 이스라엘이 처한 곤경과 악, 그리고 이에 대한 하나님의 대응을 이처럼 설명한다면, 그가 은혜에 대해 설명하는 바를 우리는 어떻게 요약할 수 있을까? 이것이 다음 장의 주제다. 조금만 언급하자면 메시야 예수 안에서 성령으로 말미암은 하나님의 행위를 바라보는 바울의 관점은 여러 측면에서 볼 때 그 궁극적인 결과가 새로운 창조라는 주장으로 이어진다. 새로운 창조 안에서 이전 것은 타락과 부패로부터 자유로워진다. 더 구체적으로 말하자면, 이것은 언약 자체만이 아닌 언약의 **갱신**을 통해 성취된다.

바울은 언약의 갱신을 다루는 선지서를 명확하게 인용한다. 특히 예레미야 31장과 에스겔 36장, 궁극적으로는 신명기 30장을 인용하는데, 이 성경구절들은 바울 사상을 이루는 전체 개념의 기초가 된다. 창조와 언약 안에서 은혜는 본성^{nature}을 완벽하게 만들거나 완성시킨다. 단순히 보충해 주는 것뿐 아니라 본성을 오염시킨 악을 심판하고 정죄하며, 나아가 소생시키는 것이다. 물론 이것은 메시야 예수의 대속적 죽음에서 얻은 모델이다. 바울이 볼 때 메시야 예수는 마땅히 이스라엘이 드렸어야 할 완벽한 순종을 행하셨으며, 그렇게 해서 이스라엘뿐 아니라 세상을 대신하여 언약이 늘 그려온 구원 사역을 완수하셨다. 거듭 말하지만 창조와 언약의 신학자로 바울을 이해한다면, 우리는 수많은 해석의 함정을 피해 갈 수 있다. 그런 석의들은 새 창조라는 바울의 주제를 과소평가했을 뿐 아니라 칭의, 그리고 아브라함과 그의 후손이 언약에 담긴 약속을 지키셔서 죄악을 해결하시는 하나님을 상기시키기 위해 존재한다는 사실조차 놓쳐버린 것이다.

결론_ 창조와 언약 안의 예수

이 장 전체에서 나는 유대교 상황에 있는 바울만 집중적으로 조명했다. 그렇다면, 바울이 속한 다른 두 세계에서는 무슨 일이 일어났을까? 일부만 대답하자면, 창조와 언약의 신학자로 바울을 볼 때 그가 이교도 세계에 선포한 (본질적인) 유대교적 메시지는 그에게는 (솔로몬의 지혜서에 비추어 말하자면) 세상의 지혜를 앞지르는 거룩한 지혜에 대한 실마리가 되었다. 우리가 지금까지 논의한 바에 따르면 아레오바고의 강론(행 17:22-31)을 훑어보고 스토아학파와 에피쿠로스학파, 학술적인 신학 체계를 해체하는 작업이 지금까지 바울에게서 발견한 사실과 맥락을 같이한다는 점을 증명할 수 있다(이전 세대는 바울의 창조와 언약 신학을 받아들이지 못한 것 같다. 그 신학으로 그들은 사도행전 17장의 바울과 서신서 안의 바울이 서로 양립할 수 있다는 사실을 의아하게 여겼기 때문이다). 그 사실에서 우리는 열방이 동등한 조건을 갖게 되는 갱신된 언약 신학과, 창조주 하나님이 이미 온 세상을 향해 새로운 땅이요, 확장되어 곧 구속될 거룩한 땅이라고 부르는 새 창조 신학을 통해 바울이 이 세상의 진정한 주인이신 메시야 예수를 따르는 사람들과 함께 황제의 제국이라고 말하는 온 세상 사람들의 주장을 대적할 수 있었다는 사실을 입증할 수 있다. 이 주제는 나중에 더 다루려고 한다. 시편 19편과 74편으로 돌아가 보자. 이 시편들이 제기한 질문이 예수의 죽음과 부활을 통해 이미 해결되었음을 언급하며 이 장을 마무리하고자 한다.

시편 19편에 나타난 창조와 토라에 대한 찬양은 주제 넘는 죄를 짓지 않게 해달라는 근심 어린 기도로 시편 기자를 인도한다. 창조는 예배를, 토라는 순종을 요구하지만, 시편 기자는 예배와 순종 모두에 이르지 못할 수도 있다. 바울은 인간이 진정으로 그 둘에 이르지 못하며, 토라는 그저 이스라엘 안에 있는 문제를 더 악화시킨다고 본다. 그러나 골로새서 1장과 로마서 7, 8장에서 바울은 그 문제에 대답한다. 토라가 할 수 없는 일을 하나님이 하신 것이다. 만물이 그에게서 창조되었고, 만물이 그를 통해 구속되었다.

게다가 시편 74편에 표현된 고통과 믿음은 로마서 9-11장에서 동료 유대인들의 곤경에 직면한 바울의 고통과 믿음과 일치시켜볼 수 있다. 더 나아가 바울이 말하고 행동한 모든 것의 바탕이 되는 복음의 전체 이야기로 확대시켜볼 수도 있다. 파괴된 성전으로 인한 시편 기자의 탄식과, 그럼에도 하나님을 창조자로 확언하는 모습을 통해, 우리는 이교도에 의한 예수의 십자가 죽음과 그분을 죽은 자 가운데서 다시 살리시는 하나님의 응답이라는 동일한 신학적 구조를 볼 수 있다. 그 부활은 만물이 소생되는 첫 시작이다. 일단 창조와 언약을 그림의 뼈대로 마음속에 새겨놓으면, 죄와 구속뿐 아니라 기독론 자체도 신선한 초점을 갖게 된다는 것을 알 수 있다. 이 초점에 대해서는 이 책에서 더 연구해 나갈 것이다.

창조와 언약 신학이 바울을 예수와 관련된 많은 사건으로 끊임없이 인도한다는 사실은 이미 충분히 다루었다. 그 사건들은 본질 면에서나 예상하지 못한 면에서나 충격적이다. 창조와 언약의 폐기가 아닌 성취라는 면에서 이제 우리가 관심을 돌려야 할 또 다른 문제가 있다. 바울 사상을 체계화한 한 쌍의 둘째 주제, 바로 "메시야와 묵시"다.

Chapter 3
메시야와 묵시

서론

"내가 너희에게 나아가 …… 너희 중에서 예수 그리스도[메시야]와 그가 십자가에 못 박히신 것 외에는 아무것도 알지 아니하기로 작정하였음이라"(고전 2:1-2)라고 바울은 고린도 교인들에게 말한다. 첫 방문 때 가르친 내용에 비추어 볼 때, 바울이 지금 하는 말이 무척 제한적이라는 사실에 의구심이 생길 것이다. 바울이 아레오바고에서 강론한 내용(행 17장)을 보자. 반백의 수염을 기른 아덴의 성인들 앞에서 말할 기회를 얻은 바울이 과연 2분이라는 시간을 정해 놓고 숨 가쁘게 이교도를 비평했을까? 특히 고린도전서 15장을 보면, 바울이 예수를 십자가에 못 박힌 메시야로만 초점을 맞추었다고 해서 (어떤 이들이 잘못 상상하듯이) 그가 부활에 대해 이야기하지 않았다는 뜻이 아님을 명확히 알 수 있다. 그러나 이 장에서는 바울의 중심적이고 지배적인 주제를 계속 연구해 나가면서, 더 거슬러 올라가 메시야성^{Messiahship} 자체에 대한 개념을 살펴보고 싶다. 또한 메시야로서 예수를 바라본 바울의 관점이 눈에 띨 만큼 새로운 방법을 통해 우리가 막연히 유대교적 묵시라고 부르는 범주를 끌어내고, 불가능할 것 같은 방법을 통해 그 범주를 앞서 살펴본 창조와 언약의 범주와 통합시키는 과정을 살펴보려고 한다. 이것이 내가 바울에 대한 "신선한 관점"fresh perspective이라고 부르는 신선한 제안(다음 장에서 살펴볼 것이다)으로 가는 길을 닦아줄 것이다(그냥 "새 관점"과는 다르다. 새 관점은 이제 예전에 비해 조금은 덜 새롭다). "신선한 관점"에서 바울은 이스라엘의 왕으로서 메시야의 등장, 또는 종말을 제시한다. 그 때문에 세상의 진정한 주인인 메시야는 이교도 제국의 엄청난 요구에 도전한다. 마치 유대교 사고방식에서는 마땅히 그럴 것이라는 듯이 말이다.

3장에서 연구할 두 주제 모두 논쟁거리다. 지난 200년간 바울에 대해 쓴 많은 저자들은 메시야성이라는 개념을 아예 무시해 버렸다. 바울이 그리스도^{Christos}라고 쓴 것은 그저 그 이름이 가장 합당하다고 여겼기 때문이라고 가정해 온 것이다(오늘날 학자가 아닌 많은 사람이 "예수 그리스도"라는 호칭에서 "예수"가 기독교식 이름이고 "그리스도"는 성姓인 줄 안다. 마치 예수의 부모 이름이 요셉 그리스도와 마리아 그리스도인 것처럼 말이다). 마찬가지로 신약과 조직신학을 연구하는 저술가 가운데서도 "그리스도"라는 단어가 단순하게 "성육신하신 분", "하나님이면서 사람인 분", "하나님을 계시하는 분"과 같은 의미를 담고 있는 줄로 아는 사람이 많다. 이런 생각들과 달리 유대인에게 "그리스도"는 "메시야"를 의미했다는 사실이나,

바울이 유대교에서 이 단어를 끌어온 뒤 의미를 완전히 바꾸어 사용했다는 흥미로운 사실을 고려하지 않은 것이다. 어찌되었든 바울이 예수를 하나님이 이스라엘에게 약속하신 메시야라고 생각했다는 주장에 대해서는 (명백한 증거가 풍부한데도) 거센 반대가 있었던 것이 사실이다. 이것 자체가 바울 사상을 연구하는 주류 학자들의 풍조와 맥락에 의문을 제기한다. 또한 반대되는 주장을 펼치려는 시도에는 고된 분투가 뒤따른다고 경고한다.

묵시apocalyptic와 관련해서도 마찬가지다. 자판으로 치기 가장 힘든 단어일 뿐 아니라(천 번도 넘게 친 것 같은데 아직도 어김없이 틀린다) 전문적인 담론에서도 매우 다루기 힘들고 다방면에 걸쳐 있어서, 사람들은 자주 이 문제에서 완전히 손을 떼고 싶다는 유혹을 받을 정도다. 책이나 논설에서는 이 단어가 미묘하게 다른 의미를 띠고 끊임없이 등장한다. 나는 에른스트 케제만에게 받은 편지를 아직도 자랑스럽게 간직하고 있다. 그 편지에 따르면 그는 "묵시"라는 단어를 정확히 "임박한 기대"Naherwartung라는 의미로 이해했다. 이 말은 임박한 세상의 종말에 대한 기대를 뜻한다. 한 옥스퍼드 동기가 내 저서인 「신약성서와 하나님의 백성」(크리스챤다이제스트)을 읽고 난 뒤 "자넨 이제 묵시 사상을 단념했더군"이라는 말로 시작한 대화를 나는 잊지 못한다. 나는 그 책에서 "묵시"라는 단어가 지닌 다른 의미를 조심스럽게 논쟁하면서, 역사적으로 더 타당한 의미에서 보면 묵시는 1세기 유대교와 초기 기독교 모두에 적용된다고 강조했다. 그것을 위해 그 책의 한 장 대부분을 할애했는데도 이런 엉뚱한 일이 발생한 것이다. 크리스토퍼 롤랜드와 존 콜린스 같은 학자들의 연구는 이른바 "묵시"문학과 "묵시론적" 세계관 자체가 역사의 끝, 시공을 지닌 우주의 끝을 예상하는 이원론이라는 가정에 정면으로 도전한다. 그러나 아직도 많은 학자가 이원론을 표현하는 손쉬운 수단으로 이 단어를 사용하고 있다. 이들은 이원론이 유대교의 특정한 유형에 깊게 박혀 있고 바울에게도 크게 영향을 끼쳤다고 생각한다. 바울 사상의 바탕이 되는 묵시적 구조는 바울이 옛 창조(그리고 옛 언약)와 새 창조의 연속성을 암시한 "언약" 신학을 쉽게 알 만한 그 어떤 것도 받아들이지 못하고 또한 그렇게 하지도 않았다는 명확한 징조라고 여기는 사람이 많다. 3장의 기본 목적은 2장처럼 바울의 사상 구조를 논증하는 것이다. 제2성전기 유대교에서 볼 수 있는 비슷한 사상 구조와, (새롭게 이해한 바로는) 서로 적대적인 것이 아니라 서로를 강화하는 언약과 묵시에 의지해서 말이다. 올바른 방향으로 인도하는 분명한 첫 지표로, 쿰란 사본을 통해 이해한 에세네파는 묵시적 운동이 아니었다는 논지를 내세운다면 대담한 주장으로 보일지도 모르겠다. 그러나 그들의 삶과 믿음, 희망이 언약과 언약의 갱신에 맞춰져 있었다는 점은 분명하다. 역사가 결합한 것을 우리가 나눌 수는 없다.

이 장에서 나는 메시야와 묵시에 대한 특정 견해의 흐름들을 뒤엎으려 한다. 그 견해들은 보편적이지 않다. 많은 학자가 내게 동의할 것이다. 오늘날 신약학계를 보면 실망스러우면서도 흥분된다. 거의 모든 분야마다 다양한 견해가 있어서, 어떤 이들은 매우 당연해서 증명할 필요는 물론 설명할 필요도 없다고 믿는 핵심 사항을 다른 이들은 기괴하거나 매우 반직관적인 것으로 여기기 때문이다(그 반대의 경우도 마찬가지다). 따라서 이 장 내용이 열린 문으로 몰아세우거나 단단한 돌담을 향해 마차를 몰고 가는 것처럼 보이는 이들, 그러니까 무모하고 불가능한 일이라고 생각하는 이들에게는 미리 양해를 구한다.

바울이 말하는 메시야로서의 예수

우선 바울이 예수의 메시야성에 관해 품은 의문을 살펴보자. 이미 다른 데서 이 부분을 자세하게 논의한 바 있으나, 이 책의 목적을 위해 다시 요약하려고 한다.[1] 바울 서신 곳곳에 이 주제가 흩어져 있으나 특별히 두드러진 특징을 발견할 수 있다. 우선 많은 증거가 문제 해결을 돕는 방법heuristic이라는 사실이 흥미롭다. 즉 그 증거란 "만일 우리가 이 부분에서 그리스도를 그저 고유 명사나 신적 칭호로 읽는다면 '메시야'라고 읽을 때 떠오르는 전반적인 뜻이 거의 통하지 않을 것이다"라고 말할 수 있는 성경구절들이다("뜻이 통하는 것"으로 여겨지는 내용에 잠재된 의문은 그 문제에 대해 계속해서 흥미진진하게 지적으로 탐구하도록 만들어준다).

나는 바울 사상과 관련된 구절을 볼 때면 폭넓은, 때로는 갈피를 못 잡을 정도로 다양한 "메시야적 기대"라는 맥락에서 이해한다. 전부는 아니지만 몇몇 제2성전기 문학에서 이런 맥락을 찾아볼

수 있다. 지나치게 요약하는 것일 수도 있지만, 이러한 관점을 여섯 가지 의미로 요약해 보았다.[2]

첫째, **왕적** 메시야를 말할 수 있다. 메시야는 이스라엘의 진정한 왕이다. 이스라엘은 유일하신 창조자 하나님의 백성이므로 메시야는 진정한 세상의 주님도 되신다. 바울은 몇몇 쿰란 사본에서 왕적 메시야와 더불어 볼 수 있는 **제사장적** 메시야에는 관심을 가지지 않았다는 사실을 유념하라. 둘째, 메시야는 이스라엘이 죄악과 이교도 세력을 상대로 치를 위대한 최후 전쟁에서 훌륭하게 싸우실 것이다. 셋째, 메시야는 이스라엘의 하나님이 마침내 돌아와 거처하실 성전을 지으실 것이다. 넷째, 메시야는 메시야를 예언한 성경적 텍스트를 이 시대에 성취하셔서 이스라엘의 역사를 절정으로 이끌고, 선지자와 다른 사람들이 말한 새로운 세상으로 안내하실 것이다. 다섯째, 다윗이 이스라엘을 위해 골리앗과 싸운 것처럼 메시야는 이 모든 것을 이스라엘을 대신하여 행하실 것이다. 여섯째, 또 다른 의미에서 메시야는 **하나님**의 대리자 또는 이스라엘과 세상의 대리자로 역사하실 것이다.

각 관점을 일일이 다 밝힐 여유는 없지만, 제2성전기에 이루어진 성경 해석 여기저기에서 이 관점들을 증명한다. 또한 내가 세세히 따지는 것이 아니라 제안하고 있는 이 관점들은 바울이 예수를 가리켜 그리스도라는 단어로 기록했다는 사실에서 확실히 나타난다.[3]

우선 그리스도를 "메시야"로 이해한 구절에서 시작하자. 이 관점을 가장 잘 보여주는 예로 자주 꼽히는 구절은 로마서 9장 5절이다. 유대 백성의 특권을 나열한 마지막 부분에서 바울은 "육신으로 하면 그리스도$^{ho\ Christos}$가 그들에게 나셨으니"라고 선언한다(논의를 더 진행하기 전에 알아둘 것은 그리스도^{Christos}와 관련된 정관사 사용이 중요하긴 하지만 우리에게 그리 도움이 되지 않는다는 것이다. 헬라어는 영어와 미묘하게 다른 식으로 관사를 쓰기 때문이다. 이 점에서 우리는 단순하지만 잘못된 가정을 주의해야 한다). 그러나 일단 로마서 9장 5절을 인정하고 나면, 그 구절이 앞으로 하려는 논의의 서론으로, 그리고 로마서에서 서론으로 정형화된 다른 표현에 비추어 어떻게 기능하는지에 대한 문제가 미결로 남는다. 우리는 종종 로마서 9-11장에서 바울이 내세우는 광범위한 주장이 아브라함과 이삭, 야곱에서 모세와 출애굽을 거쳐 선지자들과 포로생활, 그리고 남은 자 사상을 잠시 살핀 뒤 메시야에 이르는 이스라엘 이야기를 개작한 것이라는 사실을 주목하지 못한다. 로마서 10장 4절인 "텔로스 가르 노무 크리스토스"$^{Telos\ gar\ nomou\ Christos}$(그리스도[메시야]는 율법의 …… 마침? 목적? 이 되시니라)는 9장 5절과, 그 절정을 이루는 전체 내러티브와 직접적으로 관련되어 있다. 사실 지금 사용한 이 "절정"^{climax}이라는 단어가 "텔로스"^{telos}의 의미를 가장 잘 전달한다. 이론異論의 여지는 있지만, 바울이 메시야의 오심과 성취를 통해 이스라엘 이야기가 절정을 맞이한다고 이해했다는 점에서 전체 내러티브는 처음부터 끝까지 메시야적이다. 이는 앞서 거론한 "메시야"의 넷째 의미와 일치한다.

3장 메시야와 묵시

그러나 로마서 9장 5절을 인정한다면, 그리고 뒤따르는 해석에 대해 더 이상 논쟁하지 않더라도 우리는 로마서 1장 3-4절 역시 주목해야 한다. 이 구절은 목회서신이 아닌 서신으로는 유일하게 다윗을 예수의 조상으로 언급하고 있다. 물론 이 구절은 흔히 그냥 툭 던지는 도입 문장인 양 과소평가되어왔다. 그렇게 언급하는 사람들의 관점에서 보면 이 구절은 로마에 있는 유대 그리스도인의 환심을 사기 위해 기록되었을 뿐이다. 바울에게는 이런 개념이 중요하지 않았지만, 그들에게는 여전히 중요했기 때문에 바울이 한마디 툭 던져 놓은 것 같았을 것이다. 그러나 이런 의견을 강력하게 반대하는 네 가지 논거가 있다. 첫째, 바울의 많은 서신을 보면 나머지 내용에서 하려는 말을 유념하여 편지 첫 구절을 매우 신중하게 공들여 썼다는 것을 알 수 있다. 그런 현저한 특징을 보이는 그가 잘해야 부적절하다고 여겨지고 최악의 경우에는 오해의 소지가 있는 노골적인 표현을 썼을 것 같지는 않다. 둘째, 이어지는 서신(특히 6-8장)에서 바울이 예수를 이야기하는 내용은 단순히 이 서신서의 주제와 관련된 핵심 구절인 1장 16-17절뿐 아니라 이 도입 문구에 함축된 의미까지 끌어내고 있다고 볼 수 있다. 셋째, 바울은 우리가 쿰란에서 메시야적 증거 본문으로 알고 있는 다양한 성경구절(시편 2편과 사무엘하 7장을 떠올리게 하는 구절)을 암시하는 것처럼 보인다. 넷째, 편지의 주제와 관련된 결론(롬 15:12)을 말하면서 바울은 "이새의 뿌리"라고 표현한 이사야의 예언을 인용한다. 다시 말하지만 바울이 가장 길고 가장 신중하게 구성한 신학적 논쟁을 끝내기 위해서 그의 독자들로 하여금 엉뚱한 생각으로 빠져들게 할 내용을 인용했다는 의미가 아니라면, 예수의 메시야성에 관한 상세한 해설과 의미와 영향에 의해, 그리고 그러한 요소들이 함축되어서 그가 로마서를 통해 말하려는 주장의 틀이 형성되었다고 볼 수밖에 없다는 것을 알게 될 것이다. 내가 쓴 로마서 주석과 다른 자료들에서 이미 주장했듯이, 로마서를 이런 방식으로 읽는다면 그 어느 열쇠로도 열리지 않던 문이 우리 앞에 활짝 열릴 것이다.

갈라디아서도 마찬가지다. 3장과 4장에 나오는 긴 논쟁은 개작된 이스라엘 이야기와 관련하여 (많은 주석가가 가정하는 부분이지만) 한결같은 주장을 내세운다. 하나님이 아브라함에게 최초의 약속을 하셨다. 그리고 시간이 흘러 모세를 통해 율법을 주셨다. 그러나 이것은 오로지 어린아이와 같은 이스라엘이 성숙할 때까지 그들을 다스리기 위해 계획된 일시적인 시기일 뿐이다. 이 성숙의 순간은 이스라엘을 대표하여 미리 정한 목표점까지 이스라엘의 역사를 인도할 메시야의 오심이라는 면에서 설명된다.

그러나 이 주제는 로마서와 갈라디아서뿐 아니라 훨씬 넓은 차원에서도 찾을 수 있다. 고린도서로 돌아가 보면, 그 의미가 생생히 살아 있는 몇몇 다른 메시야적 개념을 볼 수 있다. 부활을 상세히 설명한 고린도전서 15장에서 바울은 더 메시야적인 텍스트를 끌어온다. 메시야이신 예수가 한시적 원수도 아닌 모든 죄악 세력을 상대로, 죽음으로 끝나버릴 위대한 전투에서 어떻게 승리하셨는지 묘사하기 위해 시편 8편과 110편을 인용한 것이다. 바울은 메시야적 전투를 포기한 것이 아니라 재정의하였으며, 그의 가장 위대한 주장 가운데 중심 개념으로 삼았다. 이런 관점에 비추어 이 장을 시작할 때 소개한 구절("그가 십자가에 못 박히신 것")이 있는 고린도전서의 첫 두 장으로 다시 돌아와 보자. 여기서도 바울은 예수가 "이 세대의 통치자들"(2:6-8)을 상대로 하나님의 최종 전투에 참여하고 있다고 이해한 것을 발견할 수 있다(참고로, 이는 앞 장에서 "언약"이라는 단어에 대해 이야기한 것과 비슷한 중요한 석의의 원리를 보여준다. 용어색인을 보면서 석의한다면 간단하겠지만, 여기서는 단어뿐 아니라 주제를 연구하고 한 가지 주제를 인식하는 법을 배우는 것이 중요하다. "그리스도"라는 용어의 사례처럼 우리가 찾아낼 수 있을 거라고 기대한 단어를 관련 구절에서 찾아볼 수 없을지라도 말이다. 이 주제[전투]가 방금 논의한 내용의 핵심이므로, 우리는 주저 없이 바울은 여전히 우리가 그 주제를 염두에 두길 바란다고 가정할 수 있다). 승리를 거둔 전투라는 주제는 다양한 다른 구절, 특히 골로새서 2장 14-15절에도 반영되어 있다.

고린도전서는 교회와 각 그리스도인을 다른 무엇보다 새로워진 성전으로 묘사한다. 이 성전은 하나님이 메시야 예수라는 반석 위에 세우셨으며 이제는 성령께서 머무르고 계신 곳이다(고전 3:16b, 6:19). "성전"이라는 단어가 명시되어 있지는 않지만 다른 구절에서도 이 주제를 찾을 수 있다. 예를 들어 로마서 8장 1-11절에서 우리 안에 거하시는 하나님의 영으로 말미암아 죽을 몸을 살리신다는 개념은 에스겔서 같은 여러 다른 책과도 밀접한 관련이 있다. 에스겔서는 하나님의 성령이 흘러넘쳐서 언약이 새로워지고, 죽음에서 부활하며, 포로생활에서 귀환하고, 성전이 재건되며, 새 창조가 일어난다고 말한다(실로 바울 덕분에 우리는 메시야께 속한 사람들 안에 거하시는 성령이 매우 새로운 방법으로 야훼가 시온으로 돌아오는 종말론적 귀환을 이루신다는 인상적인 통찰을 얻게 되었다). 1장에서 언급했듯이 수학이나 공학의 원칙을 고대 원본 연구에 적용하려는 최소주의적 석의로는 풍부하고 난해한 이런 주제들을 제대로 평가할 수 없다. 생생한 글은 생생한 석의를 불러온다. 물론 규제가 없거나 비현실적인 석의가 아니라, 적당한 규제를 염두에 둔 석의를 말하는 것이다. 이러한 석의는 편협한 사전학이나 문헌학이 아닌(물론 그러한 학문도 중요하지만) 더 폭넓은 내러티브 담론의 원칙을 따른다.

특히 바울이 그리스도라는 말을 **포합적**incorporative으로 사용했다는 사실이 자주 연구되었는데, 이런 개념은 바울의 메시야적 인용 구절을 이해하는 데 큰 도움이 된다. 나는 바울이 제2성전기 문학에서는 자주 쓰이지 않았지만 구약에 나타난 주제, 즉 이스라엘을 포합적인 왕으로 요약한 주제를 끌어왔다고 제안한 바 있다. "우리는 **다윗과** 나눌 분깃이 없으며 **이새의 아들에게서** 받을 유산이 우리에게 없도다"라고 다윗과 르호보암 밑의 반역자들은 입을 모아 말한다.[4] 잠시 로마서로 돌아가서, 예수는 다윗의 진정한 후손이자 진정한 "이새의 뿌리"라는 선언으로 바울이 긴 논쟁을 시작하고 마무리할 때, 그 상당 부분이 **메시야 안에** 거하는, 즉 "그 안에" 있다고 묘사되는 사람이 되는 것의 의미를 설명하고 있다는 사실은 놀라운 일이 아니다.

이 분석에 따르면 바울이 때때로 "예수", "그리스도", "주"와 같은 단어들을 혼란스럽게 사용하는 이유를 확연히 알 수 있다. 바울은 흔히 "예수를 통해", 즉 인간이신 나사렛 예수께서 매개체가 되심으로 무엇인가가 일어났다고 말한다. 그러나 그는 또한 메시야의 백성이 된 사람들에 대해서도 자주 언급한다. 그 백성은 이제 그리스도 안에 거한in Christ 결과 그리스도와 연합하게coming into Christ 되었다. 그렇기 때문에 그리스도에 대한 것이 진실이라면 그리스도의 사람들에 대한 것도 진실이요, 그 반대의 경우도 마찬가지다. 이 사상이 로마서 6장의 요점으로, 로마서 8장까지 이어진다. 우리는 로마서 8장 11절에 있는 혼란스러운 표현에서 이 사상을 상세하게 관찰할 수 있다. "(역사적 나사렛) 예수를 죽은 자 가운데서 살리신 이의 영이 너희 안에 거하시면 **그리스도[메시야]** 예수를 죽은 자 가운데서 살리신 이가 너희 안에 거하시는 그의 영으로 말미암아 너희 죽을 몸도 살리시리라." 따라서 "예수 그리스도"Iesous Christos라는 약식 문구에서 바울은 여러 내러티브를 그의 사상 중심으로 끌어올 수 있었다. 이스라엘과 세상을 향한 하나님의 계획은 나사렛 예수, 이스라엘의 메시야, 세상의 진정한 주 안에서 완수되었다. 그분 안에서 이스라엘의 운명이 성취되었고, 그 때문에 그분 안에서 유대인이나 이방인이나 똑같이 아브라함과 맺은 약속을 물려받을 수 있게 되었다.

내가 생각하기로는 갈라디아서와 로마서에서 "그리스도의 믿음"*pistis Christou*을 이야기할 때 바울이 이 주제에서 보여주려고 한 것은 동일하게 복음을 믿어 하나님의 갱신된 사람으로 두각을 보여준 유대인과 이방인의 신앙보다는, **하나님의 목적에 대한 메시야의 신실함**을 나타내려고 했다는 것인 듯하다. 지금 진행되는 복잡한 논증이 더 혼란스러워질 위험이 있지만, 그래도 로마서에 나타난 결정적인 순간을 간단하게 살펴보고 싶다. 지금까지 진행해 온 논의가 바로 그 순간을 분명하게 가리키고 있기 때문이다. 로마서 3장 2-3절에서 바울은 이스라엘이 하나님의 계시(말씀)를 **맡았다**고 선언한다. 다시 말하면 이스라엘은 세상의 민족에게 보내기 위해 하나님이 선택한 사자使者라는 것이다. 그러나 바울에 따르면(물론 예언자의 평을 인용한 말이다) 이스라엘은 신실하지 못했고 임무를 수행하지도 않았다. 이것은 10장 2-3절에서 말하는 내용과 성격이 같다. 이스라엘은 하나님의 언약이 지닌 목적을 이해하지 못하고 자신의 유익을 위해 언약의 지위를 높여버렸다. 그렇다면 하나님은 무엇을 하셔야 하는가? 많은 신학자가 제안해 왔듯, 하나님은 언약을 단념하고 과감하게 다른 "제2의 계획"을 택하셔야 하는가? 결코 아니다. "사람은 다 거짓되되 오직 하나님은 참되시다"(3:4). 하나님은 그 계획을 밀고 나가셔야 했다. 이 말은 조만간 하나님에게 이스라엘을 향한, 그리고 이스라엘을 **통해** 세상을 향한 그분의 목적에 신실하게 복종할 대표적인 이스라엘인이 필요하리라는 뜻이다. 세상은 (그 사실을 알지 못한 채로) 그를 기다리고, 이스라엘도 (예언과 기도를 통해 알고 있는 채로) 그를 기다린다. 그들은 하나님이 그분의 목적을 드러

3장 메시야와 묵시

내시길, 결국에는 그분이 언약에 얼마나 신실하신지 보여주시길 기다리는 것이다. 그러나 그 의가 나타난 순간에(3:21-22) 우리가 보는 것은 "예수 그리스도의 믿음으로 말미암아"*dia pisteōs Iēsou Christou*, 즉 메시야 예수의 신실함을 통해 역사하신, 언약에 대한 하나님의 신실함이다. 정확하게 말하면, 메시야로서 예수는 구원 계획을 이루기 위해 대표적인 신실함을 하나님께 올려드린다. 이를 통해 끝내 구원 계획이 진행될 수 있었고, 아브라함이 세계적인 민족을 이룰 수 있었으며(4장), 기나긴 아담의 죄와 죽음의 여정이 그분의 **순종**으로 끝날 수 있었다(5:12-21). 1장 5절에서 알 수 있듯이, 바울에게 순종은 믿음이나 신실, 충실과 매우 밀접하게 관련되어 있다.

이렇게 해서 우리는 이 장 둘째 부분의 문턱에 이르렀다. 그러나 문을 열고 들어가기 전에 잠시 멈춰 서서 메시야 예수에 대한 바울의 관점 가운데 가장 중요하고 최종적인 부분을 주목해야 한다. (자주 등장하지는 않지만, 일단 등장하면 늘 핵심적이고 강렬한) 중요한 순간에 바울은 예수를 하나님의 아들이라고 언급한다. 어떤 기준에서 보면 이 언급은 바울 당시 몇몇 유대인 집단에게는 메시야적 의미를 전달한다. 시편 2편과 89편, 사무엘하 7장 등에서는 메시야가 하나님의 장자로 나오기 때문이다. 메시야적 의미를 거의 다 잃어버리기 전까지, "하나님의 아들"이라는 이 용법은 초기 기독교 안에서 바울과 함께 확대되어갔다. "때가 차매 하나님이 그 아들을 보내사"(갈 4:4), "율법이 …… 할 수 없는 그것을 하나님은 하시나니 곧 …… 자기 아들을 죄 있는 육신의 모양으로 보내어"(롬 8:3),

"자기 아들을 아끼지 아니하시고 우리 모든 사람을 위하여 내주신 이가 어찌 그 아들과 함께 모든 것을 우리에게 주시지 아니하겠느냐"(롬 8:32). 여기서 바울은 하나님이 그분의 백성에게 선물로 주신 토라와 지혜서의 언어를 인용하지만, 그 언어를 신적 아들 됨이라는 메시야적 용어로 해석하여 사용한다. 그 때문에 결국 삼위일체라는 후기 언어만이 적절하게 대답해 줄, 혼란스러운 신학적 제안이 제시된 것이다. 또한 바울은 그로 인해 우리가 유대교에서 살펴본 메시야적 주제들을 완성시켰다. 비록 우리가 바울 당시 사람들에게서 볼 수 있는 수준을 뛰어넘어 과감한 조치를 취하긴 했지만 말이다. 다윗의 씨에서 나온 왕적 메시야는 최후 싸움에서 승리했고, 새로운 성전을 지었으며, 옛적부터 예언된 대로 이스라엘의 역사를 절정으로 인도했다. 그는 이스라엘의 대리자로서, 심지어 하나님의 대리자로서 이 모든 일을 해냈다. 이 모든 것을 감안해 볼 때 결론은 명백하다. 바울은 예수를 이스라엘에게 약속하신 진정한 메시야로 본 것이다.

그렇다면 이 사실이 왜 석의학자들과 신학자들에게는 명백하지 않았을까? 두 가지 이유가 있는데, 이 둘은 서로 맞물려 있다. 첫째, 지배적인 종교사 패러다임이 이방 세계를 향한 선교라는 관점에서 바울을 이해하려고 한다면, 그래서 유대교적 개념을 이방인의 개념으로 "통역"한 관점에서 바울을 이해한다면, 유대교의 중심 주제를 과소평가하게 된다. 이방인 청자에게는 아무런 의미가 없기 때문에 바울이 예수의 메시야성을 강조하지 않았다는 말을 수없이 들어왔다. 그렇기 때문에 부셋^{Bousset}부터 불트만^{Bultmann}을 거쳐, 다른 면에서는 전혀 의제를 공유하지 않는 학자들까지도 바울이 메시야성을 포기한 이유가 퀴리오스^{kyrios}, 즉 "주"와 같이 더 명확하게 관련된 주제를 다루기 위해서라고 주장한 것이다. 이런 주장은 명백하게 비유대교적인 범주로 바울의 생각을 다시 구성하려는 몇몇 학자의 분명한 바람과 잘 맞아떨어진다. W. D. 데이비스, E. P. 샌더스, 마틴 헹겔과 같은 학자들이 반박했을 때에도 메시야성의 잠재적 중요성은 논의되지 않았으며, 때로는 반대에 부딪쳤다. 학자들은 대부분 바울 같은 유대인에게 메시야성이 어떻게 **관련되어**^{relevance} 있는지를 파악하지 못했다. 그러나 솔로몬의 시편이나 쿰란, 특이하게도 요세푸스에서조차 메시야성이 지닌 요점은 메시야가 오면 그분이 온 세상의 통치자가 된다는 것이다. "그가 바다에서부터 바다까지와 강에서부터 땅 끝까지 다스리리니"(시 72:8). 이스라엘의 메시야가 그들의 마땅한 주라는 사실을 이방인이 알든 모르든, 그래서 상관을 했든 안 했든 많은 유대인은 그 사실을 믿었다. 예수를 메시야로 믿은 바울도 분명 그 믿음을 공유했다.

둘째, 우리는 종종 다음과 같이 가정해 왔다. (1) 메시야성은 "종교적" 범주와 "정치적" 범주 모두에 속하거나 또는 "정치적" 범주에 속한다. (2) (보통 초대 교회에 전한) 바울의 메시지는 이와 반대로 "정치적"이기보다는 "종교적"이었다. 이에 대해서는 다음 장에서 다루겠다. 이 부분을 이해한다면, 일단 우리 시대를 포함한 다른 시대는 물론 1세기에도 이 그릇된 양자택일을 적용하는 것이 얼마나 잘못된 생각인지가 명확해질 것이다. 특히 지난 두 세기 동안 석의적 기초 연구에 상당한 영향을 끼친 루터교식 사고방식에서는 "두 왕국" 모델이 해석의 지평을 장악했다. 바로 그 모델이 우리 시대에 이르러서야 빛을 보고 있는 바울의 지성적 단계로 나아가는 길을 차단했다. 역설적이게도 어떤 현대인들은 바울을 "종교적"이거나 "신학적"이라기보다는 "정치적" 사상가로 단정 짓는다. 그들도 그릇된 양자택일을 유지하고 특정한 신학적 관점을 영존시켜 그에 따라 정반대의 이유로 바울이 강조한 메시야성이라는 역할을 무시해 버린다. 이러한 학자들의 역설적 태도는 어떤 것도 의심치 않는 학생들을 낙후된 생각으로 유혹한다.

이제 바울의 사상과, 그에 대해 우리가 설명하고 있는 중심 강줄기로 되돌아가자. 앞 장에서 논의했듯이 바울은 창조와 언약이 역동적으로 상호작용하는 특성을 지닌 유대교적 사고방식이라는 지도에 꽤 친숙했다. 또한 지금까지 나는 바울이 예수를 이스라엘의 메시야로, 이스라엘을 향한 하나님의 목적, 심지어는 (감히 말하건대) 하나님 자신을 향한 목적을 성취하신 분으로 믿었으며, 그 믿음이 그의 사상과 글을 관통하는 핵심 줄기라고 논증했다. 이제 내가 제안하는 것은 그렇게 함으로써 바울이 "묵시적" 범주라고 부를 수밖에 없는 글을 많이 인용했으며, 이러한 것이 그의 창조와 언약, 메시야 신학을 약화시키기보다는 상황화하여 그에게 특정한 초점을 제공했다는 것이다.

바울 서신에서 본 묵시

모든 것은 "묵시"라는 말이 의미하는 바에 달려 있다. 이 책 초반부에서 이미 말했듯이 "묵시"라는 단어는 지난 50여 년간 다양한 용법으로 사용되었다. 클라우스 코흐^{Klaus Koch}는 슈바이처 이후 "묵시"를 없애려고 고뇌한 독일인의 시도와, 그 뒤 묵시를 재건한 몇몇 작가를 다룬 유명한 책을 썼다.[5] 그러나 어떤 경우에는 재건이 제거만큼이나 해롭다. 이 재건 작업은 바울을 비롯한 제2성전기 유대인들이 세상을 향한 하나님의 궁극적인 목적과 관련하여 믿은 바에 대해서 명백히 그릇된 관점에 의존하여 진행되었기 때문이다. 하나님이 언젠가는 시간과 공간으로 이루어진 우주를 영원히 없애버리실 것이라고 믿는 사람도 있었을 것이다. 우주가 다 타버리는 엄청난 재앙이 일어나 스토아학파에서 말하는 새로운 세상과 같은 영원한 다음 세대도 사라져버릴 것이다. 그러나 제2성전기 문학을 보면 이러한 관점들을 논증하기가 어렵다. 오래전에 "예언"과 "묵시"를 대조한 내용도 한 가닥의 진실 이상을 드러내지 못한다. 그 내용에 따르면, "예언"이란 현세에서 보이시는 하나님의 행위요, "묵시"는 이 세상이 사라지고 전혀 다른 무언가가 세워지는 것이다. "묵시"란(비유대교적 묵시 운동과 기록도 나름대로 중요하지만 여기서는 제2성전기 유대교적 전승만 거론하겠다) 특정한 역사적·신학적 상황 아래에서 예언이 어떻게 성취되는지를 나타낸다고 말하는 것이 어쩌면 더 정확할지 모르겠다. 여기서 말하는 "상황"이란 특히 지속적인 억압, 그리고 그 안에서 하나님이 무엇을 어떻게 하실지 알아가는 것을 말한다. 덧붙이자면 묵시는 **실체**에 의해 소통한 것을 **형태**로 나타내기 위해 (몇 가지 중요한 변화와 함께) 고안된 특정 문학 장르에 해당한다. 말하자면 평상시 비밀이던 것들이 "계시"되거나 베일을 벗고 "드러나는" 것이다. 물론 사전적으로 "계시"나 "드러냄"은 모두 **묵시**를 뜻한다. 우리가 이 단어를 파악하려면 그 사실을 염두에 두는 것이 유용하다.

그러나 지난 세대 학자들은 "묵시"라는 단어를 하나님과 세상에 대해 생각하는 특정한 방법, 특히 바울을 이해하는 방식을 뜻하는 약칭으로 사용하였다. 이 방법에 따르면, 이 세상의 문제를 풀기 위해 하나님이 택하신 해결책은 열매 없이 계속해서 부패해가는 역사적 과정에 개입하셔서 철저하게 새로운 무언가를 행하시는 것이다. "해마다 하나님이 조용하지만 확고하게 그분의 목적을 이루어 가셨다"는 생각과 달리, "묵시" 신학으로 알려질 이 사상은 하나님이 이스라엘과 세계의 역사에 끼어들었는데, 예수를 통해, 특히 그의 십자가를 통해 그러하였음을 바울이 믿었다고 주장한다. 또한 바울의 관점에서 볼 때 하나님은 머지않아 그와 같은 일을 다시 행하실 것이며, 예수가 재림하는 날, 예수를 통해 하나님이 세우신 일이 완성되리라고 말한다. 이런 "묵시"는 이스라엘과 세상의 이야기를 풀어가는 과정을 통해 예전부터 전해 온 오랜 약속들이 성취되어야 한다고 주장하는 "언약" 신학과 정반대되는 면을 보인다. 언약 신학과 반대로 하나님은 지금 새로운 일을 행하시고 계신다는 것이다. 충격적이고 예측할 수 없는 기상천외한 방법으로 예수가 한 장면에 난입한다. 그러나 십자가에 못 박힌 예수는 이스라엘과 세상을 실망시켰다. 이방인이 보기에는 어리석은 짓이요, 유대인에게는 수치였다. 그 결과는 새 창조다. "옛 것으로부터의 창조"*creatio ex vetere* 보다는 "무로부터의 창조"*creatio ex nihilo*에 가까운 신선한 창조다. 이제 이 모든 내용을 요약해 보자. 아주 짧아지겠지만, J. 크리스천 베커와 J. 루이 마틴의 영향력 있는 저술을 풍자하는 글이 되지 않기를 바란다. 이 둘은 내가 영웅으로 삼고 있는 에른스트 케제만을 각각 다른 식으로 인용하고 있다.[6]

내가 영웅으로 생각하는 많은 사람들처럼 케제만은 여기서 진흙의 발을 지적한다. 다니엘 2장에서 빌려온 이 이미지는 다른 이야기의 서두를 이루기도 한다. 이 점은 앞서 자세히 언급한 나의 다른 책을 참고하면서 간단히 다루겠다.[7] 다니엘서는 "묵시" 문학 장르로나, 대부분 비밀을 드러내고 숨겨진 수수께끼를 밝힌다는 주요 특성으로나 구약에서 찾을 수 있는 예 가운데 가장 잘 알려져 있다. 묵시 사상에는 특정 세계관이 깔려 있다. (이미 창세기와 신명기에서 보았듯이) 창조 질서가 땅과 하늘, 즉 둘로 나뉘어 있다는 개념이다.[8] 두 요소로 창조된 우주에서 인간은 땅의 것을 연구할 수 있다. 그러나 오직 하나님만이(어쩌면 천사와 같은 존재도) 하늘의 것을 이해하시고, (원하신다면) 죽을 수밖에 없는 인간에게 그것을 보여주실 수 있다. 이 계시를 위해 다양한 장치가 동원된다. 문학 형식이 실제로 환상이나 종교적 경험과 얼마나 일치하는지는 여전히 의문으로 남아 있다. 다른 사람이나(다니엘 2장) 천사가(다니엘 7장) 해몽해 주는 꿈을 꾸는 사람도 있다. 요한계시록의 몇몇 부분처럼 천사가 알려준 이야기 안에서 꿈이 환상^{vision}으로 확장될 수도 있다. 따라서 묵시는 특성상 미스터리들, 즉 천국에는 알려져 있으나 땅에서는 모르는 숨겨진 비밀을 계시하거나 드러내는 것을 말한다.

어떤 도구를 통해서든 그 특성상 묵시가 드러내는 미스터리에는 **하나님의 계획**이 있다. 때로 그 미스터리는 실제적이든 상징적이든 세상이나 이스라엘의 기나긴 역사 이야기라는 면에서 그 내용이 기록되고 있던 시기에 절정에 이르고 있거나 막 절정에 이르려고 한다. 또 때로는 단순히 하나님, 하나님의 성품과 목적 등에 대한 비밀스런 이야기이기도 하다. 그러나 그렇게 볼 때에 우리가 인식해야 할 것이 있다. 바로 우리가 지금 서술하고 있는 것이 바울에게는 굉장히 중심적인 핵심 개념이라는 사실이다. 비록 그가 환상을 거의 기록하지 않고(또한 그 환상에 대해 말을 많이 아끼고), 그 꿈들을 전혀 해석하지 않았지만 말이다. 적어도 이런 관점에서 볼 때, 바울 자신이 뿌리박혀 있는 유대교 상황에서 한 발짝 떨어져서 골로새서와 에베소서를 살피는 것은 합당치 않다. 골로새서 2장에서 지혜와 지식의 모든 보화가 메시야 안에 감추어져 있다고 선언했을 때, 바울은 비밀스러운 지식이라는 비유대교적 개념을 제시한 것이 아니다. 언제든 적당한 시기가 되면 하나님이 미스터리를 밝힐 것이라는 전형적인 유대교적 믿음을 의미한 것이다. 에베소서 3장 8-11절은 바울의 사도적 사명을 다음과 같이 묘사한다. "모든 성도 중에 지극히 작은 자보다 더 작은 나에게 이 은혜를 주신 것은 측량할 수 없는 그리스도[메시야]의 풍성함을 이방인에게 전하게 하시고 영원부터 만물을 창조하신 하나님 속에 감추어졌던 비밀의 경륜이 어떠한 것을 드러내게 하려 하심이라. 이는 이제 교회로 말미암아 하늘에 있는 통치자들과 권세들에게 하나님의 각종 지혜를 알게 하려 하심이니 곧 영원부터 우리 주 그리스도[메시야] 예수 안에서 예정하신 뜻대로 하신 것이라." 당연히 이것은 전형적인 묵시록에서 볼 수 있는 꿈과 해석의 언어가 아니다. 이렇게 묵시 문학 형식이 바뀐 이유는 내용을 배제해서라기보다는 깨달음 때문일 것이다. 최후의 극적인 묵시, 하나님의 모든 미스터리가 드러나는 것, 하나님의 비밀 계획이 완전히 폭로되는 것은 메시야 예수와 관련된 사건, 특히 그의 죽음과 부활을 통해 **이미 일어났다.** 이에 대한 바울의 연설이나 기록과 에스라4서나 바룩2서와 같은 위대한 묵시록이 형태상 서로 관련되어 있는 한, 예수와 관련된 사건은 "환상"이 된다. 그리고 바울은 어리둥절해하는 방관자들(여기서는 온 이방인 세계)에게 이 기묘한 사건들이 어떻게 하나님의 미스터리를 밝혀주는지, 그리고 이제 전체 그림이 어떻게 그려지는지를 설명하는 천사의 역할을 맡은 셈이 되는 것이다.

특히 많은 구절에서 바울은 여러 단계로 짜인 기나긴 하나님의 구원 계획이 어떻게 열매 맺는지를 열정적으로 설명한다. 바울은 다니엘 2, 7장과 같은 "네 왕국"의 접근법이나 다니엘 10, 11장과 같이 왕과 전쟁에 대한 부자연스럽고 장황한 설명은 피하고 있다. 그

대신 대체로 묵시론적 성격을 띠는 몇몇 제2성전기 문학에서 볼 수 있듯이 아브라함부터 메시야의 오심까지, 그리고 그 이후에 이르는 이스라엘 이야기를 다양하게 개작한 것을 볼 수 있다. 이에 대해서는 이전 장에서 이야기하였다. 일단 "묵시 사상"이 어떻게 작용하는지 이해하면, 묵시 사상과 내가 말한 "언약적" 사고의 통합^{convergence}은 더 명확해진다. 베일이 벗겨져 드러난 것 가운데 중요한 사실 하나는 바로 **언약 계획이 어떻게 진행되어 왔느냐**다. 비록 사람들이 예상한 것과 달라 보일지라도, 하나님이 예정하신 일을 마침내 어떻게 진행하셨느냐다.

이 사실은 우리를 다시 한 번 로마서로 데려간다. 로마서에서 바울은 아포칼립테오$^{apokalypteō, 나타내다}$라는 단어를 사용하는데, 우연히 이 단어를 쓴 것으로 보이지는 않는다. 앞서 골로새서와 에베소서에 관하여 이야기한 것과 긴밀하게 연결되듯, 로마서를 쓰면서 바울은 스스로 묵시를 전하는 천사로 여기고 있다. 즉 예수의 죽음과 부활 사건을 바라보고 그로 인해 무엇이 드러났는지를 설명해 주는 것이다. 로마서 1장 17절에서 바울은 "복음에는 하나님의 의가 나타나서^{apokalyptetai}" 믿음으로 믿음에 이르게 한다고 선언한다. 2장에서 논의했듯이 여기서 "하나님의 의"는 특별히 "온 창조물이 부패와 죄악, 죽음에서 해방되는 언약 계획을 향한 하나님의 신실함"을 뜻한다. 바로 이 지점이 창조와 언약, 메시야와 묵시 사상이 정확하게 들어맞는 부분이다.

이것은 다시 우리를 로마서 3장으로 이끄는데, 여기서 바울

3장 메시야와 묵시

은 똑같은 주제를 이어간다. 이번에는(3장 21절) 아포칼립테타이*apokalyptetai*가 아닌 페파네로타이*pephanerōtai*라고 쓰지만 핵심은 같다. 하나님의 진노가 "계시된"("나타나다"와 같은 단어다) 어두운 배경 안에 온 인류가 포함되었다는 것은 구원의 목적을 지닌 유대인까지도 문제에 속한다는 뜻이다. 바울은 하나님의 의, 구원 언약을 향한 신실함, 그분의 회복하시는 공의 등이 이미 확증되어 나타났으며 계시되었다고 선언한다. 하나님과 그분의 목적에 대한 숨겨진 진실이 백일하에 드러난 것이다. 로마서 3장의 초점은 문제의 원인인 인간의 죄에 대해 하나님이 어떻게 준비하셨는가다. 바로 하나님의 구원 계획에 신실하게 순종하신 예수의 희생적 죽음으로 문제를 해결하셨다. 이것은 유사 묵시 사상에 길을 열어주어 4장, 그리고 더 자세히는 9장과 10장에서 아브라함부터 오늘날까지의 이스라엘 이야기를 개작할 수 있도록 해준다.

이렇게 해서 우리는 예비 결론에 다다랐다. 바울은 어찌되었든 하나님이 늘 "묵시"를 의도해 오셨다고 믿었다. 묵시는 숨겨진 진실들이 어느 순간 극적이고 충격적으로 드러나는 것이며, 어둡고 아무 생각이 없는 세상에 갑작스럽게 비춰진 천국의 밝은 빛이다. 바울 사상에서 가장 핵심적인 긴장은(끊임없이 창조적인 날카로움을 제공하는) 하나님이 실제 일어난 사건을 늘 의도하셨다는 사실과 가장 헌신된 이스라엘인조차도 그런 사건이 일어날 줄은 상상도 하지 못했다는 사실의 충돌이다. 우리는 바울의 언약 신학이 수월하고 꾸준하게 역사적 성취를 이루어 나갔다는 식으로 그 신학을 설명할 수는 없다. 그러나 그렇다고 해서 예수 이전에 일어난 사건이 준비 과정으로서 아무런 가치가 없다는 "묵시적" 관점 같은 것을 제안할 수도 없다. 예수의 죽음과 부활이라는 메시야적 사건 안에서 언약의 약속들이 마침내 성취되었고, 이 사건은 전무후무하게도 세계 역사 진행에 엄청나게 극적으로 개입하였다고 바울은 믿었다. 갈등을 이루는 양 진영 중심에는 오랫동안 기다려온 성취이기도 하고 인간의 자존심에 치명타를 입히기도 한 메시야의 십자가가 서 있다. 두 진영을 모두 붙잡고 있지 않는다면 우리는 바울에게 있어서 절대적으로 중요한 무언가를 놓치고 말 것이다.

그렇다. 전무후무한 일이다. 그러나 이제 일어날 일과 완전히 다른 것도 아니다. 바울은 예수가 심판자로 다시 오실 것이라고 확신했다. 풍부한 관련 자료를 제시하며 자세히 검토하지는 못하지만, 바울이 주장하는 메시야적 묵시주의를 다룰 때 반드시 염두에 두어야 할 네 가지 사항을 살펴보자.

첫째, 바울이 말하는 "오심"coming이라는 단어를 오해할 가능성이다. 기독교 학자들이 종종 "오심"으로 번역하는 파루시아parousia라는 단어는 사실 "부재"absence의 반대말인 "존재", "임재"presence를 의미한다. "묵시적" 유대교가 말하는 암시적 우주론에서는 하늘과 땅이 결코 멀리 떨어져 있지 않다. 같은 공간 연속체 안에서 다른 곳에 위치해 있는 것이 아니다. 하늘과 땅은 겹치고 맞물려 있다고 여긴다. 따라서 "파루시아"의 핵심은 마치 예수가 멀리서 "오는" 것이 아니라 그분의 "개인적 임재", 정확히는 "왕적 임재"를 뜻한다는 것이다. 파루시아는 종종 황제나 다른 군주들에게도 쓰였다. (흥미롭게도) 요한일서 3장 2절처럼 골로새서 3장 4절도 파네루^{phaneroō}라는 동사를 사용한다. "그리스도께서 오실 그때"가 아니라 "그리스도께서 **나타나실 그때**"라고 표현한 것이다. 이것은 그가 드러날 때이며, 다가오는 종말론적 순간에 이미 복음서에 선포된 세상의 마지막 비밀이 모든 사람에게 밝혀질 때이고, 모든 사람이 그분의 이름 앞에 무릎 꿇을 때다. 그러한 상황이기 때문에 바울은 그리스도의 교회가 메시야 안에서 이미 천국에 앉아 있다고 말할 수 있었다. 그 교회 역시 나타나고 드러날 것이기 때문이다. 교회에 실재하는 진정한 삶은 그 자체로 최후 묵시 안에서 표명될 천국의 비밀 가운데 하나가 되었다. 바로 교회가 "메시야 안에" 있기 때문이다. 이 주제는 7장에서 더 자세히 다루겠다.

둘째, 바울에게 있어서 확실한 "종말론"적 본문인 데살로니가전서 4장의 핵심구절은 요즘 북아메리카에서 예견되고 있는 중요한 주제처럼 다뤄져서는 안 된다. 바로 하나님의 사람들이 집, 자동차, 가족을 남긴 채 말 그대로 공중으로 들려져서, 끝내 멸망하고 말 시공간 세계를 영원히 벗어나는 이른바 "휴거"처럼 말이다. 데살로니가 본문의 목적은 슬픔에 빠진 자들을 위로하는 것이다. 메시야가 왕적인 존재로 다시 나타나실 때 살아남은 이들과 죽은 이들이 함께 그가 인도할 새로운 시대를 물려받을 것이라는 주장이 바울의 주목표다. 그러나 바울이 그 목표를 밝히기 위해 사용한 언어에는 전통적인 묵시 사상의 이미지가 혼재되어 있다. 예를 들면, 다니엘 7

장의 환상^{evocation}(인자 같은 이가 하늘 구름을 타고 오는 모습), 시내산에서의 묵시나 계시(함성과 나팔이 울리는 가운데 모세가 계명을 가지고 내려오는 모습) 등이다.

그러나 우리가 염두에 둘 셋째 사항은 바울이 이 주제들을 서로 다른 주제와 섞은 것이다. (내가 보기에는) 성경적 문학이나 제2성전기 유대교 문학에서 전혀 전례를 찾아볼 수 없는데도 말이다. 파루시아라는 단어와 데살로니가전서 4장 17절의 "영접"^{meeting}이라는 단어는 그가 사용한 다른 많은 핵심용어와 마찬가지로 칠십인역^{Septuagint}에서는 낯선 말이다. 그 단어는 헬레니즘과 로마 문학에서나 나올 법한 표현으로, 왕이나 황제가 도시나 지역에 국빈으로 방문하는 장면을 연상시킨다. 왕이 근처에 왔다는 소식을 들으면 시민들은 도시에서 상당히 먼 곳까지 마중하러 나간다. 교외에서 만나려는 것이 아니라 그를 도시로 모셔가려는 것이다. "공중에서 주를 영접"하는 것은 "악한 세상에서 안전하게 피하려는" 것이 아니다. 메시야가 승리자로서 이 땅으로 돌아온다는 전조로, 주이자 구원자, 심판자이신 메시야는 그의 백성과 함께 그 땅을 다스릴 것이다. 그런 맥락에서 파루시아는 제국적 수사학에서 의미하는, 진정한 주나 황제의 왕적 임재를 뜻한다. 이 주제는 다음 장에서 다룰 것이다. 빌립보서나 로마서와 마찬가지로 데살로니가서에서도 우리는 메시야 예수에 대한 바울의 복음이 제국 안에 있는 모든 오류를 들어 황제 제국이라는 현실을 풍자했다고 주장할 만한 분명한 표지를 찾을 수 있다.

넷째, 바울이 의도하지 않았겠지만 바울 서신에는 최후의 묵시론으로 여겨지는 몇몇 구절이 있다. 하나님의 노하심이 "끝까지" 유대인에게 임했다(살전 2:16)고 말할 때, 아마도 바울은 이어지는 4장에서 묘사한 위대한 순간을 염두에 두지는 않았을 것이다. 그러나 예수가 경고한 대로 메시야를 거부한 도시와 사람들에게 임할 중간기 심판은 떠올렸을 것이다. 로마서 9-11장에서 바울이 동족인 유대인들 때문에 슬퍼하는 것을 보면서, 나는 그가 슬퍼하는 한 가지 이유가 유대인들이 임박한 민족적 재앙의 그림자 아래 살고 있음을 깨달았기 때문이라고 생각한다. 마찬가지로 데살로니가후서에서 신생 교회에게 주의 날이 이르렀다는 편지를 받아도 염려하지 말라고 쓸 때에도, 바울은 분명 로마서 8장에서 말한 창조의 갱신이나 데살로니가전서 4장과 고린도전서 15장에서 언급한 주님의 왕적 임재와 같은 수준을 의미한 것은 아니다. 짐작컨대 데살로니가 성도들이 알아차렸을지도 모르는 시공간 우주의 끝은 더더욱 아니다. 이쯤에서 보면 바울은 초기 전승이 곧 다가올 예루살렘과 성전의 멸망에 대한 예수의 준엄한 경고를 포함한다는 사실을 알고 있었던 것 같다. 마태복음 24장과 그 병행 구절처럼 우리가 알고 있는 것들이 그것이 사실임을 증명한다고 바울은 암시하고 있기 때문이다. 이 사건은 한 세대 만에 이루어져야 했다. 이 문제는 논쟁거리가 될 수밖에 없지만, 내가 생각하기에는 바로 그 이유 때문에 바울이 이방 세계를 향한 사역에 더 긴박감을 가진 것 같다. 그래서 많은 사람이 바울 신학을 종말론 형식의 신학으로 이해한 것이다. 만물이 최후에 이르기 전에 그가 대표적 표본으로서 되도록 많은 사람을 구원해야만 한 것은 아니다. 유대인은 자기편 사람들을 저버렸다면서 그리스도인을 원망하고 이방인은 고향과 수도를 잃어버린 유대인을 조롱하는 사건이 일어나기 전에, 바울은 유대인과 이방인이 함께하는 안정된 교회Jew-plus-Gentile Churches를 이방인 땅에 세워야 했다. 바울의 묵시적 신학을 이해할 때 다른 곳과 마찬가지로 여기서도 우리는 그 신학이 실제 역사적 사건에 뿌리박혀 있으며 그러한 사건을 의미한다는 사실을 알 수 있다.

이제 바울은 우리가 언약적·묵시적 신학이라 부르는 것을 따르고 있다. 이 신학은 하나님이 놀라운 언약의 성취 속에서 그분의 계획과 성품을 드러내실 뿐 아니라, 메시야 예수와 관련된 사건을 통해 구원하고 회복시키는 그분의 공의를 드러내셨다고 말한다. 예수의 마지막 출현, 그의 궁극적인 왕적 임재로 이 계시는 영 단번에 완성될 것이다. 잘 알려져 있듯이 이것은 바울 신학이 "시작된 종말론"이라는 특징을 지니고 있다는 뜻이다. 즉 하나님의 궁극적 미래가 역사 한가운데로 다가왔다는 의견으로, 교회는 하나님의 새로운 세계와 현존하는 세계 안에 살아가고 있다는 것이다. 정말이지 교회는 그 두 세계 안에서 동시에 살아가도록 되어 있다! 다가올 시대는 이미 예수와 함께 이르렀으나 미래에 완성될 것이다. 교회는 그러한 중심축을 따라 생명과 증거, 거룩함과 사랑을 세워가야 한다.

이 장을 맺으면서 주의 깊게 살펴보고 싶은 마지막 암시가 하나 있다. 나중에 더 자세히 설명하겠지만 여기서 언급하는 이유는 앞으로 더 완벽해지리라 예상하면서 내가 설명하려는 원리를 천천히 구체화하기 위해서다. 바로 이신칭의와 관련된 것이다. 놀랍게도 이 중심 주제를 논의하는 많은 곳에서, 특히 이른바 "새 관점"을 지지하지 않는 문헌에서는 언약과 묵시, 시작된 종말론이라는 문맥을 경시하는 것처럼 보인다. 로마서 3장을 보면 바울이 직접 그 중심 주제를 언약과 묵시, 시작된 종말론 안에 두고 있는 것이 명백한데도 말이다. 핵심은 이것이다. 회복시키는 의에 관한 하나님의 완전하고 최종적인 계시, 즉 온 세계를 제자리로 돌려놓으시려는 그분의 계획은 심판자이자 구세주인 예수가 왕으로 임할 마지막 날 실현될 것이다. 그러나 회복시키는 의, 언약의 신실함을 통한 창조물의 구원은 예수의 메시야적 죽음과 부활의 계시적 사건에서 이미 드러났다. 예수의 사도적 제자들이 선포한 왕적 선언, 즉 "복음"이 보여주고 있듯이 바로 그 사건에서 하나님은 이미 그분이 죄와 죽음을 처리하셨고 세상을 믿음의 순종 가운데로 부르셨다고 선언한다. 그에 따른 당연한 결과로, 모든 믿는 자는 궁극적 미래에 드러날 묵시 사상의 일부분으로서 유대인이든 이방인이든 하나님의 진정한 가족으로 이미 선포된 것을 깨닫는다. "이신칭의"에 관한 전반적인 요점은 **이때에** 일어나고 있는 일(롬 3:26)이라는 것이다. 이 일은 이미 살아온 전 인생에 근거하여 미래에 선언될 마지막 심판을 적절히 예측하게 해준다(롬 2:1-16). 칭의가 종말론뿐 아니라 언약적·묵시적 틀 안에 견고하게 세워지지 않는다면, 우리는 바울이 이야기하는 바를 평생 이해할 수 없을 것이다. 여기서도 우리는 바울 사상이 우리가 시작한 지점으로 되돌아온 것을 알 수 있다. 바로 언약과 메시야성, 묵시가 만나는 지점이다. 고린도에 도착했을 때 바울이 소용돌이치는 그의 사상의 중심으로 붙들기로 굳게 마음먹은 지점이다. 그곳은 바로 메시야 예수와 그의 십자가 사건이다.

이제 바울 신학이 지닌 다채로운 실마리를 한데 모아 유대교뿐 아니라 바울이 살아간 헬레니즘과 로마 세계 속으로 옮겨놓으면, 바울과 그의 독자들에게 그 의미의 세계가 아주 자연스럽고 당연하게 받아들여진다는 사실에 (비록 많은 사람은 아닐지라도) 사람들은 깜짝 놀랄 것이다. 왕이자 하나님의 아들, 세상의 진정한 주로 예수를 높이는 찬양, 그분의 오심으로 하나님의 새로운 시대가 열렸다는 것을 선포하여 이 세상을 다스리는 주권자로 그분이 즉위한다는 "좋은 소식"을 온 세상에 알리는 외침, 언젠가 그분의 "왕적 임재"가 드러나 모든 이가 축제와 심판에 초대될 것이라는 선언, 이 예수에게서 구원과 정의, 평화를 얻을 것이라는 주장, 이 모든 방법을 통해 바울이 말하려는 바는 바로 진정한 주는 황제가 아니라 예수라는 것이다. 이렇게 해서 바울의 창조와 언약 신학, 메시야성과 묵시 신학은 다음 장 주제인 복음과 제국으로 우리를 안내한다.

Chapter 4
복음과 제국

서론

지금까지는 주로 바울을 그의 유대교적 사고 틀이라는 맥락에서 거론했다. 나는 바울이 예수의 복음을 중심으로 다시 생각한, 창조와 언약이라는 유대교식 신학을 따랐다고 주장해 왔다. 바울이 믿은 바에 따르면, 예수는 하나님이 이스라엘에 약속하신 메시야이고 특히 그의 죽음과 부활은 위대한 묵시적 사건이다. 하나님의 숨겨진 계획이 이 사건을 통해 마침내 이스라엘에 드러났을 뿐 아니라 복음 선포를 통해 세상에도 드러났다. 지면이 좀 더 허락된다면(연구할 수 있는 시간적 여유가 아니라) 바울이 발전시킨 이 주제들이 그 당시의 더 넓은 헬레니즘 문화와 관계 맺은 방법을 밝혀낼 수 있을 것이다. 고린도후서 10장에서 바울이 또렷하게 선언한 "모든 생각을 사로잡아 그리스도[메시야]에게 복종하게 하니"라는 원리를 따라 부분적인 확인과 가치 있는 평가 측면 모두에서 그 방법을 밝힐 수 있다. 그러나 이번 장에서는 이 모든 주제가 어떻게 바울을 더 긴급한 임무로 이끌어갔는지를 살펴보려고 한다. 그 임무는 분명 위험한 것이다. 암시적으로, 때로는 노골적으로 자신의 메시지를 명확하게 제시하여 당시 지중해 세계를 휩쓴 새로운 이데올로기를 뒤엎는 것이 바울의 임무였다. 여기서 말하는 이데올로기란 로마제국의 이데올로기를 일컫는다.

다음 단계로 넘어가기 전에, 시대착오적인 생각을 피하고 과거의 사고체계를 애써 회복하기 위해 세 가지를 말해 두려고 한다.

첫째, 우리 자신이 속한 정치적 상황과 기대에 대해서다. 다른 영역과 마찬가지로 이 영역에서도 우리는 생각보다 계몽주의에 훨씬 많은 영향을 받았다. 우리는 정치적 선택이라는 고정된 틀 안에서 자라났다. 특히 좌로 갈수록 정부와 모든 권력 구조에 반대하고, 우로 갈수록 견고하고 안정된 정부와 시민 권력을 지지하는 좌-우 스펙트럼에 갇혀 있다. 이러한 차등제sliding scale에 익숙한 독자들이 로마서 13장에서 지배 세력에 순종하라는 바울의 강한 주장을 읽고 그를 우리의 스펙트럼에서 중-우 위치에 놓아야 한다고 생각하는 것은 어찌 보면 당연하다. 그러나 바울은 우리의 스펙트럼에 속해 있지 않다. 어딘가에 속해야 한다면 제2성전기 유대교라는 독특한 환경에서 형성된 정치적 견해가 있는 세상일 것이다. 그곳은 18세기와 그 후 세기의 유럽이나 미국과는 전혀 다른 요인들로 만들어진 세계다.

둘째, 근대 서양에서는 신학과 사회, 종교와 정치를 분리하는데, 바울이나 그 당시 사람들은 유대인이든 그리스도인이든 로마인이든 간에, 이런 분리를 전혀 이해하지 못했다는 사실을 알아야 한다. 이스라엘은 그들의 하나님이 온 세상의 창조자이자 통치자, 심판자라고 믿었다. 그리스-로마 세계의 신들은 서로 엮여 사회적·도시적 삶이라는 직물을 만들어냈다. 신들 가운데 가장 새로운 신인 황제는 신과 인간의 영역이 합쳐진 살아 있는 본보기다. 그런데 보수주의든 이른바 자유주의든, 많은 성서신학자가 신약에 근대 범주를 투영시켰다. 사실 더 거슬러 올라갈 것도 없이 16-17세기만 훑어보아도, 우리가 세운 가정들assumptions이 얼마나 시대착오적인지를 알 수 있다.

마지막으로 명시적인 설명 뒤에 감춰진 반향echo과 암시allusion를 어떻게 알아채는지에 대해 간단히 설명하려고 한다. 이것은 석의를 할 때, 이전 학자들이 밝혀낸 것보다 더 폭넓은 문학 형식과 내러티브를 고려해야 한다는 의미다. 다양한 영역에서 찾은 예들을 살펴보자. 먼저 그레이엄 롭Graham Robb이 쓴 명저 「이방인들」Strangers을 보자. 이 책에서 롭은 국가를 초월한 모든 문화에서 작가들이 핵심 단어와 이름, 색깔, 이미지를 사용하여 동성애 행위를 암시적으로 표현한 방법을 추적해나간다.[1] 당시에는 그러한 책을 공개적으로 펴내지 못했기 때문이다. 이 책과 관련된 강의를 준비하다가 또 다른 예를 찾을 수 있었다. 중국 문화혁명 때 어느 극작가가 몇 백 년 전 시대를 배경으로 하는 역사극을 썼는데, (셰익스피어처럼) 오직 관련자만 알 수 있을 만큼 간접적으로 당시 중국 통치권을 비평했다며 공격당했다. 실제로 관련자들이 이 점을 감지했

고, 결국 그는 고소당했다. 1세기에도 필로와 네로로 편을 가른 똑같은 논쟁이 있었다.[2]

신약에서 반향과 암시를 감지하는 작업을 가장 탁월하게 연구한 사람이 바로 리처드 헤이스다. 그의 책 「바울 서신에 나타난 성서적 반향」 Echoes of Scripture in the Letters of Paul에 그 작업이 잘 드러나 있다.[3] 헤이스는 일곱 가지 기준을 제시한다. 좀 더 지면이 허락된다면, 이 기준을 "성서적 반향"과 함께 "황제적 반향"에 적용해 보는 유익한 작업을 할 수 있었을 것이다.

1. 유용성(availability)_ 그 자료는 당시 문화 상황에서 손쉽게 이용하고 알 수 있는 것인가?

2. 음량(volume)_ "잘 들리는" 음량을 설정할 수 있을 만큼 직접 관련된 상황에서 그 단어나 구문 형식이 충분히 반복되었는가? 출처 면에서나, 바울 시대의 다른 곳에 적용하는 면에서 이 자료는 얼마나 중요한가?

3. 반복(recurrence)_ 의미 토대를 더 폭넓게 다질 수 있을 만큼 다른 바울 서신서에서도 그 단어나 주제가 반복되는가?

4. 주제의 일관성(thematic coherence)_ 그 주제가 바울이 말하는 다른 관점과도 일관되는가? 서신서와 그 본문에 담긴 다른 생각들과 얼마나 잘 어울리는가? (물론 이 관점에서 볼 때 바울에게서 "황제적 반향"을 감지하려는 시도는 "로마서 13장에 대해서는 뭐라고 말할 것인가?"라는 질문에 부딪칠 것이다.)

5. 역사적 타당성(historical plausibility)_ 그것이 바울이 의도한 의미인가? 아니면 바울에게서 그러한 의미를 추측하는 것은 시대에 뒤쳐지거나 맥락에서 벗어나는

것인가? (덧붙이자면, 앞서 언급한 정교를 분리한 석의는 시대착오라는 비난을 면할 길이 없다.) 독자들은 바울의 암시를 알아챘을까? 더 넓은 문화의 텍스트 간 관련성, 즉 세상에 익숙한 전체적인 암시와 반향의 거미줄은 이런 종류의 함축적인 줄거리를 허용하거나, 가능케 하거나, 권장하는가?

6. 해석의 역사(history of interpretation)_ 다른 시대의 해석가들도 같은 방법으로 본문을 읽었는가? (또 덧붙이자면, 만약 답이 늘 "그렇다"라면 성경 연구는 교회사로 떨어져 석의학자가 할 일이 없을 것이다. 그러나 "아니오"라고 대답한다고 해서 그리 놀랄 일이 아니다. 석의학자는 본문의 의미 자체를 이해하기보다는 그 본문을 자신의 시대에 응용하는 데 더 많은 관심이 있기 때문이다. 그렇기 때문에 "아니오"라는 대답을 듣고 자연스럽게 무언가가 잘못되었다고 생각해서는 안 된다.)

7. 만족감(satisfaction)_ 이러한 읽기를 통해 본문은 새로운 일관성과 명확성을 보여주는가? 이 방법으로 읽을 때, 본문은 자연스럽고 편안하게 흘러가는가? 헤이스의 말대로, "아하, 그렇구나"라는 신선한 이해력을 주는가?

물론 이 일곱 가지 기준은 완벽하지 않으며 수준에 따라 다르게 적용된다.[4] 역사와 문학에 있는 모든 것처럼 이 기준들 가운데에도 종종 주관적 판단으로 여겨져 무시되는 것이 있지만 그것이 문제가 되지는 않는다. 이 기준과 경쟁하는 함축적 이론 자체도 덜 주관적인 것은 아니기 때문이다. 복잡하고 거추장스럽게 보일지라도, 이 기준들은 우리가 이해하려고 하는 1세기 저자나 독자가 아닌 오로지 우리 자신을 위한 것이라는 사실을 기억하라. 앞으로 2천 년이 지난 뒤 우리 시대의 글을 이해하려고 하는 역사학자가 있다면, 많은 노력과 수고를 들이면서 텔레비전 연속극에 나오는 조연들이 삼류 정치인들과 다투는 담론의 세계로 거슬러 올라가야 할 것이다. 한쪽에서는 무기 사찰관을, 다른 한쪽에서는 보트 경주를 암시하면서, 셰익스피어의 반향은 알아차리지 못해도 엘튼 존의 노래 가사는 아는 그런 담론의 세계 말이다. 우리는 힘 들이지 않고 이 세상을 누비지만, 다른 이들은 이 세상을 머릿속에 조금씩 복원해야 할 것이다. 바로 이것이 제한된 정보를 가지고 바울과 그의 세계에 관해서 우리가 하려는 작업이다. 한 가지 확실한 사실은 우리가 복원하려는 세계보다 실제 세계는 훨씬 더 복잡하고 다층적이라는 것이다.

이 정도면 간략한 소개로 충분한 것 같다. 이제부터 초기 로마제국의 주요 특징, 로마제국의 이데올로기와 황제 숭배를 정리해 보려고 한다. 그 다음에는 바울 사상의 토대가 된, 이교도 제국에 대한 일반적인 유대교적 비평을 살펴볼 것이다. 그리고 나서 내 논의의 상당 부분을 구성하는 주요 본문을 다루려고 한다. 곧 살펴보겠지만, 우리가 앞서 연구한 창조와 언약, 메시야와 묵시 사상의 범주들은 그 뒤 바울이 그 당시 세상의 주요 세력에 맞서도록 영향을 끼쳤다.

황제 제국과 이데올로기

바울이 회심했을 때, 이른바 로마제국은 이미 두 세대를 지나고 있었다. 고대의 유서 깊던 로마공화국은 율리우스 카이사르가 피살된

후 뒤이어 일어난 내전으로 무너졌다. 분열을 초래한 수년간의 피비린내 나는 갈등을 거쳐 마침내 카이사르가 입양한 옥타비아누스가 후계자로 등장했다. 최고 자리에 올라 아우구스투스라는 칭호를 받은 옥타비아누스는 BC 27년부터 AD 14년까지 급성장하고 있던 로마제국을 통치했다. 그가 입양한 후계자 티베리우스는 옥타비아누스가 이룬 업적을 이어받아 더욱 공고히 했다. 그 뒤를 이어 불운한 가이우스 칼리굴라와, 똑똑하지만 유약한 클라우디우스가 차례로 로마제국을 다스렸다. AD 54년, 클라우디우스의 죽음은 밝고 새로운 희망을 안고 낙관적인 분위기 속에서 보위에 오른 네로에게 대로를 열어주었다. 그러나 68년, 네로는 몇몇 사람의 애도와 수많은 사람의 증오 속에 옥좌를 떠났다. 이때부터 로마제국은 몇 달 동안 온 나라가 혼돈에 빠진 이른바 "네 황제의 해"로 치달았는데, 끝내 새로운 왕조를 세운 베스파시아누스가 그 막을 내렸다. 이 기간 동안 제국은 지중해 세계는 물론 내륙 지역에서 상당한 거리에 있는 지역까지 뻗어나갔다. 몇 세기 전 최고 경쟁국이던 카르타고를 무너뜨린 뒤 로마는 권력과 영향력, 재력 한가운데서 사치를 누렸다.

    이 역사적 틀 안에서 제국의 이데올로기는 공화국이 세운 옛 이상의 이데올로기로 옮겨갔다. 바울보다 한 세기 전, 키케로는 로마와 로마 시민을 "자유의 본향"이라고 주장하였다. 그들은 민주주의를 세웠고, 초기 제국 기간 내내 그 민주주의는 위장된 채 이어져 왔다. 로마의 자유와, 그 자유를 다른 세계와 공유해야 하는 책임에 대한 키케로의 신념은 굉장히 확고했다. 정치적 적대자들이 키케로를 귀양 보내고 그의 집을 초토화했을 때 친구들이 그 자리에 자유의 여신 동상을 세울 정도로 말이다. 이와 비슷하게 공화국은 오랫동안 자국의 정의를 자랑스럽게 여겼고, 아우구스투스 치세 중반기에는 "유스티티아"^{Iustitia}, 즉 정의의 여신을 공식 여신으로 삼기도 했다. 로마는 정의로운 국가였으며 다른 세계와 이를 나눠야 할 의무가 있었다. 내전 후 아우구스투스는 "평화를 가져온 자"라고 칭송받았다. 그를 비꼬는 자들은 그 평화가 미덕이 아니라 군사를 소진시켜 이뤄낸 것이라고 말하지만 말이다. 실제로 한 세기 후, 어느 로마 비평가는 마치 피정복자에게서 나온 말인 양 로마가 황야를 창조했고 그것을 "평화"라고 이름 붙였다고 비난했다. 아우구스투스는 내전과 외부 원수에게서 로마를 구한 공로로 "구원자"라고 칭송받기도 했다. 자유, 정의, 평화, 구원은 고대 세계의 대중매체, 즉 동상, 동전, 시와 노래, 연설 같은 데서 찾아볼 수 있는 제국적 주제들이다. 이 주제들의 선포, 물론 이것을 완수하고 보장한 황제 개인에게 초점을 맞춘 이 선언은 "유앙겔리온"^{euangelion}, 즉 "좋은 소식", "복음"이라고 불렸다.[5]

시인과 역사가 역시 새로운 이야기를 쓰느라 바쁘긴 마찬가지였다. 버질^{Virgil}, 호라티우스^{Horace}, 리비우스^{Livy}, 그밖에 다른 이들이 다양한 방법으로 새롭고 장려한 제국의 내러티브, 이제 최고조에 다다른 기나긴 종말 신학을 만들어냈다. (물론 키케로도 같은 작업을 이루려 했다. 조금 이르긴 했지만 그는 집정관 시절에 새로운 탄생을 맞이한 로마를 축하했다.) 아우구스투스 시대 궁정 시인들은 로마가 오랜 수습 기간을 거쳐 준비 기간을 끝내고 마침내 세상의 안주인이라는 제자리를 찾게 된 과정을 노래했다. 대부분의 제국적 수사학처럼 이 이데올로기는 시간이 흘러가면서 재정립되었지만, AD 69년에 일어난 터무니없는 혼란("네 황제의 해") 속에서도 살아남아 그 다음 시대까지 이어졌다. 제국의 상징들은 어느 곳에서나 또렷이 볼 수 있었다. 무자비하지만 효율적인 로마제국의 군사력은 눈앞에 있는 모든 것을 싹쓸이했다. 게르마니아에서 군단을 잃은 이상한 재앙을 빼면 거의 전부를 말이다. 반역자들은 냉혹하고 잔인한 처벌을 받았다. 다른 의미를 지니기 훨씬 전부터 이미 십자가는 제국의 힘을 나타내는 실질적이고 두려운 상징이 되었다. 로마의 정의 체제로 인해 궁극적으로 황제는 책임 있는 법정과 법관을 갖출 수 있었다. 공정하게 말하자면 정의 체제 덕분에 지역 체계가 상당히 개선될 수 있었다. 잘못 처리한 일에 대해 지역 주민들이 불평하면 로마 지방정부 책임자는 재위 기간이 끝날 무렵 재판을 받아야 했고 실제로도 그러했다. 로마는 세금을 징수했다. 물론 표면적으로는 자유와 정의라는 특권을 누리는 대가라고 했지만, 실제로는 모국 도시를 더 웅장하게 확장하려는 목적도 있었다. 황제 자신은 물론 그의 조상, 아내와 자녀들을 포함한 황족 가문은 동상과 동전을 통해 유명해졌다. 스페인에서 시리아까지 모든 사람이 로마에 대해 알았다. 로마가 무엇을 대표하고 무슨 일을 하는지, 누가 지배권을 가졌는지 알고 있었다.

 이러한 제국적 이데올로기의 틀 안에서 황제 숭배는 바울 당시 세계, 즉 동쪽 지중해 지역에서 가장 급성장하는 종교였다. 아우구스투스는 양아버지 율리우스 카이사르가 살해당한 후 신성을 갖게 되었다는 말을 퍼뜨려 자신의 입지를 굳혀 나갔다. 대부분 차기 황제는 선황을 칭찬했다. 그 칭찬에는 사람들로 하여금 선황의 영혼이 승천했다고 증언하게 만드는 편리한 허구가 종종 섞여 있었다. 그러고 나면 새로운 황제는 "신의 아들"son of god이라는 칭호를 얻을 수 있었다. 많은 황제가 입양된 아들이었는데도 말이다.

    초기 황제들은 대부분 로마 안에서 신적 영예를 주장하지 않으려고 조심했다. "신의 아들"로도 충분했다. 그러나 오랫동안 통치자와 군주를 신으로 여겨온 동방 세계에서는 황제 숭배가 전혀 문제되지 않을 뿐 아니라, 오히려 그런 제도가 확립되도록 강하게 밀어붙이기도 했다. 몸소 그렇게 하는 도시는 특별한 보상을 받기도 했다. 어디에서도 보이도록 에베소 중심에 제국의 신전이 다시 세워졌다. 고린도에서는 공공광장forum 서쪽 끝에 있는 주춧돌 위에 새로운 황제의 신전을 세웠는데, 그 지역에 있는 예전 신전들보다 일부러 더 높게 지었다. 그곳에서 황제에게 경의를 표하는 다양한 놀이와 축제, 기념행사를 열고 사제들을 임명하였다. 그리스-로마의 주요 신들에게서 모티프를 빌려와 황제와 그 가족의 석상을 세우기도 했다. 로마 세계에 속한 많은 지역에서 황제의 신성함은 당연하고 부인할 수 없는 것이 되어버렸다. 끝내 황제와 그의 군대가 그 시대에 알려진 세상을 모조리 다 정복하지 않았는가. 확실히 그들이 지닌 힘은 그 누구보다 막강했다.

바로 이런 세계에서 바울이 "복음"을 선포하고 다닌 것이다. 그가 선포한 복음은 로마 군병들에 의해 십자가에 못 박히신 나사렛 예수가 죽음에서 부활하여 세상의 참된 주인이 되셨다는 것이다. 바울은 만국이 그에게 충성을 바쳐야 한다고 주장하였다. 그러나 바울은 진공 상태에서 이 일을 행한 것이 아니다. 그는 예수로 말미암아 절정에 다다른 여러 유대교 전승을 인용하였다. 그의 글을 보기 전에 이 전승들을 잠시 살펴보도록 하자.

이방 제국에 대한 유대인들의 비판

바울 당시 유대인들은 이교도 제국에서 사는 데 익숙했다. 다윗과 솔로몬이 다스리던 짧은 독립국 시절을 제외하고, 그 전에는 대부분 애굽에서 노예로(아니면 적어도 애굽에서 노예로 살던 이야기를 들으며) 지내거나, 바벨론에서 포로로(아니면 그곳으로 추방당한 이야기를 들으며) 지냈기 때문이다. 독립국 시절에도 늘 외부 세력의 위협에서 벗어나지 못했다.

그런 상황에서 어떻게 살아야 하는지를 설명하는 유대교의 핵심 내용에 대해 윤곽을 잡아준 부류가 바로 선지자들이다. 사무엘은 사람들에게 이교도 지배자들이 어떻게 행동하는지 분명하게 이야기하면서 이스라엘의 왕들도 아마 똑같을 것이라고 경고했다(삼상 8:10-18). 아모스는 이스라엘과 유다를 비판하기 전에 이교도 통치자들을 통렬하게 비난했다(암 1:3-2:8). 이사야는 참되신 하나님이 그분의 목적을 위해 앗시리아의 힘을 사용하여 그분의 백성을 심판하지만 그 다음에는 앗시리아 역시 심판받을 것이라고 선포했다(사 10:5-19). 바벨론의 궁극적인 멸망을 예견한 사제들이 그 나라의 부흥도 암시하였다(예를 들면 이사야 13장). 비록 예레미야는 하나님이 유다를 향한 진노에 사용하신 도구라고 보긴 했으나, 그럼에도 바벨론의 멸망을 묘사한 그의 마지막 설명은 굉장히 파괴적이다(렘 50-51장). 특히 이사야서 핵심 부분인 40-55장은 이방 종교와 그것을 뒷받침하는 왕국의 권력을 강력하면서도 공공연하게 비난한다. 그러면서 유일하신 참 하나님은 그분을 알지도 못하는 바사 왕 고레스를 부르셔서 그분의 뜻대로 포로들을 바벨론에서 해방시킨다고 선포하게 하신다. 또한 "여호와의 종"$^{YHWH's\ Servant}$이라 불리는 인물이 행할 구속 사역을 신비로 감싼 채 서서히 드러내신다. 이와 비슷한 신학이 에스더서에 내러티브 형태로 나타나 있다. 마지막으로 다니엘서에 주목해 보자. 다니엘서는 이교도 황제의 종교적 가식과 권력을 책망하고 이에 저항한 유대 영웅들을 칭송한다. 물론 다니엘서는 네 개의 이교도 왕국이 잇따라 부흥하다가, 하나님이 그분의 왕국을 세우시고 그분의 백성을 신원하실 때 마지막 왕국이 멸망한다는 영향력 있는 내러티브도 볼 수 있는 책이다(단 7장).

억지로 우리 기준에 맞추려는 태도$^{Procrustean\ standards}$ 6 때문에 이 성경 본문 내용들을 다루기란 그리 쉬운 일이 아니다. 하나님이 의로운 세 유대인을 풀무불에서 구출하신 일(단 3:30), 그 하나님이 다니엘을 사자굴에서 구해내신 일(단 6:28)이 있고 난 뒤 그들은 왕국

관리직에서도 높은 자리에 올랐다. 예레미야 선지자는 포로들에게 바벨론에 정착하여 살면서 그 나라가 흥하도록 힘쓰라고 격려한다(렘 29:1-9). 이런 구절을 보면, 유대인이 세상의 지배자들을 어떻게 생각했는지를 이해하는 데 좌-우 스펙트럼은 얼마나 부적절한지를 깨닫게 된다. 이교도의 정치 체제를 과격하게 전복시킨다는 것이 무정부 상태를 지지한다는 뜻은 아니다. 앞서 소개한 성경 본문들에서 볼 수 있는 유대인의 정치적 신념은 창조와 타락, 섭리의 신학에 깊게 뿌리박혀 있다. 유일하신 하나님이 진정 모든 통치자를 포함한 온 세계를 창조하셨으며, 그들이 극도로 악하게 행할 때에도 하나님은 종종 잘 이해되지 않으면서도 숨겨진 그분의 목적을 위해 그들의 변덕을 다스리시고 적절한 때에 심판하신다는 것이다. 이것은 2, 3세기 기독교에 상당한 영향을 끼친 전형적인 유대교적 사고방식으로, 오늘날 우리가 보기에는 스펙트럼 양쪽 부분을 동시에 행하는 것처럼 보인다. 악한 통치자는 심판받을 것이다. 특히 하나님의 백성을 핍박한다면 말이다. 그러나 하나님은 세상을 무정부 상태나 혼란에 빠뜨려 무너뜨리기보다는 통치하기를 원하신다. 하나님의 백성은 이교도의 규율을 따라 사는 법을 배워야 한다. 그것이 이교 사상 자체와 타협하지 않도록 끊임없이 경계해야 한다는 것을 의미할지라도 말이다.

우리는 바울 당시에 나타난 움직임들은 물론 다양한 제2성전기 문학 텍스트에서 되찾아온 이 성경적 유산을 볼 수 있다. 아마 바울의 서신서보다 그리 오래전에 기록되지 않았을 것으로 보이는 솔로몬의 지혜서는 이 성경적 유산이 세상 통치자들에게 어떻게 행동해야 할지를 가르쳐줄 것이라고 선언한다. 이 지혜서는 의로운 자를 핍박하는 사악한 통치자들이 일단 의로운 자들을 핍박하고 죽였으니 그들은 영원히 사라질 것이라고 선언하는 드라마틱한 장면으로 시작한다. 그러나 솔로몬의 지혜서는 다니엘 12장을 인용하며 "의인은 영원히 산다"라고 말한다. 그들은 다시 돌아올 것이고, 악한 통치자들은 심판 날에 맞이할 그들의 운명을 알고 두려워 떨 것이다. 그러므로 지혜서 기자는 "너희 통치자들은 주의하라"라고 말한다. "너희를 심판으로 부르실 하나님이 계시다. 너희에게 필요한 것은 솔로몬처럼 바로 지혜다. 그 지혜가 너희 자신과 너희가 책임져야 할 영역을 올바르게 세울 것이다." 이 책 후반부는 구약 시대 초기 부분을 기막히게 재연한다. 특히 하나님이 바로를 내치시고 이스라엘을 구원하신 사건에 초점을 두어서 말이다. 확신하건대 이 이야기는 그저 골동품 수집가들의 흥미를 위해 쓰인 것이 아니다. 하나님은 과거에 이스라엘과 이교도 왕들에게 행하신 일을 또다시 하실 수 있고, 또 하실 것이다.

이교도 제국에 대한 비평과 그 제국을 뒤엎으신다는 약속은 몇몇 쿰란 본문에 있는 단호한 표현에 영향을 받았다. 분명한 예로 "전쟁문서"인 1QM이 있다. 이 문서는 시편과 선지서에 형상화된 이미지를 다시 사용한다. 구체적으로 말하자면 하나님이 단호하게 행하실 것이고, 엄숙한 의례적 성전holy war이 일어날 것이며, 열방이 의로운 유대인들의 발아래 가루처럼 분쇄되리라는 것이다. 의롭고 거룩하신 하나님이 절대적 승리를 거두실 것이다. 그와 동시에 그 종파의 구성원들은 다양한 단계에서 여전히 예루살렘 제사장직에 영향을 끼치고(예를 들면 4QMMT에서처럼) 권세를 장악하고 싶어한다는 것을 우리는 알고 있다. 만약 그랬더라면, 그들은 많은 당대인들을 흑백논리가 덜하고 더 복잡한 세계로 몰고 갔을 것이다. 예를 들어 마카베오서에 나타난 다양한 관점을 주목할 수 있다. 따라서 우리가 바울의 글에서 때때로 1QM이나 비슷한 본문의 흔적을 보게 되더라도(저자를 의심하는 사람들도 있지만, 특히 데살로니가후서가 두드러진다), 그 내용은 쿰란 기자들이 잘 사용하지 않은 다른 주제들과 함께 섞여 있다.

에스라4서와 바룩2서와 같은 묵시론적 기록을 구성하기 위해 몇몇 1세기 기자들은 다니엘서나 이와 비슷한 전승들을 인용하였다. 그들은 이교도 제국에 대한 다니엘의 비평, 특히 악한 네 왕국의 연속적인 흥망성쇠를 자기들 시대에 재적용하였다. 이 텍스트들은 AD 70년의 예루살렘 멸망에 대답한다. 또한 이 텍스트들은 과거에 일어난 일들을 이해하고(어쩌면 바벨론 포로기처럼 그 모든 것을 필연적인 심판이라고 생각했을지도 모른다) 애통해하며, 미래에 하나님이 신원해 주신다는 약속에 전승 자료들을 다시 사용하였다. 전통적인 이미지와 주제들은 역사적 상황에 따라 다르게 배치된다. 같은 본문을 사용했으면서도 놀랄 만큼 다르게 재해석한 요세푸스의 작품들과 비교해 보면 잘 알 수 있다. 요세푸스에 따르면 성경은 요세푸스 시대에 유대에서 세계의 통치자가 나올 것이라고 예언했다.

그러나 요세푸스가 말한 통치자는 유대인의 메시야가 아닌, 예루살렘에서 로마로 건너가 황제에 오른 베스파시아누스를 가리킨 것이다(물론 베스파시아누스 왕조는 글을 쓰는 동안 요세푸스에게 국가 연금을 제공했다). 그러나 요세푸스도 유대인이다. 비록 과격하리만치 새로운 방법이기는 하지만, 그는 하나님이 이교도 통치자들을 통해 그분의 백성을 징벌하시거나(요세푸스 역시 과격한 개혁가들을 비난한다) 세상을 다스리신다는 그분의 섭리에 관한 고대 교리를 정당하게 주장하기 때문이다. 그 지도에 따라 그림이 완전해지려면 어느 젊은 유대인 선지자를 주인공으로 한 격정적인 변주곡을 짜야 할 것이다. 그는 티베리우스가 다스리는 시절에 살던 사람으로, 하나님이 마침내 왕이 된다고 선포하였고 오랫동안 기다려온 왕의 통치가 어떻게든 이뤄지리라는 믿음 때문에 죽음을 맞았다. 그의 제자들은 그가 죽은 자 가운데서 살아났다고 주장했다. 나사렛 예수의 사상, 특히 그의 행위와, 바울이 발전시킨 신학의 연계성은 물론 이것만으로도 하나의 주제가 될 만하지만, 이에 대해서는 마지막 장에서 간단하게 살펴보도록 하자.

  이것이 바로 이교도 지배층을 향한 1세기 유대인의 사고방식을 보여주는 (부분적인) 지도다. 오늘날 서구 그리스도인이 가정한 것과는 상당히 다른, 세상적 지배자에 관한 신학이다. 이 신학은 내가 2장에서 그린 창조와 언약의 그림에서 자라나왔다. 하나님은 세상이 질서를 갖추고 악에서 멀어지길 원하신다. 그렇지 않으면 죄악이 마구 번창하고 벌거벗은 권력^{naked power} [7]과 침략이 승리할 것이다. 그러나 세상의 통치자들도 하나님께 해명할 책임이 있다. 특히 그들이 자신들의 힘으로 불량배를 막아야 하는데도, 도리어 그 불량배가 되는 때에는 더욱 그러하다. 한편 하나님은 전혀 다른 목적을 이루고 계시다. 그 목적은 결국 그분 백성을 신원하시고 세상의 바로와 바벨론을 심판하시는 것이다.

    이 모든 것은 당연히 창조적 유일신 사상에 근거한다. 창조적 유일신 사상은 세상에 가득한 죄악과 직면했을 때 언젠가 하나님이 모든 것을 올바르게 세울 것이며 정의와 정부 체제 안에서 우리는 그러한 하나님의 일하심에 대한 예표를 (비록 완벽하지 않더라도) 볼 수 있다고 선언한다. 이는 이교도 통치자들을 철저하게 나쁜 존재로서 아예 무시해도 되거나, 앞으로 초래될 결과에 관계없이 전복시켜야만 한다는 이원론이 설 자리를 남겨두지 않는다. 또한 통치자들이 거룩하게 질서 잡힌 세상에 속한 존재라는 범신론적 사상 역시 허락하지 않는다. 범신론적 사상은 통치자들의 종잡을 수 없는 결정에 무조건 복종해야 한다고 요구한다. 이러한 선택들을 시도해 보고 원하는 것을 발견하는 방법을 따라가 보는 작업도 매혹적인 일일 것이다. 지난 수백 년간 유럽 신학에서는 이런 작업을 시도했다. 다행이 지면이 부족하다는 핑계로, 이 분야에 탁월하지 못한 내 능력을 감출 수 있어서 다행이다. 이제는 이교도 제국에 관한 유대교 비평이라는 지도에 바울을 올려놓을 차례다.

바울의 반제국주의적 신학

앞 두 장에서 연구한 내용을 기반으로 이 주제를 풀어나가 보자. 창조에 관한 바울의 관점에 따르면 유일하신 하나님이 온 세상을 책임지고 계시며 언젠가는 그분이 모든 것을 제자리로 회복시키실 것이다. 그의 언약 신학에 따르면 이 하나님이 그분의 백성을 이교도의 압박에서 구해내실 것이다. 그의 메시야적 신학에서 예수는 왕이자 주, 구원자로서 모든 사람이 그분의 이름 앞에 무릎 꿇고 경배할 것이다. 그의 묵시론적 신학은 하나님이 메시야의 죽음과 부활을 통해 그분의 구원하는 의를 드러내신다고 보았다. 이 모든 관점에서 실제로 우리가 발견하는 것은 무엇인가? 바울에게 주^{Lord}는 예수이지 황제가 아니다. 이와 관련된 핵심 본문을 살피기 전에 이것이 어떤 의미인지부터 간단히 살펴보자.

첫째, 예수가 이스라엘의 메시야라면 그가 바로 세상의 진정한 주^{Lord}이다. 바울이 인용한 메시야적 성서 본문 몇 군데와 그 당시 다른 유대인들이 도용한 내용에 담긴 명확한 의미가 바로 이것이다. 바울이 예수를 메시야로 여기고 세상에 대한 통치권을 인정하는 근거는 그가 부활했다는 사실에 있다. 솔로몬의 지혜서에서처럼, 죽음을 물리치고 귀환한 의로운 순교자야말로 세상 통치자들과는 상대가 되지 않는다는 표지이지 않을까? 이 부분을 신학적으로 조금 더 파고 들어가 보자. 세상 통치자들은 죽음을 최후의 무기로 삼고 있는데, 부활을 통해 그 죽음을 물리쳤다는 것은 모든 폭압을 떠받치고 있던 궁극적인 원수를 전복시켰다는 뜻이다. 고린도전서 15장 20-28절과 골로새서 2장 14-15절이 말하는 핵심이 바로 그것이다. 그러나 부활은 원수를 무찌르는 것을 넘어선다. 이것은 이미 누구도 멈출 수 없는 창조자 하나님의 힘으로 현 창조 세계를 대체하기 시작한 하나님의 새로운 세계, 새로운 창조의 시작이다. 따라서 바울 사상 안에서 십자가에 못 박히신 메시야의 부활은 역사와 신학과 상징, 특히 군사력을 넘어서는 힘의 상징으로 쓰인다.

따라서 바울에게는 본질적으로 선지자들의 정치 신학과 긴밀히 관련하여 유대교의 정치 신학을 분명하게 표현할 수 있는 신선한 근거가 있었다. 그 근거는 이교도 세력, 특히 바울 시대 당시 명백한 표적이던 로마에 초점을 맞춘 과격한 비평뿐 아니라, 지금 이교도의 지배 아래 살아가면서 하나님의 백성으로 해야 할 의무를 과격하게 재선언하는 것을 포함한다. 로마서 13장뿐 아니라 골로새서 1장과 (바울의 목소리를 공명한 것이라면) 디모데전서 2장에서도 바울은 땅과 하늘의 권세들은 유일하신 하나님의 피조물이며, 그들에게 복종하는 것이 마땅하다고 선언한다. 그런 복종하는 태도가 유익하다. 사도행전의 역사성을 어떻게 생각하든, 이교도와 유대교의 권세자 앞에 선 바울의 모습은 유대 전승을 소생하고 되찾는 방법에 대해 상당히 많은 것을 말해 준다. 바울은 법정에 복종할 준비가 되어 있었다. 게다가 그들이 직무에서 벗어나면 그들에게 해야 할 일을 상기시키고 그 상황을 해명하라고 할 준비는 더 잘 갖추고 있었다. 사명에 필요하다면 바울은 로마 시민권을 사용했다. 그러면서도 그는 다른 곳에 충성한다고 선포하고 그에 따라 사는 것을 두려워하지 않았다. 사도행전 17장 7절을 보면 바울이 재판정에서 "다른 임금, 곧 예수라 하는 이"라고 말하며 황제의 법을 뒤엎는 장면이 나온다. 나는 그 장면을 읽으며 바울이 선포한 복음에서 받은 감동을 아직도 생생하게 기억하고 있다.

이제부터는 핵심 용어와 개념을 통해 관련 자료를 탐구할 수 있을 것 같다. 바로 퀴리오스^{Kyrios}, 주, 소테르^{Sōtēr}, 구원, 파루시아^{parousia}, 존재, 도착, 유앙겔리온^{euangelion}, 복음, 디카이오쉬네^{dikaiosynē}, 의 등이다. (리처드 헤이스의 기준으로 돌아가서) 우리는 이 자료들이 유용하고, 강하게 강조되며, 자주 반복되고, 주제도 일관되며, 역사적으로 그럴듯하고, 많은 해석의 역사에서 정기적으로 주목받지는 못했으나 역사적 석의가 탁월할 때 나타나는 "아하, 그렇구나"라는 만족감이 꽤 높다는 것을 알 수 있다. 그러나 나는 관련된 주요 구절을 바로 살펴보려고 한다. 의아해할지 모르나 지금까지 그다지 언급하지 않은 책에서 시작할 것이다. 바로 빌립보서다.

빌립보서 3장 마지막 구절들(20-21절)은 우리가 시작하기에 가장 좋은 지점이다. "그러나 우리의 시민권은 하늘에 있는지라. 거기로부터 구원하는 자, 곧 주 예수 그리스도[메시야]를 기다리노니 그는 만물을 자기에게 복종하게 하실 수 있는 자의 역사로 우리의 낮은 몸을 자기 영광의 몸의 형체와 같이 변하게 하시리라." 이 자료가 그 당시 문화에서 쉽게 활용되고 발견되는 제국적 주제와 밀접하게 관련되어 있다고 주장하기 위해서 빌립보에 있는 모든 사람을

4장 복음과 제국

로마 시민으로 가정하거나(사실 로마 시민은 소수였다) 모든 이가 대학에서 당시의 정치 수사학을 전공했다고 생각하지는 않아도 된다. 세상에 널린 허위나 부패와 대조하여(17-19절) 천국의 시민권을 주장하면서 바울은 다니엘서에 나와 있는 것과 같은 일반적인 유대교의 주제를 인용한다. 다니엘서에서 참 하나님은 무엇보다 "하늘의 하나님", 즉 반드시 죽을 수밖에 없는 자들의 왕국을 다스리는 분이다. 이 주제는 예수가 지금 **천국에 있다**는 주장에 힘을 실어준다. 더 이상 이 땅에 흥미를 잃고 가버렸다는 말이 아니다. 바로 그에게 이 땅을 지배하는 주권이 주어졌다는 말이다. 그 주권은 전통적으로 황제에게 붙는 호칭인 "구주"와 "주"로 표현되며, 메시야라는 예수의 지위가 이 주권을 뒷받침한다(디모데후서 1장 10절, 디도서 2장 13절을 참조하라).**8** 또한 시편 57편 3-5절에 나와 있듯이 하나님은 원수의 창과 화살, 칼에서 보호하기 위해 하늘에서 도움을 주실 것이고, 주는 하늘 위에 높이 들리시며 주의 영광이 온 세계 위에 높아질 것이다. 그리고 그분은 그 일을 행하실 것이다. 시편 8편과 110편이 성취되어 만물이 진정한 메시야이자 진정한 인간이신 예수의 지배 아래 있기 때문이다. 예수 안에 살아 있는 하나님의 능력이라는 주제는 당연하게도 부활이라는 주제와 밀접하게 연관된다(로마서 1장 3-4절과 에베소서 1장 19-22절, 고린도전서 15장 27절을 참조하라). 빌립보서 3장은 부활 사건을 통해 하나님이 예수에게 행하신 일, 즉 예수의 굴욕당한 몸을 괴로움과 죽음이 더 이상 어찌하지 못할 영광스러운 몸으로 변화시키신 일을 언급하면서 예수가 변화된 이 세상을 다스리시기 위해 다시 오실 때 하나님이 그분의 모든 백성에게 똑같이 행하실 것이라고 이야기한다.

빌립보서 3장 후반부에서 갑작스럽게 예수에게 쓰는 제국적 언어가 많아진 것은, 내가 다른 데서 논의했듯이 우리로 하여금 이 서신서 전체를 신선하게 읽어보도록 이끈다.[9] 우리는 중요한 질문을 던질 수 있다. 17절에서 바울이 빌립보인들에게 "나를 본받으라"라고 한 말은 무슨 뜻일까? 이 말을 하기 전까지 그는 자신의 기묘한 순례 여행을 이야기했다. 그리스도인이 되기 전 유대적인 정체성을 보여주는 것들을 칭송하는 이야기부터 메시야의 죽음과 부활, 메시야 안에서 하나님의 언약 백성을 나타내는 진정한 증표, 그중에서도 순교자에게 증표로 주신 고난과 부활의 약속을 발견한 이야기를 나누고 있다. 바울은 바로 그것을 본받으라고 부탁하는 것 같다.

그러나 빌립보인들이 어떻게 그럴 수 있을까? 그들은 바리새인이 아니다. 유대인도 아니다. 그들은 한 번도 하나님께 선택된 사람이라는 지위를 두고 바울처럼 축하해 본 적이 없다. 그렇지만 그들은 헬라 세계의 로마 문명에서 가장 자랑스러운 주둔기지에 속한 사람들이다. 빌립보는 약 한 세기 가량 식민지였다. 원주민들은 로마의 침입을 여전히 증오했으나 로마와 맺은 밀접한 관계와 그 나라의 힘 때문에 전체 사회가 유익을 누리고 있다는 사실을 잘 알고 있었다. 특히 그들이 곤경에 처한다면 즉시 로마에 있는 황제에게 구조를 요청할 수 있다는 점도 알고 있었다. 황제는 구주이자 주로서 당시에 알려진 온 세계에 자신의 뜻을 강요할 수 있는 힘을 지녔기 때문이다. 빌립보서 3장은 바울이 자신의 영적 순례 여행을 어떻게 이해했는지를 진술했다는 자체만으로도 중요하지만, 빌립보인들에게 보여준 예시이기도 하다. 그들도 예수 안에서 로마 시민이라는 지위에 따라 하나님의 부르심을 듣고, 황제가 아닌 예수를 주로 경배하도록 준비되어야 한다는 본보기인 것이다.

물론 빌립보서 2장 5-11절이 이 부분을 강력하게 보충해 주고 있다. 빌립보서 2장 5-11절은 빌립보서 3장의 많은 부분과 견고하고 섬세하게 연계되어 있다. 그렇기 때문에 나는 바울이 이 시를 직접 썼다고 생각한다. 또한 전체적으로 볼 때 확실히 바울은 서신의 요점과 밀접하게 통합시키는 방법으로 이 시를 사용한 것이 분명하다. 피터 오크스의 연구에 따르면 빌립보서는 그 시와 제국적 이데올로기의 여러 언어적 관계뿐 아니라 시의 전체 내러티브와 황제의 법을 타당하게 여긴 일반적인 수사학의 유사점도 잘 정리하고 있다.[10] 황제는 군사적 승리를 이끌고 공공작업에 돈을 들이는 등의 방식으로 나라를 섬기는 종이었다. 그래서 로마 시민은 그를 주로 경배하고 구주인 그에게 그들 자신을 내맡긴다. 이쯤에서 더 발전시킬 수 있는 핵심 사항이 많지만, 간단히 네 가지만 보도록 하자.

첫째, 바울은 이사야 40-55장을 인용한다(예를 들면 45장 23절과 49장 7절을 비교하라). 이 본문은 이교도 제국에 대한 성서 비평을 보여주는 대표 구절이자 유대교 유일신 사상을 가장 완전하고 확신 있게 진술한 구절이다.

둘째, 바울은 바로 이 유일신 사상 안에 예수를 위치시킨다. 그러기 위해서는 다시 한 번 삼위일체를 완전하게 설명해야 했다. 비록 그에게는 그것을 명쾌하게 설명할 여유가 없었는데도 말이다. 예수가 얻은 이름은 퀴리오스(물론 이름이 아니라 칭호)지만, 바울에게는 말 그대로를 의미했다. 다른 경우와 마찬가지로 여기서도 그는 칠십인역 구약성경[LXX]이 야훼를 퀴리오스로 번역했다는 사실을 잘 인식하고 있었기 때문이다(이 점이 잘 나타난 다른 구절은 로마서 10장 12절이다). 이 사실은 아주 중요하다. 지난 십 년 동안 한편으로 바울의 유대교적 뿌리를, 다른 한편으로는 그의 고등 기독론을 훼손하면서까지 그의 정치적 비평을 강조하는 경향이 있었기 때문이다. 반면 우리는 바울에 대해 둘 중 하나를 택해야 한다. 여기서 근래 서구 사상은 다시 한 번 "양자택일"either/or이라는 잘못된 방식을 들이대고 있다. 즉 진지한 기독교 신학인지, 과격한 정치적 비평인지 둘 중 하나를 선택하라고 말이다. 그러나 확신컨대, 결코 둘 다 아니다. 이런 사상은 정통 신학이 사회적·정치적 삶을 조용하게 영위한다는 생각에서 나왔을 자료에 근거한 것일 뿐이며, 20세기라면 몰라도 1세기나 2세기, 3세기에서는 결코 이해할 수 없는 사상이다.

셋째, 이 시의 초점(다른 스탠자[4행 이상의 각운이 있는 시구]에서 명확히 보이는 형식으로 볼 때, 독립적인 형식을 보이는 중간 시구)은 "십자가에 죽으심"이다. 우리는 여기서 한 상징이 다시 태어나는 것을 볼 수 있다. 바로 십자가다. 앞서 이야기했듯이 십자가는 이미 고대 세계에서 강력한 상징을 지니고 있었다. 십자가는 정치에 대해(로마의 막강한 군사력), 신학에 대해(군사력이 지지하는 힘을 지닌 황제의 신성) 말해 주었다. 초기 그리스도인이 상징으로 사용한 십자가는 그저 아무 근거 없이 창조된 것이 아니다. 황제의 전횡적인 권력을 말해 주던 상징이 하나님의 숨김없는 사랑을 상징한다는 것을 보여줄 천재성이 필요했다. 그런 천재성을 갖춘 사람이 바로 바울이다.

넷째, 빌립보서 2장 5-11절의 관점으로 우리는 12절을 다르게 읽을 수 있다. 12절은 바울이 "이루다"^{work}라는 단어를 언급할 때마다 칭의^{justification}를 이야기한다고 추측한 해석가들을 의문에 빠뜨렸다. 여기서 바울은 "그러므로 나의 사랑하는 자들아 …… 두렵고 떨림으로 너희 구원을 이루라"라고 선언한다. 이것은 궁극적으로 구원받기 위해 도덕적으로 선한 일을 행하라는 말이 아니다. 빌립보인이 살고 있는 세상은 "구원"이라는 것이 상당한 값을 치러야 얻을 수 있는 곳, 이 구원을 누리도록 초대받아 규칙에 따라 그 주인에게 순종하며 살아가는 곳이라는 사실을 바울은 알고 있었다. 그래서 바울은 빌립보인들에게 다른 주인이 있으며 따라서 전혀 다른 구원이 있다는 사실, 문화가 강요하는 관행이 아닌, 그 구원에 따라 사는 삶이 실제로 의미하는 것을 두렵고 떨림으로 이루어야 한다는 사실을 촉구하는 것이다.

빌립보서에 대해서는 아직도 할 말이 많지만 나는 이제 서쪽으로 옮겨가 그리스 북부에 있는 데살로니가로 가려고 한다. 앞 장에서는 예수 귀환을 다양한 차원의 그림으로 발전시킨 바울의 방법론을 보았다. 일부는 하나님의 등장과 심판을 그린 구약의 이미지들에, 또 다른 일부는 황제의 위풍당당한 즉위와 등장, 존재를 설명하는 평범한 언어(특히 파루시아*parousia*와 아판테시스*apantēsis*, 만남, 영접이라는 단어)에 근거했다. 파루시아나 다른 단어들이 잘 등장하지는 않지만 빌립보서 3장 20-21절은 이것을 보여주는 또 다른 예다. 거듭 이야기하지만 중요한 것은 황제가 아닌 예수의 등장이다. 혹시라도 억지로 이 내용을 데살로니가전서 4장의 석의로 생각할 사람에 대비해서 "음량"이라는 헤이스의 기준에 따라 설명하자면, 뒤이은 5장에 보강 증거가 기록되어 있다. 바울은 자신이 지닌 복음의 전통에 따라 주의 날이 밤에 도둑같이 이를 것이라고 단언한다. "그들이 평안하다, 안전하다 할 그때에 임신한 여자에게 해산의 고통이 이름과 같이 멸망이 갑자기 그들에게 이르리니 결코 피하지 못하리라"(3절). 여기서 바울은 자신이 활용한 은유에 풍미를 더한다. 밤에 도둑이 온다는 것은 여자가 해산의 고통에 빠지는 것과 같으니 술 취하지 말고 깨어서 갑옷을 입어야 한다고 말한다. 그러나 그 중심에는 "평안과 안전"이라는 숨길 수 없는 문구가 있다. 다시 한 번 우리는 제국적 수사학의 본거지로 돌아온다. 로마는 속국민에게 "평안과 안전"과 같은 일반적인 문구를 많이 제안했다. "우리와 함께하자. 황제의 법을 순종하라. 그러면 우리가 너희를 보살펴줄 것이다." "평화와 안전"은 실제로 로마의 소테리아*sōtēria*, 즉 구원을 정의한다. 이것은 세계적인 보호막처럼 작용하였다. 그러나 바울은 이것을 비웃는다. 속 빈 강정이기 때문이다. 중요한 것은 그들이 그 사실을 강하게 주장하는 바로 그 순간, 멸망에 이를 것이라는 사실이다. 아마도 바울이 이른바 "네 황제의 해"라고 부르는 시대를 목격했다면 분명 "내 그럴 줄 알았지"라고 말했을 것이다. 물론 플라비우스 왕조가 부흥할 때 뭐라 말했을지는 다르게 살펴볼 문제다.

데살로니가 사람들에게 보낸 서신서를 읽으면서 이 열쇠로 데살로니가후서 2장의 수수께끼를 풀었다고 말할 수 있다면 얼마나 좋겠는가! 앞으로 진행될 연구가 제대로 된 역사적 맥락에서 "배교", "불법의 사람", "대적하는 자"를 이해시키는 데 도움이 되길 바란다. "불법의 사람"이 예루살렘 성전에 자신의 동상을 세우려던 가이우스 칼리굴라 황제를 뜻한다고 생각하면 좋겠지만, 바울 사역을 연대순으로 자세히 검토한다면 그렇게 가정할 수 없다. 그러나 바울이 칼리굴라와 그의 실패한 시도를 마음 깊이 염두에 두고 다른 황제가 똑같은 술책을 시도하리라고 추측했을 수는 있다. 데살로니가후서가 네로 치세 때 기록되었다면 이 가정이 맞아떨어질 수도 있다. 그러나 앞서 말한 것처럼 이 문제는 한편으로 내게 지금으로서는 제대로 설명하지 못한 채 마무리 지어야 한다는 좌절에 빠지게 하지만, 다른 한편으로는 더 많은 연구가 기다리고 있다는 기대감을 안겨주고 있다.

이제 데살로니가에서 그리스를 거쳐 고린도로 내려가 보자. 바울 당시 고린도는 자신들이 로마에 거주하는 로마인보다 더 로마인 같다는 사실을 자랑스러워했다. 고린도전서 15장에서 바울은 예수의 부활로 인해 그분의 주권적 통치로 특징지을 수 있는 역사 시대가 시작된다고 묘사하고 있다. 그분의 통치로 결국 모든 것은 그분 발아래 있고 모든 원수는 멸망할 것이다. 이것은 바울이 빌립보서 3장 21절에서도 언급한 찬송이다. 또한 우리는 고린도전서 2장에서 바울이 당시 지도자들은 예수 안에 숨겨진 하나님의 지혜를 이해하지 못했다고 주장한 것을 살펴보았다. 만약 지도자들이 그 지혜를 깨달았다면 예수를 십자가에 매달지 않았을 것이다. 바울은 이 찬송을 모호하게 남겨두었으나 이미 주목했듯이 이 구절은 골로새서 2장과 밀접하게 연관된 것으로 보인다. 골로새서에 나오는 권세자에 대한 비평은 우리를 갈라디아서 4장으로 인도한다. 갈라디아서 4장에서는 예수의 성육신과 죽음, 성령의 은사가 민족의 수호신들과 세상 초등 학문^{stoicheia}의 통치를 끝낼 것이라고 말한다.

갈라디아서를 바라보는 브루스 윈터$^{Bruce\ Winter}$의 탁월한 견해가 이 상황을 이해하는 데 도움이 될 것이다.[11] 윈터에 따르면 갈라디아가 처한 상황 뒤에 깔린 문제 중 하나는 기독교를 유대교의 한 형태로 여길 수 있느냐다. 만약 그렇다면 (주류 유대인처럼) 황제 숭배에 동참하는 문제에서 그들을 저절로 면제할 것인가? 그렇지 않고 기독교를 아예 새로운 종류의 움직임으로 간주한다면, 다른 이들처럼 그리스도인들도 황제에게 정식적인 종교적 경의를 표하도록 강요해야 할 것인가? 한 세기 이후에 서머나 교회 감독인 폴리캅에게 강요한 것처럼 말이다. 흥미롭게도 고린도에 있는 로마 고위 공직자들은 그리스도인들을 진정 유대교의 한 부류로 평결했다. 이 평결은 황제를 숭배하지 않는 것에 대해 공개적인 박해라는 집중 공격을 받지 않고도 그리스도인들이 그리스 남부 지역에 기독교를 전파할 수 있었다는 것을 의미한다(행 18:12-17). 그러나 그런 판결이 없던 터키 중부에서는 그 문제가 공론화되어 격론이 벌어졌다. 지역 유대 공동체는 그리스도인들이 면제 지위를 장악하기는커녕 공유하는 것조차 보고 싶어하지 않았을 것이다. 더 중요한 것은 "선동자"들이 그리스도인들에게 할례를 받으라고 권한 이유가, 그리스도인들이 "의를 얻게 해줄 선한 일을 행하도록" 하려는 것이 아니라 그들이 겉모양을 꾸밀 수 있게 하기 위해서였을 수 있다는 것이다. 즉 왜 그들이 제국의 축제와 황제 숭배에 참여하지 않는지 의심스러워하는 지역 공직자 앞에서 겉으로나마 온전히 헌신적인 유대인으로 보이려 했다는 것이다. 나는 이 가정에 완전히 동의하지는 않는다. 그러나 이와 관련하여 무시할 수 없는 역사적 근거가 있다. 이러한 부분들이 모두 이야기되지 않는 한, 갈라디아서는 아직 완전하게 전해지지 않은 것일 수도 있다. 어쩌면 이것은 바울이 경고한 "다른 복음"과 관련되었을 수도 있다.

 에베소서 내용에 대해서는 아주 조금만 언급하고 넘어가려고 한다. 이미 이 책 1장에서 하나님이 드러내신 능력에 대해 설명했고, 3장에서는 바울의 복음이 어떻게 설계되었는지를 다루었다. 바울의 복음은 다양한 교회를 세우고 견고하게 유지하면서 정사와 권세 잡은 자들에게 때가 이르렀다고 선포했다. 물론 이것이 종말론을 완전히 실현한 것은 아니다. 에베소서 6장에서 바울은 여전히 치러야 할 영적 전투가 남아 있다는 사실을 직시한다. 이 전투는 혈과 육의 싸움으로 보이지만 실제로는 그 뒤에 도사리고 있는 더 어두운적, 즉 고린도전서 15장에서 말하는 그때까지는 절대 패배하지 않을 적과의 전투다. 그러나 그리스도인이 지닌 방어 무기는 부활로 말미암은 예수의 승리에서 빌려온 것이기 때문에, 영적 전투 자체는 시작된 종말론으로 보인다. 데살로니가전서 5장에 일부 비슷하게 나타난 구절이 강력하게 제시하는 것처럼 말이다(엡 6:10-20, 고전 15:25-28, 살전 5:8).

이 사실은 우리를 다시 로마서로 이끈다. 나는 이전 장에서 바울이 로마서를 시작하거나 끝마칠 때 예수에 대해 다윗 혈통으로서 죽음에서 부활하신 메시야라는 신학적 설명을 내세운다는 사실에 주목했다(롬 1:3b, 15:12). 사실 로마서 서론은 전체적으로 반제국적인 표지가 상당하기 때문에 바울은 물론 그의 첫 청취자와 독자들은(그들은 모두 로마에 살고 있다!) 그 메시지를 아주 명확하고 분명하게 이해했을 것이다.[12] 예수는 부활로 말미암아 흔히 이야기하는 세상의 진정한 주가 되었다. 그분은 온 세계를 향해 "믿음의 순종" 가운데로 나오라고 부르신다. 황제가 요구하는 충성을 넘어 완전히 복종하는 충성$^{\text{obedient loyalty}}$이다. 이 요청은 요즘 더 널리 알려진 말인 "복음"으로 이루어진다. 복음은 무시할 수 없는 **두 가지 메시지**를 함축적으로 담고 있다. 하나는 이사야의 사자가 선포한 것으로 포로생활에서 귀환하고 야훼께서 시온으로 돌아오신다는 메시지고, 다른 하나는 해마다 황제 즉위나 그의 생일이 다가오면 온 로마 세계에 전파되던 "좋은 소식"이다. 1장 16절에서 말했듯이 로마에 온 바울은 "복음을 부끄러워하지" 않았다. 여기서 모든 구절이 인정하고 있듯이 복음은 모든 **믿는** 자, 다시 말하면 신실하고 충성된 모든 자에게 **구원**(제국에서도 사용하는 단어다)을 주시는 하나님의 **능력**(이 단어 역시 마찬가지다)이다. 그 안에 하나님의 의^{dikaiosynē}, 하나님의 정의^{iustitia}, 언약에 근거하여 구원하시는 그분의 의가 모든 사람, 즉 먼저는 유대인에게 그리고 헬라인에게도 드러나기 때문이다. 다시 말해 복음을 통해 유일하신 참 하나님은 온 세상에 충성^{allegiance}을 요구하신다. 이미 참된 구원과 참된 정의라는 말이 유행하는 제국이라는 세상 앞에서 복음 자체가 예수를 죽음에서 살린 것과 같은 능력을 지니고 있기 때문이다.

물론 이것은 한 가지 질문을 떠오르게 한다. 이 말은 다른 편지에서도 기본적으로 앞에 붙는 단순한 반제국적인 수식일 뿐인가?[13] 여기서 완벽하게 입증할 수는 없지만, 대답은 "아니오"다. 이 정치적 차원을 바울 신학의 다른 주제와 통합하는 문제는 (특히 로마서에서) 모든 연구의 배경이 되는 아주 흥미로운 거대 주제다. 이 책에서는 우리에게 곧 주어질 해답을 살짝 엿보기만 하려고 한다. 그러나 먼저 다음 사항에 비추어 로마서를 살펴보도록 하자. 하나님의 구원하시는 의(1-4장)가 드러난 결과, 아브라함에게 약속하신 전 세계적인 믿음의 후손이 탄생하게 되었다. 이들은 죄를 용서받고 이교도 세상에서 구원받았다(1장). 이 이교도 세상에서 겪은 문제는 유대인도 공유하고 있는 것이다(2장). 그 결과, 이 새로운 사람들은 거대담론 안에서 평화를 즐기고(5장) 자유를 누린다(6장). 이 거대담론이란 출애굽을 다시 이야기한다는 점에서 바울이 그리고 있는 윤곽이다. 솔로몬의 지혜서와 같이 이런저런 형태로 출애굽 사건을 다시 구성하여 이야기하는 것은 "하나님이 바로 이렇게 이교도 제국과 그 제국이 의미하는 모든 것에서 그분의 백성을 구원하신다"라고 말하는 방식이기도 하다. 복음 안에서 하나님께 선물을 받은 사람들은 세상을 다스리시는 메시야의 주권적 통치에 참예할 것이다(5:17). 바울 신학계에서는 이 주제가 아직 충분히 연구되지 않았다. 이 본문과 이후에 나타나는 본문을 보면 바울 자신도 죄와 죽음에서 구원받는다는 그의 신학과, 황제가 아닌 예수를 진정한 주로 섬기도록 부름 받았다는 사상을 통합하는 것처럼 보인다. 메시야인 예수 안에서 절정에 이르는 이스라엘 역사를 다시 구성하여 이야기하는 로마서 9-11장은 이 관점에서 볼 때, 이미 아우구스투스 카이사르 안에서 절정에 이른 일반적인 로마 역사와 상반되는 이야기로 활용된다. 로마서 12-16장의 교회론은 교회가 전통적인 경계를 넘어 하나 된 공동체, 그것도 로마를 지배하는 황제 바로 코앞에 있는 공동체라는 사실을 뒷받침한다. 교회는 세상을 통일하려는 로마의 시도가 빛을 잃기 전에 참 하나님이 새로운 차원의 인류를 창조하셨고 창조하실 것이라는 사실을 자기 자신을 통해 입증하도록 부름 받았다. 사실 편지의 모든 요점은 다시 한 번 예수의 십자가로 모아진다. 즉 황제는 최악의 세상을 만들었으나, 하나님은 최고의 세상을 창조하셨다는 것이다.

그렇다면 로마서 13장 1-7절은 어떤가? 로마서 주석에 이 본문을 자세하게 언급했지만, 이 책 목적에 맞추어 다시 세 가지로 요약해 보았다.

첫째, 이 본문은 12장 마지막 부분과 매우 밀접하게 관련되어 있다. 사적인 복수는 금하지만, 합법적으로 권위를 부여받은 관리들은 질서를 유지하기 위해 잘못한 사람들을 처벌해야 할 의무가 있다. 이것은 유대교의 일반적인 관점으로, 온건파 바리새인의 주장과도 크게 다르지 않다.

둘째, 통상적인 제국적 수사학과 달리, 세상의 통치자는 그들 스스로가 신이 아니며 오히려 유일하신 참 하나님께 책임 있는 존재들이라고 바울은 주장한다. 그들은 하나님의 종일 뿐이므로, 종으로서 마땅히 책임을 져야 한다. 그러므로 이 본문은 사실 세상 통치자들이 지배권을 주장할 수 있는 위치에서 심하게 강등되는 모습을 보여준다.

셋째, 바울은 이 편지와 다른 곳뿐 아니라 그가 쓴 복음서 전체에 반제국적 흔적을 남겨놓았다. 바로 그 때문에 바울은 그리스도인들이 그 반제국적 흔적을 잘못 오해하여 예수께 대한 충성이 시민 불복종이나 혁명과 같은 것을 의미한다고 추정하지 않도록 방향을 잡아주는 중대한 사명을 맡게 되었다. 그런 혁명은 단순히 기존 정치적인 패^{cards}를 다른 질서로 개편하는 것일 뿐이기 때문이다. 13장 마지막 부분(11-14절)에 나온 종말론적인 약속과 밀접하게 연관된 이 본문은 데살로니가전서 5장의 반제국적 구절에 나타난 약속을 반영하고 있다. 밤은 끝나가고 낮이 다가오고 있다. 여기서 바울이 강조하고 싶어하는 핵심은 비록 그리스도인이 진정한 주님인 메시야의 종이기는 하지만, 그렇다고 해서 하나님이 이 세상에 그분의 질서와 정의를 확립하기 위해 세우신 이 부르심을 (고레스처럼) 일시적인 세상 지도자들이 인식했든 인식하지 못했든 그들을 무시해도 좋다는 백지 위임은 아니라는 것이다. 교회는 곧 다가올 왕국의 표지로 살아야 하지만 그 왕국은 성령 안에 있는 의와 평강과 희락(14:17)이라는 특징을 지니기 때문에, 현 시대에서 폭력과 증오로 시작될 수는 없다.

물론 이 구절에 대해서 할 말이 많지만 이쯤에서 마치려고 한다. 지금까지 이교도 제국에서 어떻게 살아야 하는지에 대한 기존 유대인의 관점과, 십자가에 못 박히시고 다시 사신 메시야의 복음으로 말미암아 시작된 새로운 세계의 관점, 이 두 관점 안에서 바울이 서 있는 자리를 확실히 찾을 수 있을 만큼 충분히 이야기했기 때문이다.

결론

매우 간략하게 소개했지만, 바울의 글이 제국적 로마의 수사학을 반향하고 있다는 사실을 알게 되었을 것이다. 아니, 그 글은 단순히 반향하는 차원을 넘어선다. 이 자료는 유용하며 널리 알려져 있다. 바울은 몇몇 사적인 구절과 서신서는 물론 되풀이되는 주제 안에서 자신이 강조하려는 주장들이 신뢰할 만한 음량에 이르도록 충분히 반복한다. 그의 비평은 이 신학에서 다루는 다른 주제가 지닌 관점과도 일맥상통한다. 따라서 우리가 얻을 그림은 역사적으로 매우 타당할 것이다. 흥미로운 몇 가지 이유 때문에, 이런 식으로 바울을 읽는 데 대해 해석의 역사는 여전히 아무 잘못이 없다. 그러나 내 생각에 우리가 만약 이 차원을 무시한다면 바울 자신이 경악할 것 같다. 우리가 그의 사상을 (결국 드러나고 말 요소들과 함께) 다방면에서 이해할 때 바울은 "아하" 하며 안심할 것이다. 바울의 창조와 언약, 메시야와 묵시의 신학을 연구하기 시작했을 때 나는 정치적 차원을 전혀 고려하지 않았다. 최근 정치적 차원에 관심을 보이고 있는 다른 학자들도 바울 신학에는 그다지 폭넓은 관심을 보이지 않는 경향이 있다. 그러나 하나하나 구분된 이 가닥들이 사실은 바울의 신학과 삶이라는 한 옷감을 촘촘하게 짜고 있다는 생각이 내 머릿속에서 떠나지 않는다.

  이 작업이 어떻게 될지 보려면 한 발짝 뒤로 물러나 다른 렌즈를 통해 그 삶과 신학을 바라봐야 한다. 이것이 바로 이 책 2부에서 다루려는 과제다.

Part 2

구조

Chapter 5
하나님을 다시 생각하다

서론

5장과 6장, 7장에서는 바울 신학의 형태를 간략하게 소개하고자 한다.

바울이 다룬 다양한 주제를 적절하게 정리하는 방법에 대해서는 오랫동안 커다란 논쟁이 있었다. 온갖 체계와 방식이 시도될 정도였다. 우리에게 익숙한 개혁주의 구원론은 주요 주제들인 인류의 상태, 죄의 본질, 죽음과 율법, 하나님의 은혜, 예수의 대속적 죽음이라는 틀을 제공해 주었다. 이것은 부활과 이스라엘의 위치, 심지어 하나님 자신과 같은 다른 중대한 바울 신학의 주제들이 전체적인 구조로 통합되어 있지 않다는 애매한 상황을 낳았다. 물론 바울이 그러한 주제들을 단지 부수적인 것으로만 언급했다는 가설에서는 그러한 상황이 가능하다. 그러나 바울 서신에 대한 지식이 약간만 있더라도, 다른 가설을 제안할 것이다. 일반적인 가설들에 종종 깊은 실망을 느껴온 나는 바울 신학을 체계화하는 새로운 방법을 제안하고 싶었다. 이 책 앞 장들은 그 작업을 위한 예비 연구라고 할 수 있다.

바울 신학 연구는 분명 전형적인 유대 신학 형태에서 출발한다. 루돌프 불트만과 같은 저자들이 취한 이전 비평에서는 바울이 처한 유대적 상황을 심각하게 고려하지 않았다는 점을 주목하라. 기독교에서는 조직 신학이 큰 관심사였던 것에 비해 유대교에서는 큰 관심사가 되지 못했다. 그들이 당면한 관심사가 아니었기 때문이다. 그러나 유대 저자들이 유대인이 믿고 있는 바를 요약하는 책임을 맡았을 때, 그들은 두 가지 주된 주제에 초점을 맞추었다. 물론 그 두 주제와 동떨어지지 않은 셋째 주제도 함께 말이다.[1] 그 두 가지 핵심 주제는 바로 하나님과 하나님의 백성, 달리 말하면 유일신 사상과 선택 사상이다. 유일신 사상과 선택 사상을 함께 놓고 세상과 하나님의 백성이 처한 현 상황을 본다면, 곧바로 셋째 주제인 종말론이 떠오를 것이다. 하나님이 한 분이시고 이스라엘이 하나님의 백성이라면, 분명 무언가가 잘못되었다. 유일하신 하나님은 그분의 백성에게, 사실은 세상에 하신 언약을 어떻게 성취하실 것인가? 이런 이유로 삼중 패턴이 존재한다. 즉 유일하신 하나님, 유일한 하나님의 백성, 하나님이 지으신 세상에 대한 유일한 미래다. 2부에서 내가 제안하는 바는, 이 삼중 패턴을 버릴 것이 아니라, 메시야와 성령을 중심으로 바울이 재정의^{redefinition}한 것에 비추어 볼 때 바울 사상이 가장 잘 이해된다는 것이다. 이 장과 뒤따르는 두 장은 몇 가지 결론적인 의견과 제안을 제공할 마지막 장을 위한 준비 과정으로,

다음 주제들을 차례로 연구할 것이다.

유일신 사상과 선택 사상, 종말론은 다음과 같이 서로 밀접하게 연관되어 있다.

(1) 유일하신 하나님은 세상을 창조하고 유지하는 분일 뿐 아니라 이스라엘의 하나님, 즉 이스라엘을 선택하신 하나님이다. 뿐만 아니라 창조자이자 유지자로서 여전히 세상을 책임져야 할 최후의 심판자시다.

(2) 메시야이신 예수께 다시 초점을 맞출 때, 선택 사상은 하나님의 행위, 이른바 예수의 수난을 통해 유일하신 하나님이 인격적으로 자신을 계시하신 것으로 볼 수 있다. 이미 살펴본 대로 바울의 기독론은 하나님과 이스라엘의 이야기를 단단히 하나로 묶어주는데, 그렇게 함으로써 종말론이 기독교적 형태의 특징을 지니게 된다. 사람들이 오래 기다리던 종말이 현재에 들어와서, 현재라는 때가 "지금 이미, 그러나 아직은 아닌"이라는 특징을 지니게 되었다.

(3) 유일한 창조자이자 언약적 하나님의 의(justice) 때문에 다가올 종말 그 자체가 확실해진다. 이러한 종말론적 시각은 메시야 예수 안에서, 그리고 세상과 교회를 현재라는 때에서 궁극적인 미래로 나아가게 하는 에너지인 성령 안에서 이미 계시되었다.

이 세 가지 주제는 다른 세 가지 주제와 수직으로 교차하지만, 여기서 자세하게 발전시키지는 않겠다. 그러나 바울이 일한 방식, 즉 그가 지성적으로 일한 방식과 그의 전 삶을 조직하고 유지한 방식에 담긴 핵심 요소를 살펴보려고 한다.

첫째, 이 재정의들은 각각 이스라엘의 성경을 재해석한 것에 뿌리를 두고 있다.[2] 그렇지만 이 재해석은 단순히 예표론typology의 문제가 아니다. 이전 주제를 몇 가지 골라 같은 패턴으로 반복되는 것을 지켜보는 재해석이 자주 발생하지만 말이다. 내가 이전 장들에서 논의했듯이 바울은 기본적으로 역사적이고 순차적인sequential 성경 해석에 유념하였다. 메시야의 죽음과 부활은 예상 밖이기는 하지만 하나님의 오랜 계획이 늘 의도해 온 절정을 만들어냈다. 바울은 특히 새로운 출애굽에 대한 생각이나 창세기와 신명기, 이사야, 그리고 특별히 시편을 해석한 내용에 의지했다. 이러한 참신한 해석을 제안하면서 바울은 적어도 암시적인(때로는 명시적인) 대화를 통해 같은 성경 본문을 대안적으로 해석한 내용을 지지하였다. 기본적으로 그 대화는 유대교 안에서(때로는 기독교 안에서) 나올 법한 다른 주장이나 의제와 달리 성경의 **이러한** 성취를 지지하여 끊임없는 논란을 일으켰다.

둘째, 각 사례에서 바울이 격론을 벌인 주된 대상은 유대교가 아니라 이교 사상paganism이다. 이 끊임없는 싸움은 계속 이어져왔는데도, 지금까지 많은 사람이 달리 생각해 온 것이다. 이런 점에서 보면 바울은 우상과 비도덕성, 그리고 그 결과에 따른 하나님의 선한 창조 세계와 그분의 형상을 지닌 인류의 타락이라는 관점으로 이교도를 이해하는 전형적인 유대인이다. 하나님, 하나님의 백성, 세상에 대한 하나님의 미래(종말론)라는 각 지점에서 바울은 유대인의 성경에 근거하지만 예수와 성령을 중심으로 재형성된 시각을 제안하고, 이교 사상은 현실을 어설프게 모방한 것이라고 주장했다. 우리는 이미 이교도 제국에 대한 유대인의 비판과 관련된 바울의 기독교적 재작업에서 이것이 유리한 결과를 낳았다는 사실을 살펴보았다. 이교도주의의 다른 측면에 대한 그의 비평에 대해서도 "필요한 부분만 약간 수정했다"*mutatis mutandis*고 말할 수 있다.

셋째, 이렇게 재정의된 각 교리는 세상에 복음을 전하고, 기도와 심방, 가르침과 서신으로 교회를 세우는 과업 안에 잘 표현되어 있다. 바울은 이것을 우발적이거나 부차적인 표현이 아닌 그 교리를 탐구하는 데 필연적인 상황으로 보았을 것이다. 그의 상세한 사도적 사역은 추상적 진리를 널리 전하기 위해서 우연히 발견하거나 고안해낸, 단순히 우발적인 방식이 아니다. 바로 재정의된 진리에 뒤따른 결과물이다.

끝으로 한 가지만 덧붙이자면, 바울이 재정의한 유대교 신학은 그에게 강한 인식론을 심어주었다. 그가 재정의한 유대교 신학은 인류의 속죄와 갱신에 따른 결과물이다. 이는 그를 이미 아시고 사랑하시는 하나님을 이제는 경배와 찬양, 기도를 통해 그가 알고 사랑하기 위해 부름 받았으며, 메시야에 대한 생각과 성령에 대한 새로운 통찰을 나누면서 이제 더 나아가 다른 사람들과 세상을 알고 사랑하기 위해 부름 받았다는 강한 인식론을 그에게 심어주고 있다. 예를 들어 골로새서 1장과 2장, 고린도전서 1-3장과 8장 1-6절에서 바울이 설명하는 지혜는 그 자체가 인식론을 이끄는 원동력이 되어 신학을 지탱시켜준다. 사실 이러한 점에서 바울의 기독교적 인식론은 아주 미미하면서도 막연하게 오늘날 우리가 영성이라고 부르는 것과 통합된다.

이제 바울 신학으로 가보자. 바울의 가장 핵심적인 유대교 교리, 즉 유일하신 하나님을 재정의하는 데서 시작해 보자.

유일신 사상_ 유대적 뿌리들

물론 현대 사회에서처럼 고대 세계에서도 유일신 사상 형태는 한 가지가 아니었다. 사람들은 때때로 유일신 사상이라는 단어가 항상 같은 종류의 신학을 뜻하는 것처럼 이야기하지만, 사실 그것은 "하나님"God이라는 단어가 오직 한 가지 뜻만 가지고 있다고 말하는 일반적인 생각만큼이나 잘못된 견해다. 유일신 사상의 또 다른 종류로 명백한 예가 바로 범신론pantheism인데, 바울 당시 사회에서 범신론은 다양한 스토아 철학을 통해 알려져 있었다. 모든 것이 성스럽다면, 또는 신성이 모든 것 안에 존재한다면, 비록 유일한 신성이 있을지라도 그것은 고대 이스라엘이 말한 유일신과는 매우 다를 것이다. 이와 비슷하게 신(또는 신들)과 세상이 거대한 틈으로 분리되어 있다고 말하는 에피쿠로스학파의 길을 따라가는 사람들은 이신론deism의 세계에 도착할 수 있다. 그곳에는 참 하나님이 한 분뿐이지만, 이 "하나님"은 출애굽기나 이사야서, 시편에서 열정적으로 백성의 삶에 개입하시고 긍휼한 마음으로 헌신하시는 하나님과는 매우 다르다. 21세기의 종교적 담론 세계에서 예수 안에 계시된 유일하신 하나님이 유대주의에 알려진 유일하신 하나님이나 코란에 기록된 알라 하나님과 동일한지에 대한 문제는 민감한 논쟁거리다. 더 조심스럽게 표현하자면, 이 문제는 서로 안에 하나님이라고 단정할 만한 공통된 것이 없는데도 유일하신 하나님에 대해 다른 전승들에 사용된 언어가 실제로 같은 존재를 언급하느냐라는 것이다(코란을 분석해 보면 실제로 알라 하나님은 "아들"의 형태로 나타나지도 않거니와 나타날 수 없으며, 그는 십자가에서 죽으려 하지도 않았거니와 또 죽을 수도 없었다). 우리가 이 문제에 대해 뭐라고 말하든 간에 내 핵심은 바울이 자라면서 알아온 유대교적 유일신 사상이 나나 다른 학자들이 다른 곳에서 **창조와 언약의 유일신 사상**이라고 언급한 바로 그 유일신 사상이라는 것이다. 이스라엘의 유일하신 하나님이 세상을 창조하셨고, 그 세상과 역동적인 관계를 유지해 오고 계시다. 그 세상을 위한, 그리고 그 세상 안에 있는 그분의 목적을 성취하기 위해 이 유일하신 하나님은 특별히 이스라엘과 언약을 맺으셨다.

결국 이것은 특성상 악의 문제에 대해 유대교적 관점을 취한다. 사실 이것은 서로 다른 주제다. 그러나 하나님과 세상을 바라보는 중요한 견해가 악에 대해 통합적인 논의를 포함하듯이 특히 갈피를 못 잡게 만드는 각 다양성 속에서도("유대주의" 대 "유대주의들"이라는 낡은 **유언비어**에 현혹되지 말자) 고대 유대교의 세계관은 악에 대한 관점을 가지고 있다. 이 관점은 다양성을 통해 유지될 만큼 충분히 유연하며, 유일신 사상과 선택 사상, 종말론과 밀접하게 관련되어 있다. 요약해 보자면 고대 유대주의와, 여기에서 발생한 기독교는 세계관 측면에서 볼 때 동시대의 두 주요 경쟁 상대인 범신론과 에피쿠로스학파와 대조될 수 있다.

스토아 철학이 제공하는 1세기의 중요한 다양성에 영향을 받은 범신론은 지속적인 악에 대해 제대로 설명하지 못해 늘 어려움을 겪었다. 세상이 그 자체로 신성하다면 마땅히 아무 문제가 없어야 하며, 감지되는 문제를 해결하려면 사물 자체 또는 사물의 실체와 더 깊이 접촉해야 한다. 이와 달리 오늘날 이신론이라고 표현되는 에피쿠로스학파는 악을 설명하는 데 아무 어려움이 없다. 우리가 살고 있는 세상과 신은 존재론적으로 매우 달라서 사실 우리가 설명할 수 있는 것은 아무것도 없기 때문이다. 악은 단순히 우리가 살고 있는 조잡하고 이류적인 세계의 일부며, 천국의 기쁨과는 아주 멀리 떨어져 있다. 그러므로 유일한 해결책은 즐길 수 있을 만큼 세상을 즐기고, 그럴 수 없는 곳에서는 어깨를 으쓱하며 나 몰라라 하면 되는 것이다.

그러나 유대주의의 다양성 안에서, 분명하게는 초기 그리스도인이 의지해 온 다양성, 예수를 중심으로 재고된 다양성 안에서 그들이 선택한 것은 범신론도 쾌락주의도 아니다. 열정과 긍휼이 가득한 마음으로 이 세상에 개입하시고, 이스라엘을 부르신 것으로 그 마음을 표현하신 유일한 하나님, 창조자가 계시다. 이미 보았듯이 그것이 바로 언약과 선택에 담긴 의미다. 그러므로 악은 고대든 현대든, 범신론이든 쾌락주의든 그 어느 것과 비교해도 유대주의에서는 훨씬 더 큰 문제다. 이러한 이유로 고대 유대교에서 시편 73편과 88편, 그리고 다른 어떤 작품보다도 월등히 뛰어난 욥기와 같은 작품이 나올 수 있었던 것이다. 심한 압제를 받을 때에도 유대교는 악(도덕적 악, 사회적 악, 자연 질서 안의 악)이 하나님께 굉장히 중요한 문제라는 믿음을 결코 포기하지 않았다. 하나님은 언젠가 세상을 회복시킬 뿐 아니라 창조 세계, 특히 이스라엘을 포함한 온 인류를 (이 관점으로 볼 때) 철저하게 악에 물들인 공포와 폭력, 타락과 부패를 과거까지 거슬러 올라가 다루실 것이다. 그리하여 마지막 날에는 늑대가 어린 양과 함께 누울 것이며, 물이 바다를 덮음 같이 하나님의 영광이 온 땅에 가득할 것이다. 오늘날 혼란하고 수치스러운 이 세상에 하나님이 **어떻게** 간섭하시는지에 대한 문제, 더 구체적으로 말하자면 그분이 이 세상을 궁극적으로 어떻게 다루실지에 대한 문제는 (우리가 2장과 3장에서 더 큰 주제들을 다루면서 몇 가지를 제안하긴 했지만) 종종 불분명하게 남아 있다. 유일신 사상과 선택 사상, 종말론은 어떤 면에서는 결국 모두가 악의 문제와 관련된 것이기도 하다.

악에 대한 유대교의 분석은 우상숭배, 즉 참 하나님이 아닌 인간이나 다른 사물에 대한 숭배에 초점이 맞춰져 있다. 이러한 분석에서 보면 우상숭배는 필연적으로 인간이 참 하나님의 형상을 반영하지 못하도록, 즉 진정한 인간이 되지 못하도록 이끌 수밖에 없다. 이것이 바로 "과녁을 벗어나는 것"^{hamartia}, 다른 말로 하자면 "죄"를 의미한다. 율법서와 선지서, 성문서, 제2성전기에 지속된 사상 속에서 볼 수 있는 악에 대한 이러한 분석은 이스라엘 자신도 똑같이 지니고 있던 결점과 실패에 대해 비판한다. 선택과 언약이라는 성격과 맞지 않는 이교도 세계와 이스라엘 자체 안에서 이러한 관점으로 악을 분석하는 경향은 특성상 유대교라는 상황, 유일신교라는 상황에서 그 문제를 해결하는 방법이기도 하다. 여기서 사상의 방향은 거듭 추방과 회복이라는 중심 주제로 집중된다. 아담과 하와는 에덴동산에서 쫓겨나지만 아브라함은 땅을 약속받는다. 야곱과 그의 가족은 애굽에서 노예가 되었으나 모세와 여호수아는 그들을 이끌어 홍해를 건너고 광야와 요단강을 거쳐 약속된 땅에 정착한다. 다윗은 압살롬이 반란을 일으킨 동안 예루살렘에서 도망쳤으나, 위대하지만 비극적이기도 한 승리를 거두며 다시 예루살렘으로 돌아온다. 이스라엘은 멀리 바벨론으로 유배되어 끌려가지만 다시 돌아올 것을 약속받는다. "바벨론 유수에서의 귀환"은 기대를 훨씬 넘어설 만큼 몹시 영광스러운 일이었다. 이 거대한 주제들은 서로 다르거나 분리된 신학적 반영이 아니다. 이 주제들 안에서 우리는 갑작스레 환히 비치는 신비스러운 속죄의 섬광을 발견한다. 그 섬광은 이리저리 옮겨 다닌 민족적 이동이라는 사건보다 훨씬 많은 것을 이야기해 준다. 음부에서 자신의 백성을 구해내신 하나님, 생명 없는 해골에 자신의 영을 불어넣으신 하나님, 자기 백성의 죄 때문에 죽임당하는 종의 모양으로 능력의 팔을 보여주신 하나님을 이야기하는 것이다. 특성상 유대교의 유일신 사상 안에 나타나 있듯이, 그리고 언약적 백성 안에 둘째 차원이 주어졌듯이 악의 문제는 그 분석에 상응하는 해결책을 약속받았다. 이 점에 관해서는 다음 장에서 더 자세히 논의할 것이다.

그러므로 유대교의 유일신 사상은 늘 이교주의와 비교하여 스스로를 정돈했다. 그들은 이교도 세상이 창조된 목적대로 살지 못하며 창조주의 형상을 반영하지 못하는 인간을 보여준다고 여겼다. 민족 전승의 시각에서 애굽의 노예 시대를 되돌아보았을 때, 이스라엘은 그 시대를 그들의 신들에 매인 바 된 이방인들과 함께 살아간 시기로 이해했다. 마치 고향을 떠나 하나님 말씀에 순종하라는 부르심이 있기 전까지 아브라함이 우상숭배가 번성한 사회에 속해 있던 고대 전승처럼 말이다. 그 땅에 대한 약속에는 그 당시 거주민이 저지른 악에 대한 심판과, 그들을 닮지 말라고 이스라엘에 거듭 이른 경고, 즉 시편과 선지서, 지혜 전승에서 거듭 강조된 경고가 포함되어 있다. 이교주의에 대한 경고와 비판은 많은 선지자, (방법이 다르긴 하지만) 특히 이사야와 예레미야, 다니엘이 이교도 제국, 특별히 전형적인 이교도 체제인 바벨론에 냉담하게 등을 돌리게 만들었다. 바벨론의 우상숭배는 강력한 권력으로 구체화될 만큼 극에 달했으며, 특히 하나님의 백성에게 엄청난 악을 행했다. 구약에서 볼 수 있는 유대교의 유일신 사상은 결코 이론적인 믿음, 즉 지적으로 잘 들어맞는 가설에 머무르지 않았다. 이 사상은 유일하신 참 하나님을 경배하고 늘 주위에 있는 모든 나라와 분명히 구별되도록 이스라엘 백성을 환기시켜주었다. 물론 그들이 이교도주의와 타협할 때, 즉 다른 민족처럼 살아갈 때에는 집중적인 비판을 받았다.

물론 더 풍성한 논의를 위해서는 바울이 살던 1세기로 거슬러 올라가 그 당시 사상들을 살펴보아야 할 것이다. 특히 이러한 유일신 사상은 하나님의 진실성에 대해 매우 과감하고 솔직하게 이야기하는 에스라4서와 같은 묵시 전승으로 발전한다. 이 전승은 상당한 긴장 상태에 놓여 있다. 솔로몬의 지혜서에 나타난 지혜 전승은 열방에 경고한다. 다니엘서에 나온 것처럼 백성을 다스리기 위해 통치자들에게 필요한 지혜를 포함하여 진정한 지혜는 유일하신 참 하나님에게서 비롯되며, 이 사실을 잊어버리고 자기 마음대로 행하며 하나님의 백성을 억압하는 자들을 하나님이 심판하실 것이라고 경고한다. 이런 맥락에서 보자면, 실제로 찬양과 경배, 헌신이라는 면에서 유대교의 유일신 사상을 가장 잘 살려 표현한 18축도문The Eighteen Benedictions 3 같은 전통을 연구하는 사람이 있어야 할 것이다. 이스라엘의 유일신 사상을 랍비식으로 설명한 방대한 글이 있는데 그 자체만으로도 책 한 권은 아니더라도 최소한 한 장 정도는 할애해야 할 것이다. 유일신 사상이 다른 특징적인 표현을 받아들인 방법을 탐구하는 것도 중요하다. 특히 이교 지배 세력을 거부한 오랜 전통을 탐구하는 것도 중요하다. 이들은 탁월한 유일신교적 언어를 사용하여 하나님에 대해, 하나님만이 왕 되심에 대해 이야기한다. 이 개념은 예수에 의해 예수를 중심으로 재정의된 것이지, 결단코 폐기된 것이 아니다.4 물론 단순히 성경 안에서가 아니라, 당시 전통 안에서 바울을 살피는 것은 중요하다. 그러나 바울이 가장 자주 언급한 성경 본문을 분석할 때, 그 본문이 창세기, 신명기, 시편, 이사야서 등과 같이 유일신 사상을 확고하고 명쾌하게 보여주는 구절에서 비롯되었다는 것을 발견하게 된다는 사실은 주목할 만하다. 이것은 결코 우연이 아니다. 바울은 스스로를 그러한 전통 안에 있는 유일신론자로 이해했다. 그러므로 바울을 더 잘 알고 싶다면 우리는 이러한 그의 주장을 충분히 이해해야만 한다.

바울 시대에 이르러 유대교의 유일신 사상은 이미 이스라엘과 세상 안에서 유일하신 하나님이 행하신 역사를 이야기하는 방법을 발전시켰다. 하나님이 말씀하시면 그대로 이루어졌다는 것은 그분의 창조적 말씀이 실행되는 것을 보여준다. 인간의 코에 그분의 생기^{Spirit}를 불어넣으신 하나님이 이스라엘과 세상에 새로운 방법으로 그분의 영^{Spirit}을 부어주겠다고 약속하셨다. 하나님은 쉐키나^{Shekinah}, 즉 영광스럽게 장막에 임하신 것처럼 성전에 거하겠다고 약속하셨다. 하나님은 그분의 지혜로 세상을 창조하셨으며, 특히 이스라엘을 꾸준히 인도해 오셨다. 그 지혜를 구한 사람이라면 누구에게라도 그렇게 하셨을 것이다. 물론 지극히 높으신 하나님은 토라를 통해 그분의 뜻과 의지, 지혜를 이스라엘에 계시하셨다. 유일하신 참 하나님의 활동과 목적을 표현한 내용들이 바울 시대에 존재론적 진술로서 얼마만큼이나 발전했는지는 말하기 어렵다. 사실 무엇을 인정할지, 우리가 어떻게 알지를 결정하기란 정말 어려운 일이다. 그러나 그러한 표현들을 유일신 사상이 유대주의를 뜻한다는 사실에 대한 도전으로 여기지 않은 것은 분명하다. 다시 한 번 말하지만, 이러한 특정 전승들을 끌어들여서 대화체로, 때로는 격론을 벌이는 대화체로 예수와 성령에 대한 자신의 견해를 발전시킨 확고한 유대교식 유일신론자로 남으려고 한 것이 바울이 의도한 표지다. "텔로스 가르 노무 크리스토스"$^{Telos\ gar\ nomou\ Christos}$(롬 10:4). 즉 메시야는 토라의 목적이자 마침이다.[5] 그러나 이것은 바울의 재정의를 살펴보아야 하는 지점으로 우리를 이끌어간다.

유일신 사상과 기독론

특별히 주목할 만한 재정의 없이 바울이 유대교식 유일신 사상을 분명하고 확실하게 고수하여 설명하는 대목은 많다. 로마서 3장과 갈라디아서 3장에서 그는 두 가지 중대한 주장의 기준점이 되는 하나님의 단일성^{oneness}을 언급한다. 바울은 많은 세상이 멸시해 온 창조자이신 유일한 하나님을 찬양한다(롬 1장). 그는 태초에 천지를 만드신 하나님이 새로운 만물을 창조하시는 궁극적 행위가 부활이라고 설명한다(롬 4, 8장, 고전 15장). 창조 세계에 이교적이거나 범신론적인 신성을 부여하지 않고도 그는 음식이 선하며, 결혼과 성性도 선하고, 창조된 질서가 선하다고 선언한다. 또한 인간은 피조물을 숭배할 것이 아니라 있는 모습 그대로, 즉 하나님이 창조하신 선한 창조 세계의 일부로 여기며 그것을 즐겨야 한다고 밝힌다. 다시 말해 존재론적 이원론으로 나아갈 기회가 생겨도 그는 단호하게 거절한다. 존재론적 이원론은 값싸고 얄팍한 윤리로 향하는 길이기 때문이다. 세상은 악한 곳이므로 멀리 떨어져 있어야 하고, 인간의 육체는 악하기 때문에 결코 육체를 만족시켜서는 안 된다는 윤리로 나아가게 만든다. 그러나 바울이 그리스도인의 행위로 권고한 것은 그 어느 것이나 결코 값싸거나 얄팍하지 않다. 이 부분에 대해서는 더 자세히 보여줄 수 있지만, 여기서 내가 목적하는 핵심은 바울이 당연하게 여겨서 기꺼이 자기 뜻대로 끌어들여올 수 있었던 이러한 틀 안에서 그가 급진적으로 재정의한 방법을 이야기하는 것이다.

예수를 중심으로 재정의한 것으로 보이는 유일신 사상에서 시작해 보자.[6] 매우 역설적인 이 주제는 몇몇 구절에 대해 훨씬 많은 것을 말해 준다는 점에서 상당히 유리하게 여겨질 수도 있다. 여기서 역설적이라는 말은 적어도 고대와 근대의 유대 비평가나 일반적으로 후기 계몽주의 시대의 성경학자의 관점에서 봤을 때 그렇다는 뜻이다. 때로 성경을 이해할 수 있는 단서를 제거하여 독자의 흥미를 떨어뜨리기도 하는 복잡한 본문을 먼저 살펴보려고 한다. 이 본문의 몇몇 구절은 바울이 예수에 관해 말하려는 바를 잘 표현하며, 유대교식 유일신 사상이라는 테두리 안에서 바울과 그의 사상이 차지할 자리를 정확히 짚어주고 있다. 바로 로마서 10장 5-13절이다.[7]

로마서 10장 5-8절에서 바울이 신명기 30장을 어떻게 다루었는지는 다음 장에서 더 자세히 살펴볼 것이다. 여기서는 바울이 신명기를 읽고 있다고만 말해 두자. 한편에서는 바룩서를, 다른 한편에서는 4QMMT를 읽던 동시대 다른 저자들처럼 바울도 이스라엘이 따라야 할 역사적 계획을 펼쳐놓은 지도로 신명기를 읽었을 것이다. 그들이 토라를 따른다면 결과적으로 축복을 받을 테지만, 따르지 않는다면 저주를 받을 것이다. 그 최고의 저주는 바로 포로생활일 것이다. 그러나 그들이 온 마음과 뜻을 다해 야훼께 돌아온다면, 하나님이 그들의 운명을 돌이키셔서 바룩과 MMT, 다른 많은 제2성전기 저자에게는 아직 분명하게 일어나지 않은 사건인, 포로에서 해방되는 사건이 일어날 것이다. 그때가 바로 갱신과 속죄가 일어나는 언약의 때일 것이다. 특히 그 언약의 때는 겉으로 보기에는 이루어질 수 없는 방법인 하늘 드높이 떠오르거나 바다를 뛰어넘는 방법 대신 이스라엘 백성의 마음 판에 토라를 새길 수 있도록 하나님이 그들 가까이에 토라를 가져온다는 특징을 보일 것이다.

이것이 기독론과 유일신 사상과 어떤 관계가 있을까? 모든 면에서 관련이 있는 것 같다. 바울은 이스라엘이 궁극적으로 바벨론 유수에서 귀환할 것이라고 예언한 이 성경 본문을 하나님이 토라가 아닌 메시야를 통해 이루어놓으셨다는 뜻으로 읽는다. 거대한 언약 갱신인 새로운 출애굽이 메시야 안에서, 그리고 메시야를 통해서 일어났다. 이제 토라가 아닌 메시야, 바로 기독교 신앙 안에서 칭송되고 믿는 그 메시야가 하나님의 갱신된 백성을 대표하는 표지다. "네가 만일 네 입으로 예수를 주로 시인하며 또 하나님께서 그를 죽은 자 가운데서 살리신 것을 네 마음에 믿으면 구원을 받으리니"(롬 10:9). 이어지는 네 성경구절에서 발전된 중요한 개념 가운데 우리는 특별히 바울이 퀴리오스, 즉 "주"라는 단어를 어떻게 사용하는지를 주목해야 한다. "한 분이신 주께서 모든 사람의 주가 되사 그를 부르는 모든 사람에게 부요하시도다"(롬 10:12b). 그러고 나서 바울은 요엘서에 기록된 새로운 언약 부분을 인용한다. "누구든지 주의 이름을 부르는 자는 구원을 받으리라"(롬 10:13. 요엘 2장 32절에서 인용). 많은 사람이 주목하는 점이지만 여기서 다시 한 번 반드시 강조할 점은 바로 바울이 "퀴리오스"라는 단어를 칠십인역에서 가져왔다는 점이다. 원문에서 그 단어가 문맥상 야훼 자신을 언급한다는 사실을 매우 잘 알면서도 바울은 그 단어가 예수를 언급한다고 이해한다. 또한 동료 유대인들이 어떻게 구원을 받는가라는 1절 질문에 대한 바울의 대답이 13절이라는 점을 놓쳐서는 안 된다. 바로 "주"를 믿음으로써 구원받으며, 이 "주"는 유일하신 하나님이 신명기 30장에 기록된 언약들을 성취하게 하실 분이다. 결국 우리가 회복해야 할 하나님의 언약적 계획인 디카이오쉬네 떼우, 즉 그분의 "의"가 그분 안에서 드러난 것이다.

사실 로마서 10장 5-13절에 뚜렷이 드러나 있는 고등 기독론은 이미 9장 5절에 암시된 것이다.[8] 물론 논쟁의 여지가 있지만 나뿐 아니라 여러 학자가 강조했듯이, 로마서 10장 5-13절뿐만 아니라 9-11장 전체에서 바울이 예수를 혈통적으로 이스라엘의 메시야일 뿐만 아니라 "만물 위에 계셔 세세에 찬양을 받으실 하나님"이라고 확언한다고 읽는 것은 그 본문을 탁월하게 이해한 것이다. 이러한 해석을 반대하는 주요 논점은 석의라기보다는 오히려 연역적인 신학이다. 이런 식인 것이다. "바울이 다른 곳에서 말한 것에 비추어 보면 '그런 식으로 말하지 않았을 것이다.'" 나는 이 장에서 이러한 견해들을 반박해 보려고 한다. 만약 내가 옳다면, 바울이 예수를 하나님으로 언급한다는 점뿐 아니라 그것을 매우 유대적인 방식으로 언급하고 있다는 점을 찾을 수 있을 것이다. 바로 예수를 축복하면서 창조자 하나님과 관련하여 서신 초반(1:20)에 더욱 단도직입으로 언급한 또 다른 강력한 유일신론적 부분처럼 말이다.

바울이 분명 칠십인역을 염두에 두고 있다는 상황 아래 예수를 주^{kyrios}로 언급한 가장 유명한 본문은 빌립보서 2장 6-11절이다.[9] 이 본문은 대체로 매우 초기의, 매우 유대적이고도 중요한 기독론을 나타낸다고 알려져 있다. 그 구절에서 바울은 인간 예수를 영원부터 창조자 하나님과 동등한 분으로, 성육신과 치욕적인 고통, 죽음을 통해 그 동등성이 무엇을 의미하는지를 새롭게 표현하신 분으로 이해한다. 9절의 "이러므로"라는 말은 매우 중요하다. 이제 예수는 유일하신 하나님이 다른 존재와는 나누지 않을 영광을 함께하면서 가장 높고 영화로운 자리에 오른다. 그가 유일하신 하나님만이 하실 수 있는 일을 했기 때문이다. 마지막 부분에 이사야 45장 23절을 인용한 이 시의 논리를 보면 우리는 바울이 자신이 주장하고 있는 것이 얼마나 엄청난지를 완벽하게 알고 있다는 사실을 인정할 수밖에 없다. 이 이사야서 본문에는 구약에서 가장 두드러진 유일신론적 표현이 나온다. 즉 야훼가 선언하기를 그는 하나님이요 그 밖에는 다른 신이 없다는 것이다. 오직 야훼에게만 모든 무릎이 꿇고 모든 혀가 맹세한다(바울은 예수를 통한 하나님의 우주적 통치와 다가오는 심판이라는 상황에서 로마서 14장 11절에도 똑같은 부분을 인용한다). 다른 많은 위대한 일과 더불어 바울이 빌립보서에서 이룬 일은 (앞 장에서 살펴보았듯이 특히 황제가 받을 관심을 가로채서) 그 뿌리가 유대교 유일신 사상에 깊이 박힌 시를 쓰고, 그 시 중심에 예수를 둔 것이다. 뒤집어 말하자면, 바울은 예수의 겸손과 존귀를 찬양하기 위해서 이 시를 썼다. 이 겸손과 존귀는 교회에 요구되는 상호 순종의 모델이다. 그리고 유일하신 참 하나님에 대한 고대 이스라엘의 찬양이라는 특유의 관점에서 표현한 찬양이다.

잘 알려진 또 다른 구절인 고린도전서 8장 6절에서도 그와 같은 바울의 의도가 잘 드러난다.[10] 여기서도 상황이 지극히 중요하다. 바울은 이교도 사회에서 그리스도인으로 어떻게 살아가야 하는지, 더 구체적으로 말하자면 우상에게 바친 고기를 먹어도 되는지 먹지 말아야 하는지에 대한 문제에 직면한다. 처음에 지식과 사랑을 이야기한 이후, 그 문제를 언급하면서 본문은 가장 먼저 우리가 어디에서 비롯되었는지를 보여준다. 바울에 따르면 그리스도인은 이교도적 다신론자가 아니라 유대교적 유일신론자다. 우리는 실제 존재론적으로 현존하는 우상은 전혀 없으며 "하나님은 한 분밖에 없[다]"는 사실을 알고 있다(고전 8:4). 우리에게 그보다 더 명확한 사실은 없다. 바울이 살고 있는 그곳에는(그는 자신이 살고 사역하는 공간에서 벗어날 수 없다) 거리마다 신이나 주$^{\text{the lords}}$라고 불리는 것이 많았다. 그러나 바울은 유일하신 참 하나님을 주장하는 유대교를 내세워 이교도의 다신론적 신앙에 단호하게 도전한 것이다. 이 유일하신 하나님은 누구며, 이스라엘은 매우 특색 있는 그분을 어떻게 인정하는가? 그 하나님은 출애굽 당시 이스라엘의 조상에게 자신을 계시하신 분이며, 날마다 암송하는 기도, 즉 쉐마^{Shema}에서 "이스라엘아 들으라. 우리 하나님 여호와는 오직 유일한 여호와이시니"라고 인정받으며 경배받는 분이다(신 6:4. 칠십인역에는 "퀴리오스 호 데오스 헤몬, 퀴리오스 헤이스 에스틴"$^{Kyrios\ ho\ theos\ hēmōn,\ kyrios\ heis\ estin}$이라고 기록되어 있다). 유일신론적인 생각을 밝히는 유일신론적인 논쟁에서 바울은 모든 유대교적 유일신 사상에서 정형화하여 사용하는 문구로 잘 알려진 구절을 인용하며, 또다시 그 중심에 예수를 두고 있다. 바로 "우리에게는 한 하나님, 한 주가 계시다"는 것이다. 더 구체적으로 말하자면 "우리에게는 한 하나님 곧 아버지가 계시니 만물이 그에게서 났고 우리도 그를 위하여 있고 또한 한 주 예수 그리스도께서 계시니 만물이 그로 말미암고 우리도 그로 말미암아 있느니라"(고전 8:6)라는 것이다. 바울은 칠십인역에 정형화된 문구를 인용하여 최고의 창조자이자 모든 것의 목적이신 성부 하나님에 관한 구절로 떼오^{theo}, 즉 엘로힘^{elohim}을 설명하고, 창조와 구속 모두에서 하나님을 대신한 대리인인 예수 메시야에 관한 구절로 퀴리오스^{kyrios}, 즉 야훼^{YHWH}를 설명한다. 이것이 주는 직접적인 영향에서 한 발 뒤로 물러서서 살펴보면, 우리는 창조주 하나님이 그렇게 함으로써 때로 지혜자(figure, 지혜의 화신 또는 의인화된 지혜)와 함께 행하신 일을 예수와 함께 해내셨다는 사실을 볼 수 있다. 창조주는 예수를 통해 세상을 창조하셨으며, 토라를 보면 하나님이 자신을 계시하기 위한 참된 그릇으로 예수를 사용하셨다.

고린도전서 8장 6절에서 쉐마를 격정적으로 재정의한 내용에 뒤따르는 것은 그 나름으로도 아주 주목할 만하다. 일단 예수를 유일하신 참 하나님의 비전vision 중심에 세운다면, 이러한 하나님을 섬기고 따른다는 것은 **사랑**이라는 패턴에 따라 사는 삶을 수반할 것이다. 그런 이유로 바울이 고린도전서 8장 첫 부분에서 단순한 "지식", 즉 그노시스gnōsis와 사랑 자체를 대조한 것이다. 나아가 이것은 8장 나머지 부분에서 이교도적 환경에서 어떻게 살아야 할지 논할 때, 바울이 이웃을 향한 자기희생적 사랑을 가장 중요하게 여겨야 한다고 주장하는 이유이기도 하다.

이 구절은 고린도전서 8장에서 골로새서 1장 15-20절로 나아가는 간단하고 자연스러운 단계로, 우리는 이미 2장에서 골로새서 본문을 살펴보았다. 따라서 여기서는 다음과 같이 정리하는 것으로 충분할 것이다. 골로새서에 기록된 이 장엄한 시는 유대교적 유일신 사상, 즉 동일하신 한 분 하나님의 사역인 창조와 구속을 나타내는 전형적인 표현이다. 잠언 8장과 창세기 1장의 복잡한 해석을 사려 깊고 아름답게 본 뜬 그 시를 통하여 우리는 예수가 그가 한 모든 일에서 하나님의 대리인 역할, 즉 지혜의 역할을 하고 있음을 알 수 있다.

바울에게 이 모든 것은 예수를 가리키는 하나의 칭호로 요약된다. 이 칭호를 자주 사용하지는 않았지만, 바울이 그 용어를 사용할 때면 대단한 영향력이 발휘되었다. 바로 "하나님의 아들"이라는 칭호다. 유대교에는 이 말이 천사들을 언급한다고 알려져 있지만, 다른 두 용례를 통해 바울은 그 기원이 어디인지를 알고 있음을 보여준다. 하나는 이스라엘을 "하나님의 아들"이라고 명한 구절(출 4:22)이고, 다른 하나는 메시야를 하나님의 아들이라고 일컬은 구절(삼하 7:14, 시 2:7, 89:27)이다. 바울은 이 개념을 취해서 (이스라엘을 표현한다는 관련 의미와 메시야적 의미를 잃지 않으면서) 새로운 내용으로 채워 넣었다. 동시에 바울이 예수 안에서, 예수에게, 예수를 통하여 일어난 사건으로 확신한 사실이 있다. 바로 이루어져야만 하는 일을 이루기 위해 **다른 누군가를 보낼** 뿐만 아니라 직접 그 일을 이루기 위해 그분 자신이 친히 이 땅에 오기로 하신 하나님의 결정이, 거룩하게 의도된 메시야성이라는 의미 안에 숨겨져 있다는 점이다. 우리 역시 로마서 5장 6-11절과 같은 본문이 (로마서 8장 3절과 32절에 명확하게 나와 있듯이 하나님의 아들로서) 예수의 죽음이 다른 무엇보다 하나님의 **사랑**을 더 분명하게 표현하고 있다고 이해할 수 있다. 단, 예수를 유일하신 하나님의 구현자로 이해할 때에 그렇게 이해할 수 있다.

바울이 이 구절을 예수에 대해 어떻게 이러한 의미로 사용했는지 묻는다면, 두 가지로 대답할 수 있다. 이 두 답은 서로 영향을 주고받는 관계에 있다. 하나는 예수 자신이 스스로를 말할 때 "하나님의 아들"과 비슷한 말을 사용했다는 것이다. 초기 기독교를 떠올려보면, 이것은 초기 기독교적 어법을 결정하는 것과 무관하지 않았을 것이다.[11] 다른 하나는 상상할 수 없는 일을 생각하고 말할 수 없는 일을 말하는 방법을 찾고자 애쓴 사도 바울이 창조주 하나님을 "아버지"라고 부르기로 정한 것으로 보인다는 것이다. 고린도전서 8장 6절처럼 바울은 예수를 가리켜 (그가 인용한 본문 때문에) "아들"이라는 말보다는 "주"라는 말을 사용할 때조차도 하나님을 아버지라고 부른다. 그렇기 때문에 바울이 예수를 가리켜 이스라엘과 이 세상을 위한 하나님의 메시야적 대리인일 뿐 아니라 하나님의 제2의 자아$^{second\ self}$, 하나님이 인간으로서 자신을 궁극적으로 드러냈다는 의미에서 "하나님의 아들"이라고 말하는 것이 아주 자연스러워졌다.

    이것은 바울이 유대교의 유일신 사상을 재정의할 때 성령이 어떤 요소를 이루는지 살펴볼 다음 두 부분을 탐험하는 데 탁월한 장점이 될 것이다. 그러나 유일신 사상을 기독론적으로 재정의한 이 부분을 정리하면서 우리는 십자가를 언급하지 않을 수 없다. 바울에게 이것은 당연히 궁극적으로 충격적이면서도 영광스러운 사건이다. 바로 자신이 맺으신 언약을 성취하기 위해서 인간이 되신 창조자, 이스라엘의 하나님이 십자가에 달려 죽기로 선택했기 때문이다. 바울에게 그 십자가는 하나님의 사랑과 공의 모두를 가장 완벽하게 드러냈고, 외부적으로는 이교도의 어둠에 사람들을 사로잡은 권세를 물리치고 오랫동안 대물려온 인간의 죄를 깨뜨리는 놀라운 하나님의 구원 능력이 되었다. 바울이 선택 사상을 재정의하는 데에도 십자가는 중대한 순간이기 때문에 다음 장에서 그 주제를 다룰 때 더 깊이 살펴볼 것이다. 바울에게 가장 궁극적인 관점은 (특성상 유대교적 방식으로 보이는) 유일하신 하나님이 고대의 악의 문제를 정면으로 설명하신다는 것이다. 십자가 처형과 예수의 죽음(우리는 이런저런 논쟁에서처럼 스타우로스*stauros*, 즉 십자가라는 단어가 있는지 없는지에 매달려서는 안 된다)은 바울의 기독론에 단순히 덧붙여진 것이 아니라, 모든 것이 향해야 할 궁극적 목표이자 다른 관점에서 보자면 모든 것이 시작된 지점이다. 중대한 본문인 로마서 3장 21-26절에 나와 있듯이, 이것이 바로 메시야의 십자가가 하나님의 의, 즉 언약의 하나님으로 약속에 대한 신실함, 창조주 하나님으로 세상 피조물에 대한 신실함, 세상의 수많은 불의를 초월하여 산과 같이 우뚝 솟은 정의를 드러낸다고 강조한 이유다. 십자가에서 바울은 하나님의 정의가 완전히 실현되는 것을 보았다. 유대교적 유일신 사상을 수정한 것처럼 보이는 그의 기독론은 그러한 상황에서 가장 잘 이해될 수 있다. 이 기독론은 바울이 놀랄 만큼 완곡하게 하나님을 표현한 부분으로 우리를 이끈다. "예수 우리 주를 죽은 자 가운데서 살리신 이를 믿는 자니라. 예수는 우리가 범죄한 것 때문에 내줌이 되고 또한 우리를 의롭다 하시기 위하여 살아나셨느니라"(롬 4:24-25). 이 구절은 바울이 참 하나님을 인정하고 경배하며 그분의 능력을 잘 알았던 아브라함을 강조한 본문의 마지막에 해당한다. 이러한 아브라함의 모습은 그 당시 누구에게서도 찾아볼 수 없는 모습이었다. 예수를 언급하여 참 하나님을 훨씬 잘 요약한 재정의로서 이 구절은 오늘날 우리에게 큰 의미를 지닌다. 바울을 진지하게 연구해 온 모든 독자가 오랫동안 인식해 왔듯이(그럼에도 충분히 탐구되지는 못했지만), 메시야 예수의 십자가는 유일하신 참 하나님을 보여주는 바울의 핵심 개념이다.

유일신 사상과 성령

바울이 재정의한 둘째 부분은 첫째 부분과 긴밀하게 연결되어 있다. 이 주제의 중심에는 큰 영향력과 신학적 에너지가 집중된 두 성경구절이 있는데, 이 구절들은 고전적인 유대교 유일신 사상을 예수와 성령 모두와 관련하여 표현한다.[12]

우선 갈라디아서 4장 1-7절을 살펴보자. 갈라디아서 3장에서 바울은 하나님이 어린아이 같은 이스라엘을 보호하시는 모습을 전개하고 있다. 청지기와 후견인의 엄격한 지도, 이른바 토라 아래 이스라엘이 보호받고 있다는 것이다. 바울에 따르면 이 보호는 성숙의 시기, 즉 유대인과 이방인이 똑같이 한 가족이 되는 시기, 아브라함에게 약속하신 단일한 가족을 이루는 날까지 계속된다. 그래서 4장을 시작하며 바울은 이 그림을 더 명확하게 드러낸다. 가문이 소유한 모든 땅을 상속받을 자일지라도 어린 아들은 다 자랄 때까지 후견인과 청지기에게 통제받는다. 이처럼 우리도 세상의 초등학문 아래에서 종노릇을 하고 있다고 바울은 대담하게 말한다. 그러나 유대교 전승은 이스라엘, 즉 하나님의 언약을 상속받은 자가 이교도 통치 아래 종노릇하고 있는 것에 대해서 뭐라고 말하는가? 물론 이에 대해 이스라엘은 출애굽 사건을 이야기한다. 이 점에 있어서는 분명 바울도 마찬가지다. 적당한 시기에 이르렀을 때, 즉 때가 찼을 때, 하나님은 그분의 백성을 자유롭게 하셨다. 더 구체적으로 말하자면, 하나님은 먼저 그분의 아들을 보내시어 여자에게서 나게 하시고 율법 아래에 나게 하셔서 율법 아래에 있는 자들을 속량하시고 참 아들("이스라엘은 내 아들, 내 장자라. 내 백성을 내보내라")로 삼으셨다. 여기서 우리는 메시야적 아들과, 내가 앞서 말한 하나님의 "아들들"(물론 "아들들"은 특정 성性에 관련하여 번역된 것이 아니므로 애매한 점이 있다)이라는, 그분이 구속하신 백성 사이에서 주제들이 상호 작용하는 것을 볼 수 있다. 그리고 분명하고 새로운 이 의미와 함께 메시야적 "아들"이 하나님의 구원 의도를 표현하고 구현하는 분이라는 사실을 알 수 있다. 이것은 결정적 구절인 4장 7절로 우리를 인도한다. "너희가 아들이므로 하나님이 그 아들의 영을 우리 마음 가운데 보내사 아빠 아버지라 부르게 하셨느니라. 그러므로 네가 이 후로는 종이 아니요 아들이니 아들이면 하나님[메시야]으로 말미암아 유업을 받을 자니라."

　이 편지에서 바울이 의도하는 목적은, 갈라디아 성도는 이미 그리스도 안에서 온전하므로 스스로 토라라는 멍에를 지우지 않아도 된다는 핵심을 강화하는 것이다. 이 과정에서 바울은 하나님을 나타내는 유대교식 유일신론 그림을 매우 극적이면서도 새로운 방법으로 펼쳐 보이고 있다. 이 그림은 아브라함의 하나님, 출애굽의 하나님을 완전하고 신선하게 계시한다. 이제 그 하나님은 아들을 보내신 하나님, 그 아들의 영을 보내신 하나님으로 알려져 경배받고 신뢰받는다. 바울은 하나님이 하신 일을 정확하게 알고 있다. 다음 구절에서 기본적인 주장을 충분히 강조하는 방식으로 바울은 갈라디아 성도가 이제 "하나님을 알 뿐 아니라 **더욱이 하나님이 아신**

바 된" 존재가 되었다고 말하고 있기 때문이다. 아들을 보내시고 성령을 보내신 하나님이 바로 유일하신 참 하나님이다. 성도들은 주도권을 쥐고 계시며 그 주도권을 유지하시는 하나님과 서로 알아가는 관계를 맺게 된 것이다. 이런 상황에서 그들이 어떻게 스토이케이아^{stoicheia}, 즉 "약하고 천한 부류"인 지역적·부족적 신들에게 돌아가고 싶어할 수 있단 말인가? 그 지역신들은 이전에 그들을 가두고 통제하던 존재가 아닌가? 바울은 여기서 이교도 지주신들$^{landlord\text{-}gods}$과 토라를 같은 줄에 나란히 세운다. 그가 이교도 신들과 대조하는 대상은 야훼가 첫 출애굽에서 생생하게 계시되셨듯이 이제 새로운 출애굽에서 완전하게 계시되신 참 하나님이다. 이교도 신들과 출애굽의 하나님을 대조하는 것은 전형적인 유대교 방식이다. 바울은 이 출애굽의 하나님을 아들과 성령을 보내신 하나님으로 묘사한다. 바울은 마치 "이러한 방식으로 알려진 하나님을 믿지 않는다면, 당신은 이교주의를 믿는 것이다"라고 말하는 것 같다. 이런 관점에서 어떤 사람은 만약 삼위일체 교리가 나타나지 않았다면 만들어내야만 했을 것이라고 결론 내릴지도 모른다. 그리고 나는 갈라디아서가 우리가 소유한 가장 초기 기독교 문서 가운데 하나라고 믿는다.

    이 놀라운 구절은 자연스럽게 우리의 관심을 로마서 8장으로 이끈다. 그 본문에서 바울은 또다시 출애굽이라는 주제와 표현을 아주 많이 인용한다.[13] 노예 상태에서 자유로워진 하나님의 백성은 이전 상태로 되돌아간다는 것을 생각도 하지 말아야 한다. 그리고 그저 약속의 땅으로 계속 나아가면서 하나님의 임재와 인도하심에 의존해야만 한다. 물론 본래의 출애굽 이야기를 보면 이스라엘 백성이 불순종할 때에도 그들의 안내자이자 동행자인 하나님은 장막에 거하신다. 바울은 이 출애굽 사건을 고쳐 이야기하면서 이스라엘 백성을 약속의 땅으로 인도하는 쉐키나^{Shekinah}를 성령으로 대체한다. 약속의 땅은 많은 그리스도인이 잘못 이야기하고 있는 것과 같은 "천국"이 아니다(이 구절은 물론 다른 비슷한 구절에서도 "천국"이라는 말은 나오지 않는다). 이것은 새로운, 아니 갱신된 창조 세계, 즉 노예에서 벗어나 직접 해방을 경험하는 우주다. 그래서 성령은 다가오는 거대한 추수를 상징하는 처음 익은 열매를 맺는다(8:23). 처음 익은 열매는 아라본^{arrabōn}, 즉 "보증"^{guarantee}이라는 개념과 어원이 같다. 보증이란 적당한 시기가 되면 나머지 비용을 지불하기로 약속하는 첫 지불금을 뜻한다(고린도후서 1장 22절, 5장 5절, 에베소서 1장 14절을 참조하라). 신약의 다른 구절에서 볼 수 있는 것처럼 여기서도 인간의 구속은 그들 자신만을 위한 것이 아니다. 그들과 그들의 새로운 삶을 통해 세상의 다른 사람들도 유일하신 하나님이 세우신 지혜로운 질서와 구속을 누리도록 하기 위한 것이다. 이것 역시 전형적인 유대교적 유일신 사상의 내용이다.

로마서 8장의 나머지 구절에서 보듯이, 서론격인 1-11절, 특히 3절과 4절이 이 주제를 발전시키고 있다. 갈라디아서 4장과 매우 비슷한 이 구절들에서 우리는 아들과 성령 모두 하나님의 언약을 성취하는 대리인이라는 사실을 발견한다. 그렇지만 이제 그 역할은 토라의 역할과 비교하여 명백하게 나란히 놓여 있다. 이는 7장에서 토라가 우리에게 약속한 생명을 주지 못한다는 사실을 장엄하게 설명하고 있기 때문이다. "율법이 …… 할 수 없는 그것을 하나님은 하시나니 곧 죄로 말미암아 자기 아들을 죄 있는 육신의 모양으로 보내어 육신에 죄를 정하사 육신을 따르지 않고 그 영을 따라 행하는 우리에게 율법의 요구가 이루어지게 하려 하심이니라"(8:3-4). 이렇게 심오하고 놀라운 두 구절을 완전하게 석의하지 않는다면, 우리는 그저 바울이 유대교적 유일신 사상의 틀 안에서 다음과 같이 재해석하고 있다고만 여길 것이다. 유일하신 하나님의 대리인인 아들과 성령이 지혜서가 하려고 한 일, 토라가 이루려고 했으나 하지 못한 일을 이뤘다고 말이다.[14] 이제 우리는 바울을 연구하는 학자들이 오랫동안 밤을 새워 고민해 온, 토라를 긍정하면서 동시에 토라를 우회하는 경향에 가까이 와 있다.

유대교적 유일신 사상을 재정의한 아들과 성령의 패턴이 일단 눈에 들어오기 시작하면, 우리는 도처에 비슷한 패턴이 있음을 알게 된다. 바울은 로마서 10장 13절에서 요엘서 한 구절을 인용한다. 내가 기독론을 논의하기 시작한 이 구절은 신약의 다른 곳에서도 성령의 기름부음과 관련되어 인용되었다. 서로 긴밀하게 관련된 두 구절(롬 2:25-29, 고후 3장)을 통해 이 구절이 분명해진다는 사실에서 우리는 로마서 10장에 전개되는 간결한 논의 아래 성령의 임재를 환기할 수 있다. 고린도전서 12장 4-6절에서 바울은 이교도식 예배에서 오는 혼돈과 달리 살아 계신 하나님의 영이 일하실 때에는 반드시 진정한 일치가 이루어진다고 선언한다. 그러나 잘못된 다양성에 맞선 이러한 일치를 강조하려고 한 이 구절에서도 바울은 각각 다른 세 가지 방식으로 일치를 설명한다. "은사는 여러 가지나 성령은 같고 직분은 여러 가지나 주는 같으며 또 사역은 여러 가지나 모든 것을 모든 사람 가운데서 이루시는 하나님은 같으니"(마지막 어구는 유일신 사상에서 가장 선호하는 표현으로 고린도전서 15장 28절, 에베소서 1장 23절과 같은 종말론적 문맥에서 재등장한다). 교회가 예배하면서 드러내야 하는 다양성 안의 일치는 바울이 논쟁이나 논의를 더 진전시키지 않고 다양성 안의 일치에 따라 단순히 성령, 주, 하나님이라고만 명명한 방식에 기반을 두어야 한다.

이 신학은 실질적으로 바울이 다양하게 표현한 말들 속에서 더 구체적으로 전개되었다. 예수를 메시야와 주라고 외치는 고귀한 선언인 복음이 실제로 어떻게 작용하거나 기능하는지를 언급한 말들 속에서 말이다. 나는 종종 바울이 온 삶을 바쳐 기이하게 과업을 이룬 방식을 깊이 생각해 본다. 이교도들에게 많은 신들이 아니라 유일하신 창조주 하나님만 계시다고 말하는 것으로 부족했던 바울은 이 하나님이 십자가에 못 박혔으나 죽은 자 가운데서 다시 살아난 한 유대인으로 자기 자신을 보이셨다고 덧붙였다. 이러한 그의 선포는 비웃음을 사기에 충분했다. 그리고 사도행전을 보면 실제로 그랬다. 그러나 바울은 이 이야기를 할 때, 즉 예수가 참으로 세상의 진정한 주시라고 선포할 때, 사람들이 (대단히 놀랍게도 어떤 의심도 하지 않고) 그 선포를 마음과 생각에 편안하게 받아들인다는 사실을 발견했다. 그들 안에 그 선포가 진리라는 믿음이 생겨나고, 낯설지만 새로운 존재와 능력이 그들의 삶을 변화시킨 것이다.

바울은 이 모든 것을 다양한 방법으로 말하는데, 주로 사용하는 표현이 바로 성령이다. 바울에 따르면 성령으로 아니하고는 누구든지 예수를 주ᵏ시라 말할 수 없다(앞서 세 가지 방식으로 일치를 설명했다고 말한 바로 앞 구절인 고린도전서 12장 3절을 보라). 바울은 이것을 다르게 표현하기도 한다. 복음(즉, 예수를 주ᵏ로 선언하는 것)은 모든 믿는 자에게 구원을 주시는 하나님의 능력이 된다고 말이다(롬 1:16). 성령이 명확하게 언급되지 않았다는 사실을 두고 우리는 그 구절이 다른 생각의 선상에 있다고 여겨서는 안 된다. 이와 관련하여 더 긴밀히 연관된 구절은 데살로니가전서에서 발견된다. 먼저 바울은 "복음이 말로만 이른 것이 아니라 또한 능력과 성령과 큰 확신으로 된 것"(살전 1:5)이라고 선언한다. 이 구절은 "말" 자체에 능력이 없다는 뜻이 아니다. 다음 구절에서 바울은 이사야 40장 8절이나 55장 11절에 기록된 것처럼 말씀을 자신의 역할을 감당하는 힘 또는 세력으로 의인화하여ᵃ ᵖᵉʳˢᵒⁿⁱᶠⁱᵉᵈ ᶠᵒʳᶜᵉ 이야기하고 있기 때문이다. 고린도전서 1장 18절과 다른 곳에서는 이것을 "십자가의 말씀"[15]과 같은 강렬한 언어로 표현하였다. 그래서 바울은 데살로니가전서 2장 13절에서 이 점을 더 명확하게 지적한다. "너희가 우리에게 들은 바 하나님의 말씀을 받을 때에 사람의 말로 받지 아니하고 하나님의 말씀으로 받음이니 진실로 그러하도다. 이 말씀이 또한 너희 믿는 자 가운데에서 역사하느니라." 역사하는 "말씀"을 언급할 때 바울은 전형적인 유대교 유일신론자로서 말하고 있는 것이다. 이 일반적인 관점을 폭넓게 설명하려고 할 때, 바울은 앞서 본 것처럼 성령이라는 표현을 끌어온다. 그는 복음의 말씀이 선포될 때 성령께서 역사하신다고 믿었다. 그리고 그 사건은 유일하신 참 하나님이 이방인과 유대인 모두를 메시야인 예수의 가족에 속한 자로 주장하시는 그분만의 독특한 방법이라고 믿었다.

잘 알려진 대로 바울은 성령을 다양하게 표현한다. 어떤 때는 하나님의 영으로, 또 어떤 때는 메시야의 영으로, 또 때로는 예수의 영으로 언급한다. 로마서 8장 9-11절처럼 한두 구절 안에서 메시야와 성령을, 그리고 그 둘에 대한 다양한 표현을 변화무쌍하게 바꿔가며 묘사하여 헷갈리게 만들기도 한다. 그러나 더 폭넓게 말하자면, 주요 성경구절에서든 비교적 덜 중요한 구절에서든 바울은 메시야와 관련된 것을 성령에도 관련시켰다는 사실을 알 수 있다. 그는 메시야와 성령을 유일하신 하나님에 대한 전통적인 유대 교리를 재정의할 양극으로 보았다.

이 두 절(유일신 사상과 기독론, 유일신 사상과 성령)을 결론짓고 다음 절로 넘어가기 전에, 신약에서 찬송과 기도를 가장 탁월하게 다룬 유대교적 구절인 에베소서 1장 3-14절을 잠시 살펴보자. 이 구절은 전형적인 베라카*berakah* 형식으로 유일하신 하나님이 창조와 구속에 행하신 장엄한 행위에 대해 하나님께 드리는 축복 기도

문이다. 이교도 세계의 정사와 권세를 이긴 복음의 승리를 의도적으로 기리는 이 서신에서 바울은 이스라엘의 하나님을 환기시키며 온 세상을 다스리시는 하나님의 능력을 주장한다. 본문 곳곳에는 하나님이 "그리스도[메시야] 안에서" 그 일을 행하셨다고 나타나 있다. 이 표현은 다양한 말로 바뀌어 다섯 번 반복되는데, "그 안에서"나 "……안에서"와 같이 다른 말로도 나타난다. 빌립보서 2장에서처럼 하나님이 메시야 안에서, 메시야를 통해서 하시는 일은 하나님 자신의 영광을 기리는 찬양으로 귀결되며, 이 기도문에 따르면 하나님이 해오신 일은 뒤로는 창조물 자체, 앞으로는 만물의 갱신으로 뻗어 있는 계획을 성취할 위대한 "구속", 즉 새 출애굽을 이루는 것이다. 다시 한 번 바울(그가 쓴 것이 맞다면, 또는 그가 아니더라도 그처럼 두드러지게 생각한 누군가)은 진리의 말씀, 즉 구원에 대한 복음과, 보증인으로서 성령으로 인 치신 복음을 이야기한다. 여기에 유대교적 유일신 사상이 다루는 위대한 주제들이 담겨 있다. 메시야 예수를 다시 생각하게 하는 이 기도문은 각 절마다 이 주제들을 기리고 있다. 또한 이 기도문에 담긴 생명력 있는 메시지는 성령의 은사에 초점을 맞추고 있다. 이 모든 것을 바울이 저자임을 지지하는 논거로 볼 수 있다고 말하지는 않겠다. 그러나 만약 다른 누군가가 이 구절을 썼다면, 그래서 다른 많은 글에서 바울이 주장해 온 것을 이 구절이 잘 요약하고 있는지를 바울에게 묻는다면, 분명 바울은 그렇다고 대답할 것이다.

성경적 뿌리, 논쟁 대상으로서의 이교도, 실천적 사역이라는 문맥

이 장을 시작하면서 언급했듯이, 바울이 재정의한 유일신 사상을 충분히 설명하려면 다음 세 가지를 자세히 살펴보아야 한다. (1) 바울이 이스라엘의 성경과 맺은 새로운 관계. 이것은 대략 같은 시기에 같은 자료를 연구한 다른 해석과의 연속성과 비연속성의 요소를 보여준다. (2) 당시 이교주의(들)에 대한 명백한 반대 표명. (3) 바울의 재정의가 날마다 복음을 전하고 막 시작된 교회들을 돌보는 그의 실제 삶의 환경에 영향을 끼친 방식. 이 세 가지에 대해서는 다른 연구에서 자세히 논하기로 하고 여기서는 살짝 엿보기만 하자.

바울은 그의 메시지가 이스라엘의 성경과 어떻게 관련되어 있는지를 다양하게 요약한다. "이제는 율법[토라] 외에 하나님의 한 의가 나타났으니[언약에 대한 하나님의 신실함이 새롭게 나타났으니] 율법[토라]과 선지자들에게 증거를 받은 것이라"(롬 3:21). "무엇이든지 전에 기록된 바는 우리의 교훈을 위하여 기록된 것이니 우리로 하여금 인내로 또는 성경의 위로로 소망을 가지게 함이니라"(롬 15:4). 신명기 30장에 약속되어 있고 바울 시대에도 여전히 많은 사람이 기다려온 실제적인 포로 귀환, 즉 이제 새 출애굽으로 요약된 출애굽 내러티브를 바울은 자주 끌어들인다. 바울은 하나님과 이스라엘, 세상에 대한 거대한 내러티브를 마음에 둔 것처럼 보인다. 예수와 관련된 사건들을 대면하면서 바울은 이 내러티브가 약속된 절정에 이르렀다고 믿었다. 이것이 다른 영역에서 어떤 역할을 하는지에 대해서는 다음 장에서 알아볼 것이다. 그러나 여기서 중요하게 강조하는 점은 이스라엘의 하나님이 출애굽에서 그분의 언약을 성취하실 때 새로운 방법으로 자신을 드러내신 것처럼 이제 그 동일한 하나님이 그분의 아들과 그의 성령으로 새로운 출애굽 언약을 성취하는 데 있어서 새로운 방법, 온전하고 최종적인 방법으로 자신을 드러내셨다고 바울이 믿었다는 점이다. 다른 모든 종류의 제2성전기 유대교 개작과 나눈 암시적인 대화에서 이러한 내러티브가 가장 분명하게 펼쳐진 곳이 바로 로마서 9장과 10장이다. 여기서 바울은 선지자들의 경고와 이스라엘의 궁극적인 실패를 추적하여 부족장들과 출애굽을 통해 나타난 하나님의 목적과 그분의 이야기를 밝혀낸다. 결국 이것은 하나님이 마침내 그분의 백성을 다시 번영시키시는 지점으로 (지극히 신명기적인 방식으로) 인도한다. 메시야와 성령을 통해 이루신 이 회복 과정은 참으로 충격적이고 극적이며 예상치 못한 새로운 전환이다.

이스라엘 이야기, 특히 이스라엘의 하나님을 재구성한 이야기는 마치 반사 작용처럼 바울을 당시 재구성된 다른 유대교 이야기와 갈등하게 만들었다. 로마서 3장과 갈라디아서 3장에서 바울이 하나님의 단일성을 강조한 이유는 두 본문 모두에서 하나님이 이제 그리스도 안에서 창조된 단일한 가족을 원하신다는 것을 강조하기 위해서다. 이 주제는 다음 장에서 더 자세히 논의하도록 하자. 다음 장에서는 바울이 격론을 벌인 대상으로 가장 잘 알려진 율법에 대해서도 깊이 다룰 것이다. 우리는 토라를 유일하신 하나님이라는 존재로 확장시키려는 유대주의의 모든 시도와 대조할 때, 바울이 유일하신 하나님이 그분을 표현하는 핵심 요소로서 그리스도와 성령에 대해 주장한 내용은 그러한 차원에서도 토라를 넘어선다는 사실을 다양한 관점에서 살펴보았다. 그러나 그리스도나 성령, 또는 둘 모두가 바울 신학에서 토라를 대치했다는 말로 이러한 움직임을 요약하려는 시도가 빈번했지만 이러한 시도들은 바울 신학의 핵심을 제대로 보지 못한 것이다. 바울은 토라를 명확하고 긍정적으로 바라보았다. 부정적인 역할을 수행할 때에도 토라는 여전히 거룩하고 공정하며 선한 하나님의 율법이다(롬 7장). 토라가 할 수 없는 일(하나님의 신비로운 목적 안에서 토라가 결코 해서는 안 되는 일)이란 토라가 약속한 생명을 주는 것이다. 그러나 바울 당시 몇몇 유대인이 시작한 것처럼(그리고 2세기 이전 집회서$^{Ben\text{-}Sira}$ 24장에 언급된 것처럼) 참되며 신실한 한 분 하나님이 자신을 표현하는 요소로서 토라를 존재론적으로 승격시키는 것은 하나님의 아들과 그 아들의 영을 가리키는 한편 그들이 해야 할 역할마저도 토라에게로 넘기는 격이 되고 만다.

이것을 통해 우리는 바울이 재정의한 유일신 사상이 격론을 벌이는 진짜 대상들을 알게 된다. 바로 (유대적 교리 같은 것을 예상하는 사람도 있겠지만) 이교주의의 신적 존재와 구조, 행동양식이다. 이것은 이미 선지자들이 강조했듯이, 이교도 세계는 물론 이스라엘 안에서도 발견되는 모습이다. 이 점에 대해 우리가 가진 힌트는 많지 않다. 초기 복음전도 사역을 하던 시절에 바울이 정확하게 말하는 서신들에서 힌트를 찾을 수 없다는 점은 확실하다. 그러나 바울이 말한 것이라고 가정할 수 있는 요소는 여러 곳에서 찾아볼 수 있다. 창조자 하나님은 만물의 심판자로 오실 그분의 아들, 메시야 예수 안에서 알려진 참 하나님이다. 이런 면에서 이교도 신들, 그들의 성지와 사원, 신상과 성직 제도는 속임수를 써서 사람들을 노예로만 만들 뿐 구원할 힘이 전혀 없는 허수아비이자 실재하지 않는 신일 뿐이다.

데살로니가전서 1장 9-10절이 이 점을 가장 명확하게 언급하고 있다. "너희가 어떻게 우상을 버리고 하나님께로 돌아와서 살아 계시고 참되신 하나님을 섬기는지와 또 죽은 자들 가운데서 다시 살리신 그의 아들이 하늘로부터 강림하실 것을 너희가 어떻게 기다리는지를 말하니 이는 장래의 노하심에서 우리를 건지시는 예수시니라." 하나님의 아들이 부활한 사건은 다소^{Tarsus} 사람 바울이 회심하기 전이라면 그에게 설명할 기회를 주려고 마음먹은 이교도를 향해 선포했을지도 모르는 유일신론적 선언에 새로운 초점과 힘을 실어주었다. 고린도전서 8장과 10장에서 바울이 이교도 신전들을 두고 벌인 논쟁의 배후에 깔려 있는 신념은 분명 이 부활 사건일 것이다.

더 구체적으로 말하자면 바울이 재정의한 유일신 사상이 다양한 "세상 권세"에 대하여 그로 하여금 강경한 태도를 갖추게 했다는 점이다. 여기서 이 주제를 충분히 고찰할 여유는 없지만, 그리스도와 성령을 중심으로 재정의된 유대교적 유일신 사상 관점에서 보면 고려해야 할 부분이 많다. 바울이 이러한 세상의 정사와 권세자의 존재를 신중하게 분석한 내용과(다르게 말하자면 이런 것은 때때로 사람들이 생각하는 것만큼 유일신 사상에 큰 위협이 되지 않는다), 메시야의 죽음과 부활로 그들은 패배했다는 관점에 비추어 고려해 보는 것이다. 이 패배와 함께 뒤이어 성령은 미래의 새 창조 세계와 (그러한 새 창조 세계를 고대하는) 현재 그리스도인의 삶 안에서 일하신다. 우리 시대의 서양 사상은 종종 이 부분을 혼란스러워한다. 바울에게는 자연스럽지만 우리에게는 낯선 바울 사상은 우리가 죄와 죽음으로 연결된다고 생각하는 전적으로 영적인 세력과, 예수를 십자가에 못 박은 가시적인 이 세상의 통치자(고전 2:8) 사이를 이리저리 오가기 때문이다. 양쪽을 모두 이해할 수 있는 중간 지점 어딘가에 우리는 잘 알려지지 않은 스토이케이아^{stoicheia}, 앞서 살펴본 "약하고 천한 부류"인 지역적·부족적 신들을 의미를 세워야 한다.[16] 영적인 세력과 이 세상의 통치자를 한데 묶어주는 것은 그 둘이 비슷하게도 타락과 부패, 죽음의 위협과 힘을 앞세워 인간을(그 점에 있어서는 하나님 나라의 나머지 부분까지도) 지배하고 있다는 사실이다. 솔로몬의 지혜서가 아주 분명하게 보여주듯이 세상의 전제군주들은 죽음과 관련된 조약을 수립하여 백성을 지배한다. 황제는 죄와 죽음의 힘으로 통치하고, 죽음과 힘은 황제를 통해 사람들을 지배한다. 이와 대조적으로 바울이 재정의한 유일신 사상은 예수의 부활이 새 창조 세계의 시작점이라고 말한다. 그 새로운 창조 세계 안에서 우리는 죽음 자체를 이기신 하나님의 권능을 보며 창조 세계가 선하다는 사실을 거듭 확인할 수 있다.

그러므로 우리는 이교도주의에 대해 미묘하게 다른 바울의 비평에 이르게 된다. 바울이 유대교적 유일신 사상을 재확인한 것이 실질적으로 유대교적 유일신 사상이 어떻게 기능하는지를 신랄하게 비평하지 않았다는 뜻이 아니듯, 바울이 이교도주의와 정면 대결한 것이 그가 자신의 사상 안에 담긴 이교적인 요소들을 단언하며 재사용할 수 없었다는 의미는 아니다. 바울은 "모든 생각을 사로잡아 그리스도에게 복종하게"(고후 10:5) 하고, 이교도 정치 지도자들에 관해서라면 하나님은 이 세상이 질서 있게 통치되길 원하신다고 확신한다(롬 13:1-7, 골 1:15-20). 양자택일은 세상이 다시 혼돈스러워지는 것을 의미하기 때문이다. 그러므로 바울이 이교도를 직면한 행위는 이원론^{dualism}을 의미하지 않는다.

우리는 서신서가 아닌, 아레오바고 강론이라고 알려진 사도행전 17장 22-31절에서 이러한 내용이 논의되는 것을 볼 수 있다. 앞 장에서 언급했듯이, 그 부분은 바울이 이교도를 직면하였을 경우에 언급했을지도 모르는 내용을 극단적으로 간결하게 보여주고 있다. 지난 세대 바울 신학자들은 대부분 이 구절들을 무시했다. 바울이 직접 언급한 것이 아니라 사도행전 기자가 한 말이기 때문이다. 그런 이유는 그나마 꽤 정당하다. 문제의 학자들은 그 연설이 주로 바울이 흥미를 가질 만하지 않은 내용을 말한다는 부적절한 이유로 간과하기도 한다. 그러나 우리가 바울 신학을 연구하기 시작한 초기, 즉 유일신 사상에 대한 유대교 교리와 기독교적 재정의에서 시작할 때, 그 연설은 바울이 한 말을 요약했다고 보는 것이 가장 이치에 맞다. 여기서 우리는 (더 깊이 탐구할 수도 있는 주제인) 바울의 재정의가 그의 신학에 안정성을 부여한다는 사실을 알 수 있다. "알지 못하는 신에게"라고 새긴 단에 대한 개념을 단언하여 활용하고(행 17:23) 이교도 시인 아라투스^Aratus가 "우리가 그의 소생이라"(17:28)라고 한 말을 인용하면서, 바울은 아테네가 세상의 경이로움이라며 보여주는 신전과 형상을("만물을 지으신 하나님께서는 …… 손으로 지은 전에 계시지 아니하시고") 일소해 버린다(17:24). 바울은 스토아학파와 에피쿠로스학파가 공통으로 내세우는 전통(신은 우리와 아주 가까이 있지만 또한 우리와는 전혀 다르다는 주장)에서 확실하게 주장되어야 할 사실을 단언할 수 있었다. 나아가 유대교 관점을 통해 참 하나님은 우주의 창조자이자 유지자일 뿐 아니라, 그가 만든 인간과 관계 맺기를 갈망한다고 주장하면서 말이다. 또한 많은 사람이 눈여겨보지 못하는 역설이긴 하지만, 그는 세상의 최고 법정을 더 높은 정의의 심판 자리로 당당하게 불러들인다. 참되신 하나님의 정의는 그분이 정하신 사람, 죽음에서 부활하신 예수를 통해 세상을 정당하게 심판할 것이다. 이 모든 연속적인 사상들은 바울이 쓴 글과 많은 부분에서 서로 맞닿아 있다. 다른 곳을 찾아볼 것도 없이, 마지막으로 언급한 부분(행 17:31)은 로마서 1장 3-4절과 2장 16절과 잘 들어맞는다. 이러한 글들이 바울 사상에 매우 충실하다는 사실은 의심할 여지가 없다. 이 지점에서 (이 장에서 다룰 수는 없지만) 우리는 바울 시기에 볼 수 있던 더 넓은 이교도 세계로 나아갈 수 있을 것이다. 또한 모든 지점마다 바울이 이스라엘의 유일하신 하나님, 즉 지금도 예수와 성령을 통하여 나타나시는 그 하나님의 이름으로, 그리고 그분의 영광을 위하여 어떻게 이교주의의 주장과 체제와 싸워 그들을 넘어서는지 효과적으로 보여줄 것이다.

이교주의와의 대결에서는 일관되게 미묘한 차이를 보이지만 바울이 유대교 성경을 해석한 새로운 관점과 함께 우리는 그가 재정의한 유일신 사상이 실제 삶과 사역에 어떤 영향을 끼쳤는지를 철저히 주목해야만 한다. 바울 공동체의 사회학을 연구한 웨인 믹스$^{Wayne\ Meeks}$는 작은 교회들이 유일신 사상을 표현한 방식에 주목한다. 이러한 핵심적인 신학 주제가 현대 바울 신학계에 다시 소개되었을 때 활발한 사회학 연구가 그 출발점이었다는 그의 주장은 유쾌한 역설이기도 하다.[17] 핵심은 자신이 처한 문화에서 숭배되던 신들을 대적하고 유일하신 참 하나님을 믿을 때, 사람들은 자연스럽게 다른 종류의 집단을 형성할 것이라는 사실이다. 또한 유일하신 하나님을 전하기 시작하면서 바울은 분명 (연역적이지 않다면 경험상) 셀이 형성되고 네트워크가 생겨날 수밖에 없다는 사실을 알았을 것이다. 바울이 살던 세계에서 이러한 조직은 의심스럽거나 순전히 체제 전복적인 단체로 여겨졌다. 바울이 재정의한 유일신 사상은 기도생활("하나님과 예수"$^{God\text{-}and\text{-}Jesus}$라는 면에서 하나님께 기도드린 사실을 주목하라), 거룩함에 대한 뜨거운 헌신(예수의 성취가 뒷받침하고 성령이 생명을 불어넣은 거룩함에 대한 유대인의 소명), 명쾌하고 활력 있는 설교를 형성하였다. 만약 진정으로 유일하신 하나님이 계시고 예수가 그분의 아들이며 이 하나님과 예수의 영이 복음의 말씀을 통하여 일하신다면, 이 하나님과 그의 "복음"을 선포하는 것은 새로운 종류의 영성이든 사후 축복을 얻는 새로운 방법이든 결코 단순하게 이것들에 대한 비밀이나 사적인 비결을 제시하는 문제일 수가 없다. 내용이 형식을 결정했으며, 믿음이 연설 방식을 형성했다. 일단 복음이 선포되고 말씀이 인간의 마음과 삶에서 기이하게 작용하기 시작하면, 동일하게 재정의된 유일신 사상은 특정한 종류의 목회적 감독을 요구하는 특정한 형태의 공동체를 형성했다. 우리는 이러한 주제 아래에서 많은 바울 서신, 그리고 그 서신 속에서 언뜻 살펴볼 수 있는, 바울이 실제로 대면하여 행한 사역을 유익하게 분석할 수 있다.

결론

분명 더 연구해야 할 영역이 아직 많이 남았다. 이 장에서 나는 적어도 바울 당시의 유대교 신학과 바울이 그것을 재정의한 방법을 자세히 논의하여, 이러한 방법으로 정리할 때 이미 잘 알려진 주제들을 새로운 일관성으로 꿰어갈 수 있는 방법을 제안하기 위해서 노력했다. 다음 장에서 우리는 하나님의 백성에 관한 교리, 즉 선택 사상을 살펴볼 것이다. 선택 사상은 바울이 칭의를 통해 의미한 바에 대해 의문을 제기할 수밖에 없을 것이다. 나는 이와 같은 기초 작업을 시작하는 것을 통해 이 중대한 교리가 인간과 인간의 운명뿐 아니라 이스라엘의 하나님이 온 세상에서, 그리고 온 세상을 위해 한 민족을 만들어가는 방법과도 관련되어 있다는 사실을 더욱 명백하게 볼 수 있기를 바란다.

Chapter 6
하나님의 백성을 새롭게 정의하다

서론

바울이 "하나님"이라는 단어의 의미를 재고한 것은 하나님의 백성이 되는 것이 무엇을 의미하는지를 재고한 것과 자연스럽게 들어맞는다. 유일하신 하나님에 대한 믿음은 단순히 지적 퍼즐을 푸는 문제가 아니다. 이것은 (필연적으로 이 유일하신 하나님이 누구신지를 인정하여) 경배하고 찬양하며 기도하는 충실한 예배의 문제이기도 하다. 하나님의 백성에 대한 믿음 역시 단순히 이론의 문제가 아니라, (필연적으로 이 백성이 누구인지를 인정하여) 믿음의 공동체를 세우고 양육하는 사도적 사역의 문제인 것이다. 그래서 나는 이 장 제목을 처음에 "하나님의 백성을 다시 생각하다"라고 하려다가 "새롭게 정의하다"rework로 결정했다. 바울에게 재정의란 무언가를 이론화하는 것이 아니라 그가 실제로 실천한 내용이기 때문이다.

앞 장과 마찬가지로 먼저 선택 사상이 1세기 유대교 안에서 무엇을 의미했는지를 간략하게 설명하려고 한다. 이 장은 대부분 "메시야와 성령"을 중심으로, 특히 칭의론에 맞추어 재정의된, 실제로는 새롭게 정의된 방법을 다룰 것이다. 우리는 이 모든 것이 신선한 성경 해석을 어떻게 근거로 삼고 있는지 살펴보려고 한다. 이 해석법은 주변 이교도에게 도전하는 것이었으며, 바울이 행한 실제 사도적 사역에도 영향을 끼쳤다.

선택 사상_ 하나님의 백성에 대한 유대교적 관점

바울 당시에 다양한 유대주의가 있었다는 것은 하나의 주문처럼 되어버렸다. 그러나 만약 복수적인 다양한 유대주의가 있다면 분명 단수적인 것, 즉 유대교의 다양성을 아우르는 한 가지 주제도 있었을 것이다. 게다가 바울이 유대교를 얼마나 잘 이해하고 표현했는지, 다르게 말하면 그가 설명하고 관계한 유대교가 그 당시 다양한 유대주의를 얼마나 포괄적으로 보여주는지에 관한 질문들도 늘 있었을 것이다. 「바울과 팔레스타인 유대교」Paul and Palestinian Judaism의 저자인 E. P. 샌더스가 제안한 것보다 율법에 대해 더 다양한 태도를 제안하는 최근 시도들은 다양성을 강조하는 데 있어서는 분명 옳다. 그러나 펠라기우스파(또는 반半펠라기우스파)나 중세에 강조되던 "행위를 통한 의로움"works-righteousness과 같은 시대착오적 시각을 다시 몰래 들여오기 위해 그러한 태도를 이용하려는 것은 분명 옳지 않다. 나는 이른바 "새 관점"과, 그것과 대립되는 관점을 암묵적으로 논쟁할 것인데, 특히 이 두 관점의 사상 구조와 세부적인 해석에 대해 다룰 것이다. 그러나 직접적인 전면전은 펼치지 않을 것이다. 내 목표는 전략적인 측면 공격이기 때문이다.[1]

이스라엘이 창조자 하나님께 선택받은 백성이라는 믿음은 구약성서와 제2성전기 문학, 그리고 실제로 우리가 고대 이스라엘과 1세기 유대주의 둘 모두의 실천적이고*praxis* 상징적인 세계로 알고 있는 모든 곳에 뚜렷하게 나타나 있다. 이스라엘이 해마다 추억해 온 거대한 이야기들은 종종 이교도 국가들에 의한 억압이나 이스라엘 내부의 부패라는 서로 반대되는 증거들에도 불구하고 선택받은 백성이라는 신분을 기념하고 강화하기 위해 형성된 것이다. 우리는 이스라엘 족장 이야기, 출애굽과 가나안 정복, 군주제와 그 문제점, 이스라엘을 다시 하나님께로 돌이키게 하려는 선지자적 전승, 이스라엘이 지닌 특별한 신분을 기념하면서 한편으로 그 소명대로 살지 못하는 것을 애통해하는 시편을 다시 반복할 필요는 없다. 그 모든 이야기에는 유일하신 창조자 하나님이 이스라엘을 그분의 특별한 백성으로 부르셨으며, 그 부르심의 한 부분으로 이스라엘에게 살아갈 땅과 순종해야 할 율법을 주셨다는 믿음이 기본으로 깔려 있다.

왜 자신이 선택되었는지 묻는 이스라엘에게 특히 신명기는 그 이유가 전적으로 하나님의 사랑 때문이라고 답한다(7:8). 그러나 이스라엘을 선택하시면서 하나님이 계획하신 목적이 무엇인지를 묻는 질문에 돌아온 궁극적인 대답은 다양했다. 해마다 그 다양한 대답들은 받아들여지는 듯하다가 별로 주목받지 못하기도 하고, 왜곡되었다가 다시 강조되기도 했다. 창세기 기자가 볼 때, 아브라함의 소명은 바벨탑 문제로 이어진 아담의 문제에 대한 하나님의 해결책이 되는 것이다. 인간의 반역은 오만과 자만을 낳았고 인간의 삶을 파괴하였다. 구약 정경은 전체적인 하나님 백성의 이야기를 악의 문제에 대한 거룩한 해결책으로 설명한다. 어찌되었든 이 백성을 통해 하나님은 전반적으로 그분이 만드신 선한 창조 세계를, 구체적으로는 그분 형상을 지닌 피조물을 악에 물들인 문제를 해결하려 하신다. 이스라엘은 하나님이 고귀하게 택하신 거룩한 제사장 국가다. 세상 속에서, 그리고 세상을 위해서 선택되었다. 이스라엘은 세상의 빛이 되어야 한다. 열방은 이스라엘을 통해 진정으로 인간이 되는 것이 무슨 뜻인지, 그로 인해 진정한 하나님이 누구인지를 볼 것이다. 이 목적을 위해 이스라엘에 토라가 주어진 것이다. 시편 기자가 147편 20절에서 호감을 주지 못하는 말투로 잘난 척하듯 언급하는 것처럼 이것이야말로 이스라엘이 다른 민족과 구별되는 점이다.

선택 사상에 관한 이러한 전반적인 신학은 정통적으로 출애굽 이야기에 나타나 있으며, 규칙적으로 반복되고 연속적으로 나타나는 수많은 암시들로 강화된다. 그 신학은 유배 사건으로 시험대에 놓이지만, 그 비극을 통해 계속 재확인되기도 한다. 선지자들은 하나님의 해결책을 전달하는 사자들 자체도 문제의 일부분이라고 선언한다. 그리고 구약 기자들은 이 문제를 다루면서, 그럼에도 야훼가 이스라엘을 **통한** 본래 목적과 이스라엘을 **위한** 부차적인 목적 모두를 이루실 것이라고 선언하는 방법들을 찾아낸다.

이 모든 것은 제2성전기에 다양한 방법을 통해 이루어졌다. 극심해져가는 이교도의 억압은 하나님께 선택된 백성이라는 이스라엘의 신분을 여러 가지로 다시 분명히 하고, 토라에 대한 순종을 지켜내고 더 발전시키기 위해 노력하며, 특히 이교도 억압자를 제거함으로써 약속의 땅을 정화하기 위한 시도를 하게 만들었다. 선택 사상은 종말론과 밀접하게 관련되어 있다. 이스라엘은 유일하신 창조자 하나님이 택한 유일한 백성이기 때문에 이 하나님이 머지않아 이스라엘을 적들에게서 자유케 하고 신원하실 것이라는 내용이 종말론의 골자다. 다른 기자들은 이 결론을 다른 방식으로 끌어냈다. 솔로몬의 시편과 같은 일부 기록물들은 메시야가 다스리는 이스라엘이 이방 민족들을 철장으로 깨뜨리시는 식으로 시편 2편이 성취되리라고 예상했다. 다른 사람들, 특히 힐렐파 전통Hillelite tradition을 따르는 몇몇 랍비들은 이스라엘에게 일어난 구속 사건이 다른 민족에게도 전해지는 모습을 마음에 그리고 있었다. 이 둘 모두 선택 사상이 자연스럽게 발전된 모습을 보여준다. 핵심은 이스라엘이 유일한 창조자 하나님께 선택된 백성이므로 하나님이 이스라엘을 위해 하려고 하신 일을(어떤 것을 상상했든) 실제로 그들에게 행하실 바로 그때, 심판이든 축복이든, 또는 둘 모두든 이방인도 그 일에 함께하게 되리라는 것이다. 선택 사상에 담긴 하나님의 목적은 어떻게 해서든 세상에서 악을 뿌리 뽑는 것, 그리고 그 일을 이스라엘을 통해 성취하시는 것이다.

간결하게 하려고 했으니 이미 너무 길어진 요약은 이쯤에서 정리하고, 이제 다음 핵심 주제로 넘어가려고 한다. 이스라엘의 하나님이 예수와 성령을 통하여 선택 교리를 재형성하신 방법을 바울이 어떻게 설명하는지 살펴보자.

예수를 중심으로 재형성된 선택 사상

이스라엘의 선택 사상을 재정의하는 순간에도 바울은 그 선택 사상을 재확인했다. "그들은 이스라엘 사람이라. 그들에게는 양자 됨과 영광과 언약들과 율법을 세우신 것과 예배와 약속들이 있고"(롬 9:4). 바울에게 이 점은 전혀 협상할 여지가 없다. 또한 이 주장이 바울 신학의 영광이자 난제인 것도 사실이다. 많은 사람이 상상해 왔듯이 만약 바울이 이스라엘의 선택 사상은 묵살되거나 폐지되었다고 하거나, 재정의하지 않은 채 정지된 상태로 남겨졌다는 신학을 정립했다면, 그 신학은 지적인 면이나 정치적인 면에서 훨씬 쉬웠을 것이다. 그러나 바울은 그렇게 하지 않았다. "이스라엘을 포함해서 모든 인간이 거짓될지라도 하나님은 그분 본래의 언약에 대해 참되시다"(롬 3:1-4). 갈라디아서와 로마서에서 보는 것과 같이 바울이 아브라함으로 거슬러 올라가는 것은 당연하다. 바울은 그저 우연히 또는 특정한 적대자들을 대적하기 위해서 그런 것이 아니다. 그 족장시대에서부터 이스라엘의 선택 사상을 진정으로 재확인하려고 한 것이다.

그러나 선택 사상 역시 재정의되었다.[2] 이에 대해서는 내가 바울의 초창기 서신으로 보고 있는 갈라디아서에 명백하게 나타나 있다. 갈라디아서는 이 주제를 매우 명백하게 묘사하고 있다.

갈라디아서 2장 11-21절에서 바울은 안디옥에 있는 베드로에게 일어난 중대한 문제를 집중적으로 다루고 있다. 바로 하나님의 백성이 된다는 것이 실제로 무엇을 의미하는가라는 문제다. 이 논쟁을 제대로 이해하려면 다음 사항을 가정해야 한다. 안디옥에 있는 기독교 공동체가 어떤 의미에서는 갱신된 이스라엘로서 살아왔다는 점, 그들이 이제는 할례 받지 않은 이방인을 그 공동체 일원으로 삼을지, 또는 무할례자와 따로 식사하는 것이 적절하다고 여기는지와 같은 문제에 직면하고 있다는 점이다. 바울은 베드로에게 "네가 유대인으로서 이방인을 따르고 유대인답게 살지 아니하면서 어찌하여 억지로 이방인을 유대인답게 살게 하려느냐?"라고 질문한다. 14절과 15절은 바울과 베드로의 이런 논쟁 뒤에 "유대인이 되는 것이 무엇을 의미하는가?"라는 질문이 숨어 있음을 암시한다. 베드로가 자신을 할례 받지 않은 신자들과 구분한 행위는, 하나님의 백성이 되고 싶다면 할례를 받아 유대 민족의 정체성을 획득해야 한다는 의미를 담고 있는 것이다. 그 뒤에 이어 이신칭의라는 바울의 교리가 최초로 등장한다. 그리고 날카롭게 외쳐대는 비난자들에도 불구하고 **하나님의 백성을 무엇이라고 재정의하는지** 분명하게 언급하고 있다. "우리는 본래 유대인이요 이방 죄인이 아니로되 사람이 의롭게 되는 것은 율법[토라]의 행위로 말미암음이 아니요 오직 예수 그리스도[메시야]를 믿음으로 말미암는 줄 알므로 우리도 그리스도[메시야] 예수를 믿나니 이는 우리가 율법[토라]의 행위로써가 아니고 그리스도[메시야]를 믿음으로써 의롭다 함을 얻으려 함이라. 율법[토라]의 행위로써는 의롭다 함을 얻을 육체가 없느니라"(갈 2:15-16).

여기에 대해서는 할 말이 많지만, 간단하게 세 가지만 언급하고자 한다. 첫째, 나는 "피스티스 크리스투"$^{pistis\ Christou}$와, 그와 비슷한 구절을 메시야에 대한 인간의 믿음$^{human\ faith\ in\ the\ Messiah}$이 아닌 **메시야의 신실함**$^{faithfulness\ of\ the\ Messiah}$으로 해석한다. 내가 이해한 대로 바꿔서 말해 보면, 이 말은 신념이나 신뢰 어느 쪽이든 예수 자신에 대한 "믿음"^{faith}이 아니라, 이스라엘을 향한 하나님의 계획에 대한 예수의 **신실함**^{faithfulness}을 뜻한다. 이 점은 곧 다시 다룰 로마서 3장과 관련하여 이전 장에서 설명했다. 둘째, 여기서 "의롭게 되다"라는 말이 어떻게 그리스도인이 되느냐가 아니라, **어떠한 사람이 하나님의 백성이 되며 그 사실을 지금 우리가 어떻게 말할 수 있느냐**를 설명한다고 본다면 본문을 더 잘 이해할 수 있다. 이것이 지금 우리가 다루는 주제다. 셋째, 여기서 "토라의 행위"는 **하나님의 백성이 되기 위해** 우리가 행해야 할 행위가 아니라, 우리가 **하나님의 백성이라는 것을 보여주기 위해** 행해야만 하는 행위라는 점이다. 시편 143편 2절이 지적하는 것처럼 어느 누구도 토라의 행위를 충족시킬 수 없으며, 다른 곳에 나와 있듯이 토라의 행위는 기껏해야 유대 민족을 확장한 가족을 만들어낼 뿐이기 때문이다. 따라서 이 행위들은 갈라디아서 3장에서 거듭 강조하는 핵심, 즉 하나님은 모든 민족을 한 가족으로 삼기 원하신다는 핵심에서 벗어나 있다.

본문 나머지 부분은 하나님의 백성을 비범하게 재정의한 내용이 메시야, 특히 그분의 죽음에서 어떤 영향을 받았는지 보여주면서 그 결과를 설명한다. 갈라디아서 2장 17절과 18절은 주어로 등장하는 "우리"(또는 "나")가 그렇게 재정의된 것을 발견할 때 어떤 일이 일어나는가라는 질문을 직시한다. 엄밀히 말해서 이것이 우리를 "죄인"으로 만드는가? 그렇지 않다. 오히려 이스라엘 주위에 토라가 세운 높은 보호벽 안으로 다시 들어간다면, 우리는 모두 토라 자체가 우리를 범법한 자라고 선언한다는 사실을 발견하게 될 것이다. 이 점은 로마서 7장과 일맥상통하는데, 갈라디아서 2장 18절에 나오는 "나"라는 존재가 그 한 장을 거의 다 채우고 있다. 이 부분은 나중에 다시 다루도록 하자. 18절에 뒤따르는 내용은 바울이 선택 사상을 메시야적인 관점에서 재정의한 것이다. 바울은 분명 개인적인 영적 경험이 아니라 메시야를 믿는 한 유대인에게 일어나는 일을 언급하는 "나"를 계속 등장시키면서, 이 "나"에게 일어난 일을 선언한다. "내가 율법[토라]으로 말미암아 율법[토라]에 대하여 죽었나니 이는 하나님에 대하여 살려 함이라"(19절). 보통 이러한 함축적인 진술은 분석할 내용이 많지만, 기본적으로는 죽음과 다가올 새로운 삶, 즉 부활 자체를 묘사한다. 이 당시에 부활은 선택 사상으로 형성된 종말론의 핵심 주제라는 점을 주목하자. 부활을 통해 새로운 정체성이 드러나며, 그 새로운 정체성은 바울이 11-16절에서 보인 태도를 뒷받침한다(갈라디아서 2장 끝부분을 읽을 때, 우리는 결코 이 점을 잊어서는 안 된다).

그래서 바울은 더 명확하게 설명한다. "내가 그리스도[메시야와 함께 십자가에 못 박혔나니 그런즉 이제는 내가 사는 것이 아니요 오직 내 안에 그리스도[메시야]께서 사시는 것이라. 이제 내가 육체 가운데 사는 것은 나를 사랑하사 나를 위하여 자기 자신을 버리신 하나님의 아들을 믿는 믿음 안에서 사는 것이라"(20절). 우리가 앞서 연구한 바울 사상의 기본 원리가 모여 그가 재정의한 선택 사상을 설명한다. 메시야는 그의 백성을 대표한다. 그래서 메시야에게 참인 것이 그 백성에게도 참이다. 그가 십자가에 못 박혔으므로 그들도 그와 함께 못 박힌 것이다(로마서 6장에서 바울은 이것을 세례와 연관 지어 설명하는데, 여기서도 유념해 두어야 한다). 그들은 이제 새로운 삶을 공유한다. 육적인 정체성, 즉 유대 민족이라는 관점에서가 아니라, 메시야 자신의 새로운 삶이라는 관점에서 정의된 삶이다. 이 새로운 삶은 모든 민족이 동등하게 나눌 수 있는 삶이다. 메시야의 사랑만이 이러한 재정의를 이뤄낼 수 있다. 신명기에서 하나님이 이스라엘을 선택하신 이유가 단지 이스라엘을 향한 야훼의 사랑 때문이듯이 말이다.

그런 다음 바울은 이것을 은혜라는 관점에서 설명한다. 만약 바울이 유대인과 이방인을 갈라놓는 벽을 다시 세운 베드로와 다른 이들을 따른다면, 그는 하나님의 은혜를 거절하는 셈이 된다. "만일 의롭게 되는 것[디카이오쉬네]이 율법[토라]으로 말미암으면 그리스도[메시야]께서 헛되이 죽으셨느니라"라는 바울의 마지막 문장이 바로 바울에 대한 "새 관점"이라는, 신학적으로 새로운 방향을 제시하는 견해의 초석이다. 문맥상 여기서 디카이오쉬네, 즉 "의롭게 되다"라는 말은 분명 **하나님의 백성이 갖게 되는 신분**을 언급한다는 사실에 주목하자. 이것은 "언약적 신분" 또는 "언약적 일원"을 의미한다.³ 바울은 이 언약적 신분이 토라에 의해서 정의된다는 사실을 인정하지 않는다. 베드로와 다른 이들의 생각대로라면, 그 신분은 여전히 토라에 의해서 정의될 것이다. 바울은 같은 그리스도인들이 한쪽 식탁에는 유대인이, 다른 쪽 식탁에는 할례 받지 않은 이방인이 앉아서 따로 식사해야 한다는 것을 거부한다. 이신칭의 교리는 갱신된 하나님 백성의 **연합**을 강조하는 주요한 교리로서 세상에 태어났기 때문이다.

이 점은 다음 장에서 자세하게 다룰 것이다. 다른 곳에서도 충분히 논의했듯이⁴ 다음 장의 주요 주제는 하나님이 둘이 아닌 하나의 가족을 가지고 있으며, 그 가족은 복음을 믿는 이들로 구성되어 있다는 사실이다. 이 가족, 즉 이제는 메시야의 백성으로 정의된 가족을 구별해 주는 증표는 토라를 소유했거나 토라를 실천하거나, 또는 그 둘 모두가 아닌 믿음이다. 바울은 갈라디아서 3장 초반부에 아브라함까지 거슬러 올라가 이 점을 논쟁하다가 23-29절에 이르러 자세히 설명한다. 믿는 자들, 즉 메시야와 합하기 위해 세례 받은 자들은 단일한 가족을 형성한다. 그들은 "메시야와 합해졌고"into the Messiah, "메시야로 옷 입었으며"put on the Messiah, "메시야의 것이고"belong to the Messiah, "메시야 안에"in the Messiah 있다. 그리고 메시야를 중심으로, 메시야에 의해 재정의된 이 단일 가족은 하나님이 아브라함에게 약속하신 바로 그 가족이다. 갈라디아서 3장 29절은 바울의 주요 목적이 무엇인지를 한 번 더 보여주는, 즉 그의 전반적인 주장을 말해 주는 결정적인 구절이다. 따라서 메시야 안에 있는 하나님의 백성은 단순히 믿지 않는 유대인을 대항하는 것이 아니라, (이보다 훨씬 더 중요하게) 더 넓은 이교도 세계를 대적한다는 점을 주목해야 할 것이다. 그러므로 우리가 앞 장에서 보았듯이 선택 사상에 대한 재정의는 아들을 보내는 분, 그리고 성령을 보내는 분(4:1-7)인 하나님 자신에 대한 재정의에 근거한다.

이제 이 서신 마지막 부분에 있는 세 구절로 넘어가 보자. 갈라디아서 6장 14-16절은 바울이 2장 11-21절에서 말한 내용으로 되돌아간다. 메시야가 십자가에 못 박히신 사건은 단순히 그분 자신과 이스라엘뿐 아니라, 온 우주에 속한 모든 것이 뒤엎어졌다는 뜻이다. "세상이 나를 대하여 십자가에 못 박히고 내가 또한 세상을 대하여 그러하니라." 바울은 하나님의 목적이라는 더 큰 지도 위에 자기 자신을 올려놓는다. 그 목적은 늘 이스라엘을 **통해** 회복될 온 창조 세계를 향해 펼쳐져 있다. "할례나 무할례가 아무것도 아니로되 오직 새로 지으심을 받은 것만이 중요하니라." 여기서부터 고린도후서 5장과 (특히) 로마서 8장은 죽 이어져 있다. 바울이 이야기하는 새로운 피조물은 각 그리스도인만 해당하는 것이 아니다. 물론 그것도 사실이지만, 그는 그리스도인이 참여자로 초청받은, 어떤 의미에서는 수혜자와 대리인 둘 모두의 자격으로 초청받은 온 우주의 갱신을 이야기하고 있는 것이다. 그리고 나서 바울은 진정한 유대 방식대로 (토라의 규례와는 대조적인) 이 규례를 행하는 자들을 축복한다. 그들에게, 더 정확히 말하자면 하나님의 이스라엘에게 평강과 긍휼이 임하기를 빈다. 이 서신의 전체적인 논쟁을 살펴볼 때, 나는 이 구절에 나온 "하나님의 이스라엘"$^{Israel\ of\ God}$이 (메시야 안에서 갱신된 하나님의 백성과 비교하여) 민족적 유대교의 부분 집합^{subset}을 나타낸다고 주장하는 자들에게 동의할 수 없다. 서신서 대부분에 걸쳐 바울은 하나님이 항상 아브라함에게 단일한 가족을 주고자 하셨으며, 이제는 메시야 안에서 그것을 성취하셨다는 사실을 설명하고 있다. 여기서 "하나님의 이스라엘"이 갱신된 가족, 즉 메시야와 그분의 백성이 아닌 다른 무언가라고 제안하는 것은 남을 설득하기 위해 자기에게 유리한 주장만 내세우는 것이다. 그러나 이러한 변론은 로마서 9-11장을 잘못 해석한 내용에 근거하고 있다. 물론 바울의 재정의는 격론을 일으킬 만하다. 바울은 그 서신을 마무리하는 최종적이면서도 중대한 핵심으로 그 부분을 남겨두었다.

선택 사상을 재정의한 주요 성경 본문 가운데 하나인 빌립보서 3장을 보자. 빌립보서 3장은 수수께끼 같은 첫 구절에 이어 몇 가지 논쟁적인 재정의로 시작한다. "개들을 삼가고 행악하는 자들을 삼가고 손할례당(katatomē, 할례^{peritomē}를 경멸적으로 일컫는 말)을 삼가라"(개역한글). 이것은 바울의 논리가 어디로 가고 있는지를 나타낸다. 바로 이스라엘을 재정의하는 것, 메시야를 중심으로 언약 백성을 급진적으로 재묘사하는 것이다. "헤메이스 가르 헤 페리토메"$^{Hēmeis\ gar\ hē\ peritomē}$. 강조 용법과 정관사에 주의한다면 우리는 이 문장을 "할례당? 그것이 바로 우리다!"[우리가 곧 할례파라라고 번

역할 수 있다. "참 할례당"the "true" circumcision이 아니라 그냥 "할례당"the circumcision이라고 말한 것에 주목하라. 그리고 "우리"는 "하나님의 성령으로 봉사하며 그리스도[메시야] 예수로 자랑하고 육체를 신뢰하지 아니하는" 자라고 설명하고 있다(빌 3:3). 앞서 살펴보았듯이, 여기서 말하는 육체란 바울이 일반적으로 "육신을 따르는" 이스라엘을 뜻할 뿐 아니라 부패할 수 있는 인류의 육체와 민족적인 이스라엘을 연결 지을 때 표현하는 방법 가운데 하나다. 여기서 바울의 비평은 선지자들과 맥을 같이 한다. 이스라엘은 세상의 죄 문제를 해결하는 방책을 전하는 사자이면서, 그 자체가 문제의 일부분이 되었다는 것이다.

이어서 바울은 짧은 자서전을 시작한다. 그는 유대인이라면 누구나 바라는 신분의 특권과 자부심을 모두 갖추고 있었다. 그중 극치는 토라에 의해 정의된 디카이오쉬네의 신분, 즉 언약적 일원이라는 신분이다(6절). 그는 단순히 토라를 소유한 사람이 아니다. 토라를 지키는 데 "아멤프토스"*amemptos*, 즉 흠이 없는 자였다. 언제나 그렇듯이, 메시야를 중심으로 재정의한 명확한 진술이 따라온다. 바울은 무엇이든지 유익하던 것을 그리스도를 위하여 다 해로 여겼다. 실로 그는 이렇게 말한다. "모든 것을 해로 여김은 내 주 그리스도[메시야] 예수를 아는 지식이 가장 고상하기 때문이라. 내가 그를 위하여 모든 것을 잃어버리고 배설물로 여김은 그리스도[메시야]를 얻고 그 안에서 발견되려 함이니 **내가 가진 의는 율법[토라]에서 난 것이 아니요 오직 그리스도[메시야]를 믿음으로 말미암은 것이니**

곧 믿음으로 하나님께로부터 난 의라. 내가 그리스도와 그 부활의 권능과 그 고난에 참여함을 알고자 하여 그의 죽으심을 본받아 어떻게 해서든지 죽은 자 가운데서 부활에 이르려 하노니"(빌 3:8-11).

이 장엄한 고백은 언약 신분을 가장 잘 나타내주고 있다. 메시야 안에서, 그리고 메시야를 통해 재정의가 일어나는데, 나는 그 메시야를 다룬 다양하고 거의 강박적일 만큼 많은 참고문헌을 강조해 왔다. 갈라디아서 2장처럼 그 문헌들은 모두 그분의 죽음과 부활에 초점을 맞추고 있다. 죽음과 부활 사건은 하나님의 백성을 토라의 영향과, 토라에 의해 정의된 의식에서 벗어나게 해주었다. 대신 메시야의 성취에 근거하여 이제는 복음을 믿는 자들에게 주어지는 새로운 언약 신분을 그들에게 선사했다. 그런데 사람들이 이 점을 자주 오해하고 있다. 그렇기 때문에 우리는 특히 바울이 9절에서 메시야 안에 있는 자들에게 주어진다고 묘사한 신분이 "하나님의 의", 그러니까 "하나님 **자신의** 의"가 아닌 "헤 에크 데우 디카이오쉬네"*hē ek theou dikaiosynē*, 바로 하나님께로부터 나온 언약적 신분이라는 사실을 주목한다. 이 구절은 로마서 10장 3절에서 말하는 "디카이오쉬네 떼우"(하나님의 의)에 상응하는 것이 아니다. 여전히 그런 의견이 있고, 이 두 구절이 분명 밀접하게 연관되어 있지만 말이다. 빌립보서 3장이 강조하는 바는 갈라디아서 2장의 그것과 다르다. 우선 빌립보서 3장은 오히려 미래를 다룬다. 과거 십자가에 못 박힌 사건에서 겪으신 메시야의 고난과, 현재 부활의 삶에서 일어난 부활의 궁극적인 소망에 참여하는 것이다. 이 둘은 공존할 수 없는 것이 아니다. 단지 강조하는 바가 다를 뿐이다. 또다시 우리는 선택 사상의 재정의가 하나님 자신의 재정의와 밀접하게 얽혀 있다는 사실에 주목한다. 이미 살펴본 대로 빌립보서 3장은 정확히 빌립보서 2장 6-11절에 근거하고 있다.

갈라디아서와 빌립보서를 배경으로 할 때, 우리는 그 배경을 채워 넣을 다른 많은 성경구절을 탐색할 수 있다. 나는 고린도전서 10장 1절에서 바울이 "우리 조상들"이 다 구름 아래에 있고 바다 가운데로 지나갔다는 사실을 가지고 이방인 교회에 설교한 그의 방법에 종종 감명 받는다. 바울은 그리스도 안에서 하나님의 가족이 된 고린도의 형제들이 그야말로 애굽에서 하나님의 능력으로 구원받은 가족, 그래서 그만큼 변화되고 확장된 가족이지만 여전히 똑같은 하나님의 백성이라는 사실을 굳이 설명하지 않아도 되었다. 고린도전서 10장 후반부에서 바울은 이 갱신된 가족을 "육신을 따라 난 이스라엘"(18절)과 대조하며, 마지막 부분인 32절에서는 교회에 "유대인에게나 헬라인에게나 하나님의 교회에나" 거치는 자가 되지 말라고 권고한다. 교회를 제3의 부류*tertium genus*로 보는 후기 생각은 분명히 바울에게서 비롯되었다. 여러 학자가 그런 가정에서 바울을 보호하려고 시도했지만, 우리 역시 흔히 하는 경고(그리고 흔히 일반적인 학문적 편견을 무신경하게 묵살하는 경향)를 따라 에베소서 2장과 3장을 살펴보려고 한다. 이 본문은 메시야의 피가 이전에 언약에서 제외된 이방인에게도 이르렀으며, 이제는 이방인도 그 언약의 온전하고 동등한 일원이라는 점을 강조한다. 이것은 새 관점을 주장하는 사람들이 에베소서 2장 11-21절을 강조해 온 반면, 예전 관점으로 되돌아가자고 하는 대부분의 사람들은 2장 1-10절을 강조하는 등 오늘날 치열하게 논쟁되는 주제 가운데 하나다. 바울이든 그의 첫 독자들 가운데 누구든 간에 분명 이 문제는 양자택일이 아니라 모두를 선택하는 것이다. 어쨌든 에베소서 2장 11절-3장 13절은 메시야를 중심으로 선택 사상을 재정의한 길고 힘 있는 주장으로 이루어져 있다. (이미 살펴보았듯이) 에베소서 1장 3-11절 처음에 나오는 베라카^{berakah}는 다시 한 번 하나님 자신에 대한 재정의에 근거하고 있다.

에베소서라는 낙타는 삼키면서 골로새서라는 하루살이를 걸러낼 필요는 없을 것이다. 골로새서 2장이 선택 사상에 대해 또 다른 놀라운 재정의를 제시하고 있기 때문이다. 바울은 "너희가 …… 할례를 받았[다]"고 말한다(11절). 메시야의 십자가 사건으로 이제 토라는 너희에게 말할 것이 전혀 없으며(14절), 갈라디아서 2장(2:20, 3:1)에서 말하듯이 "너희는 죽었다가 다시 살아난 것이다. 따라서 너희는 토라의 규례를 모두 행하여 의로움 얻기를 바라기보다는 재정의된 정체성이 의로움으로 가는 길을 선택하도록 해야만 한다"고 강변한다(2:16-23). 다른 말로 하자면 "어느 누구도 너희를 사로잡지 않게 주의하라"는 것이다(골 2:8). 바울이 "사로잡다"라는 표현에 사용한 단어인 "실라고곤"^{sylagōgōn}은 매우 드물게 쓰이는 경멸적인 말로 빌립보서 3장에 있는 단어와 비슷해 보인다. 헬라어 알파벳인 "람다"를 뒤집거나(필기체 "λ"일 때, $συλαγωγων \rightarrow συναγωγων$),

람다에 획을 하나 더 긋기만 하면(대문자 "Λ"일 때, *ΣΥΔΑΓΩΓΩΝ* → *ΣΥΝΑΓΩΓΩΝ*) "시나고곤"^{synagōgōn}이라는 단어가 된다. 다시 말하면 "어느 누구도 너를 유대교 집회로 이끌지 못하게 하라", "어느 누구도 너를 회당(시나고그^{synagogue})에 끌고 가지 못하게 하라"라는 뜻이 된다. 골로새서 2장과 3장에 나오는 선택 사상에 대한 이러한 재정의는 다시 한 번 골로새서 1장에 이미 묘사된 유일신 사상에 대한 재정의에 근거하고 있다.

그러나 메시야 사상에 맞춰 하나님의 백성을 재정의한 내용이 정점에 이른 곳은 물론 로마서다. 나는 내 주석서 두 권과 여러 논문들뿐 아니라 이 책에서도 이미 로마서를 꽤 다루었으며, 나중에도 더 다룰 기회가 있을 것이다. 그러나 지금 다룰 부분은 이 특별한 주제에 집중한 더 대대적인 조사가 필요하다. 따라서 우리는 당연히 둘째 범주인 성령을 중심으로 이루어진 재정의를 예측할 수 있다. 그렇게 해서 이 부분은 이 장 둘째 부분으로 나아가도록 돕는다.

로마서 2장을 살펴보자. 1장 18절-2장 16절에서 인간의 우상숭배와 죄를 맹렬히 비난하면서 바울은 예전 자기 자신은 물론, 회심 이전의 자신과 같은 생각을 품은 자들에게로 주의를 돌린다. 2장 17-25절은 선택 사상과 언약에 따른 특별한 신분에 대한 유대인의 주장을 검토하고 있다. 선지자들은 이스라엘의 죄 때문에 이러한 권리가 위태로워졌다고 이해했다. 이때 바울은 모든 개별적인 유대인을 일컫는 것이 아니다. 종종 추정하는 것처럼 전체로서 민족적인 이스라엘이 여전히 신성하다고 선언하는 **국가적인** 과시를 이야기하고 있는 것이다. 세상의 빛이 되는 대신 이스라엘은 이교도 민족들이 신성을 모독하게 만들었다. 토라를 과시하던 행위는 그 토라를 범함으로써 무가치해지고 효과도 없어졌다. 이스라엘 공동체 안에 존재하는 죄는 현 상태의 이스라엘이 하나님께서 이 세상을 향한 목적을 성취하시기 위해 사용할 하나님의 백성이라는 주장을 여지없이 무너뜨린다.

다음 단락은 할례 받는 것이 무엇을 의미하는지를 극적으로 재정의한다는 점에서 빌립보서 3장 2-3절에 매우 가깝다. 마음의 할례라는 주제는 예레미야와 신명기, 그 밖에 다른 본문과 같은 다양한 제2성전기 본문으로 거슬러 올라가며, 바울은 여기서 그것을 최대한 활용한다. 바울은 하나님이 무할례자일지라도 토라를 지키는 자들("할례 받는 것도 아무것도 아니요 할례 받지 아니하는 것도 아무것도 아니로되 오직 하나님의 계명을 지킬 따름이니라"라는 고린도전서 7장 19절에 필적하는 모순어법이긴 하지만)과, 할례를 받고 토라를 소유했지만 그것을 어기는 자들을 나누어 실제로 옳다 그르다 판단하실 것이라고 생각한다. 복잡한 헬라어를 명확하게 번역하기는 힘들지만 로마서 2장 28-29절이 이 본문의 핵심이다. 이 두 구절의 의미를 잘 이해하려면 언어의 유희[pun]를 알아야 한다. 이번에는 의미가 숨겨져 있다. "칭찬, 찬양"을 뜻하는 히브리어는 "예후다"[jehuda], 즉 "유다"[Judah]로, 헬라어인 "유다이오스"[Ioudaios], 즉 "쥬"[Jew], 유대인라는 이름도 당연히 "칭찬, 찬양"을 뜻할 것이다. 이것은 다음과 같은 바울의 말을 강조해 준다. "유다이오스라는 단어는 이제 전혀 다른 부류에게 기대된다. 이 단어는 더 이상 특정 민족이나 토라의 소유 여부에 따라 정의되지 않으며, '엔 토 파네로'*en tō phanerō*, 즉 '공개적'으로나 '표면적'인 것으로 구별되지도 않는다. 오히려 '호 엔 토 크립토 유다이오스'*ho en tō kryptō Ioudaios*, 즉 '이면적 유대인', 다시 말해서 이면적으로 할례 받은(마음의 할례) 유대인이 유대인이며 '할례'는 율법 조문이 아닌 영으로 이루어진다." 히브리적 사고를 지닌 바울은 그러한 자들만이 사람이 아닌 하나님에게 "칭찬"을 얻는다고 선언한다. 빌립보서 3장처럼 바울은 여기서도 "진실한 유대인"the true Jew 또는 "진정한 할례"the real circumcision라는 말을 쓰지 않고 있다는 사실을 주목하라. 우리는 직설적이고 명확한 주장과는 달리 우리 감정을 편안하게 해주고 더 쉽게 적용할 수 있는 의미를 담아줄 부가적인 단어들을 덧붙이려는 유혹에 얼마나 자주 빠져드는가?

    이때까지 로마서에서는 메시야를 언급하지 않는다. 방금 우리가 연구한 성경구절은 사실 성령을 통한 선택 사상의 재정의와 관련이 있다. 그러나 우리는 뒤이어 나오는 내용에 대한 배경으로 이 구절들을 활용할 것이다. 로마서와 바울 신학을 이해하는 데 핵심적이지만 지금까지 소홀히 취급되어온 내용으로, 바로 로마서 3장 1-9절 말씀이다. 이 말씀에는 이스라엘의 선택 사상과, 이스라엘의 불성실함으로 하나님의 선택적인 목적이 위태로워진 것, 그에 대해 하나님이 제정하신 해결책이 담겨 있다. 바울의 요점은 바로 이스라엘의 불성실함에도 하나님이 메시야 안에서 선택 사상의 목적에 여전히 신실하시다는 것이다.

이 본문의 핵심은 3장 2-3절을 잘 분별하는 것이다. 그 구절에서 볼 때, 이스라엘을 불러 신실하게 하시려 했다는 선택 사상의 핵심은 하나님이 이스라엘을 부르신 이유가 이스라엘 자신을 위한 것이 아니라 세상의 빛이 되라는 것이라는 사실이다. 이것은 사실 바울이 개정한 이야기의 일부분인 듯하다. 바울이 살던 당시, 모든 유대인이 선뜻 이스라엘이 본질적으로 어떤 더 큰 목적을 위해 존재한다고 본 것은 아닌 것 같다. 그러나 바울은 이스라엘이 하나님의 신탁을 **맡았다고** 말한다. 즉 하나님의 우주적 드라마 안에서 이스라엘은 메신저로 선택되었으며, 그 메신저의 신실한 사역을 통해 창조자는 전 세계에 그분의 능력과 사랑을 보여주려고 하셨다. "믿지 아니하였으면"이라는 질문(3절)은 이스라엘이 하나님 또는 그분의 목적을 믿는다는 측면에서 "믿음을 갖지" 않았다는 의미가 아니다. 실제로 그러했을지라도 말이다. 중요한 것은 이스라엘이 **하나님께 받은 임무에 불성실했다**는 것이다. 만약 하나님이 이스라엘을 선택하셨고 그 선택을 폐기하지 않았다고 바울이 믿었다면, 그런 식으로 생각하고 썼을 수도 있다. 나도 그 의견에 동의한다. 그 뒤에는 무슨 일이 일어날까? "사람은 다 거짓되되 오직 하나님은 참되시다." 하나님은 **이스라엘을 통해 세상을 구원하겠다**는 그분의 계획을 여전히 밀고 나가실 것이다. 비록 선택 받은 백성이 해결책을 전달하기보다는 문제에 사로잡혀 있을지라도 말이다.

그러나 하나님은 이 일을 어떻게 이루실 것인가? 보편적인 인간의 죄를 인정한다면, 하나님이 어떻게 이스라엘과 맺은 언약과, 그 언약을 통해 세상을 향한 목적에 신실할 수 있다는 말인가? 하나님은 아브라함과 그의 가족에게 하신 약속을 어떻게 지키실 것인가? (언약의 측면에서) 만약 이스라엘이 악의 문제를 고심하고 처리하는 하나님의 수단이라면, (만일 이스라엘이 불성실함을 당연하게 인정한다면) 선택 사상이라는 계획이 어떻게 진행될 수 있을 것인가? 동시에 이것은 "디카이오쉬네 떼우", 즉 하나님의 의에 관한 문제다. 단순히 보편적인 인간의 죄 문제를 말하는 것이 아니라, 로마서 3장 21-26절에 나오듯이 전형적으로 난해하지만 확실하게 계획된 선언에 담긴 바로 그 문제다. 그 다음 구절들(27-31절)에 나타나 있듯이 그 안에는 바울이 하나님의 백성이 된다는 의미를 메시야를 중심으로 한 번 더 재정의하고 있다는 사실이 담겨 있다.

메시야의 신실하심을 통해 유대인이든 이방인이든 차별 없이 모든 믿는 자에게 하나님의 언약적 신실함이 나타나게 되었다. 이것이 로마서 3장 21-26절의 요점이며, "피스티스 크리스투"*pistis Christou*를 메시야를 믿는 인간의 신뢰나 믿음보다는 하나님의 계획에 대한 메시야의 신실함(물론 이 둘은 서로 밀접하게 관련되어 있다)을 속기식으로 언급한 것이라고 주장하는 가장 중요한 근거다. 메시야의 신실성에서 핵심은 그것이 메시야의 **순종**을 언급하는 또 다른 방법이라는 것이다. 로마서 5장 12-21절과 빌립보서 2장 8절에서 봤듯이, 하나님의 언약 계획 아래 요구되는 신실함을 **함축**하는 동시에 바로 그 신실함을 나타내는 방법인 것이다. 그리고 우리가 이 신실함, 이 순종이 무엇인지 묻자마자, 빌립보서 2장과 로마서 1-8장 전체에서 그 해답을 제시한다. 바로 메시야의 희생적 죽음이다. 이것이 메시야를 중심으로 재정의한 선택 사상의 핵심이다. 로마서나 또 다른 서신서들을 다양한 각도로 살펴볼 때, 죄와 죽음에서 세상을 구원하시려는 하나님의 목적은 메시야의 죽음을 통해 마침내 성취되었다. 메시야는 우선 선택된 이스라엘을 위해서 죽임 당했다. 지금 우리가 다루는 본문에서 깊이 있게 묘사된 그의 죽음은 모든 민족을 구속할 속죄를 완성하였다. 그리하여 하나님의 신실함은 최종적으로 십자가에서 충분히 드러났다. 메시야는 부름 받은 이스라엘이 마땅히 행했어야 할 일을 세상을 위해 이루셨다. 그는 이스라엘이 소명 받아 수행했어야 하지만 하지 못한 일을 **그들을 대신하여**, 즉 온 세상을 대표하여 행하신 것이다. 하나님은 그분을 화목제물 ^{hilastērion}로 삼으셨다. 메시야의 죽음과 부활이라는 복음 메시지를 믿는 사람은 이제 누구나 "디카이오스"^{dikaios}의 신분, 즉 언약 안에서 용서받고 의로워진 신분을 부여 받는다. 이전 장에서 제안한 바와 같이 여기서도 메시야의 십자가는 바울이 개정한 하나님 백성의 선택 사상에서 중심에 놓여 있다.

이 구절(롬 3:21-26), 특히 뒤따르는 27-31절은 이신칭의 교리와, 이방인을 하나님의 백성으로 받아들이는 교리를 분리하는 것이 얼마나 불가능한지 보여준다. 이러한 시도는 바울이 온전히 공유한 더 넓은 신학을 걸러내고, 전반적인 논쟁을 단지 개인적이고 역사와 관계없으며 언약화하지 않은$^{de\text{-}covenantalized}$ 풍자로 축소시킴으로 시작될 수도 있다(최근 그 문단이 28절에서 끝난다고 가정하여 이러한 견해를 지지하려는 진지한 시도를 본 적이 있지만, 바울이 사용한 단어들, 특히 29절 서두에 사용된 연결어 "에", 즉 "또는"이라는 단어를 주의 깊게 살펴보면 29-31절이 바울이 지닌 일련의 사고에서 통합적이면서도 가장 절정을 이루는 부분임을 알 수 있다). 바울은 한 인격체는 토라의 행위와 무관하게 믿음으로 말미암아 의로워진다고 결론짓는다. 즉, 하나님의 백성에 속했다는 유일한 징표^{badge}는 믿음의 징표뿐이며, 이 징표는 유대인과 이방인 모두에게 열려 있다. 그렇지 않다면 하나님은 이방인의 하나님은 아닌, 오직 유대인의 하나님으로만 보일 것이다. 유대인에게만 주어진 율법인 토라가 의로움을 정의定義 내리는 수단이나 표준이 된다면, 그런 상황은 피할 수 없을 것이다. 한 번 더 강조하자면, 선택 사상의 재정의는 바울의 유대교적 신학, 즉 하나님은 한 분이라는 사실에서 기인한다. "그렇다. 하나님은 이방인의 하나님도 되신다. 하나님은 한 분이기 때문이다"(로마서 3장 29절을 참고하라). 그러므로 바울의 이런 선포는 우리를 곧장 로마서 4장으로 인도한다. 로마서 4장은 그 자체로 선택 사상에 대한 주요 재정의다. 여기서 바울은 창세기 15장을 설명하면서 이방인을 하나님의 백성으로 받아들이는 것이 언제나 하나님의 뜻이자 목적이었으며, 아브라함부터 현재에 이르기까지 하나님의 진정한 백성이 갖춘 특징은 창조자요 생명을 주시는 분으로 하나님을 믿는 것이라고 규정한다. 그리고 그 믿음이란 예수를 죽은 자 가운데서 살리신 하나님을 믿는 자들이 공유하는^{share} 믿음이다(4:18-25).

그렇다면 "이신칭의"는 실제로 어떻게 이루어지는가? 3장 마지막 부분에서 간단하게 서술했지만, 여기서 좀 더 자세히 설명하고자 한다. 바울은 이미 로마서 2장에서 온 삶을 기반으로 하는, 하나님 백성의 최종적인 칭의를 언급한다. 하나님 백성의 최종적인 칭의는 하나님이 메시야로 말미암아 모든 사람의 은밀한 것을 심판하시는 그 날, 즉 종말에 이루어질 것이다. 바울이 3장 26절에서 주장하듯이 **이신**칭의의 핵심은 그것이 마지막 날$^{\text{the last day}}$이 아니라, "이때에"$^{\text{in the present time}}$ 일어난다는 것이다. 지금은 "이제 누가 하나님의 백성이 되는가?", "우리는 그것을 어떻게 말할 것인가?"라는 질문을 다루어야 한다. 그 해답은 이러하다. 복음을 믿는 모든 자가 하나님의 백성이 된다. 그것만이 우리가 말할 수 있는 유일한 방법이다. 그들의 부모가 누구인지, 그들이 토라나 다른 도덕 법규를 얼마나 잘 준수했는지, 할례를 받았는지 안 받았는지 같은 조건은 전혀 상관없다. **바울에게 칭의는 선택 사상의 부분집합**$^{\text{a subset}}$, 즉 하나님 백성이라는 바울 교리에 속한다.

물론 이 사상이 하나님의 사랑과 은혜로 말미암아 죄와 사망에서 구원받은 죄인들과 아무 상관이 없다는 뜻은 **아니다.** 그런 식으로 결론을 밀어붙이려는 시도가 많지만 말이다. 선택 사상의 주요 핵심은 언제나 인간은 죄를 짓고 세상은 타락하여 혼돈 가운데로 빠져들고 있지만 그런 인간과 세상을 위해 하나님이 구원을 계획하고 준비하셨다는 것이다. 그것이 바로 하나님의 언약이 세운 계획이며, "언약에 속한다는 것"이 무엇보다 "용서받은 죄인"을 의미하는 이유다. 여기서 중요한 관점은 "칭의"라는 **용어** 자체가 어떤 사람이 은혜로 말미암아 불신앙과 우상숭배, 죄에서부터 믿음과 진정한 예배, 새로워진 삶으로 이끌어지는 과정이나 사건을 의미하지는 않는다는 점이다. 그런 관점을 설명하기 위해서 바울은 명약관화하게 다른 단어를 사용한다. 바로 "부르심"^{call}이다. 수세기 동안 그리스도인이 오용했음에도 바울은 "칭의"라는 단어를 "부르심" 이후 즉각 일어나는 것을 나타내는 개념으로 사용하였다. "부르신 그들을 또한 의롭다 하시고"(롬 8:30). 다른 말로 하면, 복음을 듣고 믿음으로 복음에 반응하는 자는 **바로 그때** 하나님에 의해 하나님의 백성, 하나님께 선택받은 자, "할례자", "유대인", "하나님의 이스라엘"로 선포된다는 것이다. 그들은 "언약 안에 있는 자", "디카이오스"^{dikaios}, 즉 "의로운" 자라는 신분을 얻는 것이다.

그러나 "부르심"이라는 단어 자체는 물론, "칭의"란 "내가 어떻게 구원받았는가"가 아니라 "내가 어떻게 하나님의 백성으로 선포되는가"라는 문제와 관련되었다는 사실 모두는 늘 언약에 관한 더 광범위한 목적에 주의해야 한다. 실제로 가톨릭과 개신교 모두 서양 신학에서 종종 그랬듯이, 이 사실을 잊는다는 것은 바울이 동포들을 꾸짖은 일과 다르지 않은 실수를 저지르는 것이다. 언약에서 중요한 핵심은 온 세상을 구원할 목적으로 죄와 우상숭배를 다룬다는 점이다. 로마서 5-8장을 읽어보면, 세상의 구원이라는 주제가 바울의 주요 논점이라는 사실을 의심할 수 없다. 그러므로 복음을 통해 우상숭배와 죄에서 돌아서서 참되고 살아 계신 하나님을 경배하도록 부름 받은 자들의 핵심은 그들이 구원받을 수 있으며 그들의 구원과 그들이 형성한 새로운 공동체를 통해 온 세상을 구원하려는 하나님의 목적이 진일보될 수 있다는 것이다. 그러므로 로마서 5장 17절에서 바울은 "생명 안에서 왕 노릇 하는" 의로운 자를 이야기한다. 바울의 의도는 그들이 단순히 재앙에서 구원되어야 한다는 것이 아니라, 그들을 통하여 하나님이 그분의 새로운 피조물을 다스리리라는 사실이다. 그리고 이것이 유대인과 이방인이 함께 한 가족이 되는 것이 칭의에서 그토록 중심적인 주제가 되는 이유이기도 하다. 어떤 이들이 "새 관점"을 조롱하면서 하는 말처럼, 그것은 할례 사상을 좋아하지 않을 수도 있는 이방 개종자에게 단순히 더 편안한 삶을 제공하기 위한 것이 아니다. 에베소서 3장에서 탁월하게 보여주듯이, 살아 계신 하나님은 유대인과 이방인 가족이라는 새로운 피조물을 통해 통치자들과 권세 잡은 자들에게 그들의 시대가 이미 끝났다고 선언할 뿐 아니라, 새로운 피조물에 대한 전체 계획의 시작을 선포하실 것이다. 메시야를 중심으로 선택 사상을 재고한^{rethinking} 작업과, 이러한 공동체를 일으키고 유지하기 위해 사도적 노력을 기울여 선택 사상을 개정하는^{reworking} 작업은 수세기 동안 대안적인 체계들이 억지로 분리시켜놓은 바울 사상의 요소들을 함께 결합시켜준다.

이제 선택 사상의 재정의에서 가장 중요한 구절을 잠시 제쳐두고, 이 장의 둘째 주요 부분인 성령을 중심으로 한 선택 사상의 재정의로 넘어가보자.

성령을 중심으로 다시 정의한 선택 사상

우리는 바울이 로마서 2장 25-29절에서 "율법 조문이 아닌 영으로" 선택 사상을 재정의했음을 강하게 암시한다는 사실을 이미 살펴보았다. 5장에서 살펴보았듯이, 이것은 특히 로마서 8장에 충분히 논의되어 있다. 로마서 8장에서 바울은 갱신된 백성을 광야의 여정을 통해 약속된 땅으로 인도하는 분, 달리 표현하면 갱신된 백성이 몸의 행실을 죽여서 토라가 주고자 했으나 줄 수 없던, 진정한 인간 존재로 살도록 하시는 분이 바로 성령이라고 말한다. 물론 이것은 갈라디아서 5장의 핵심 주제이기도 하다. 그러나 로마서 2장과 빌립보서 3장을 벗어나보면, 우리는 성령으로 말미암는 선택 사상에 대한 재정의를 자세히 설명하고 있는 장엄한 구절, 바로 고린도후서 3장을 볼 수 있다.

바울이 다루는 문제의 핵심에서 서로 대조되는 것이 율법 자체와 복음, 또는 모세와 예수가 아니라, 모세의 **청중**과 예수를 믿는 자들이라는 점을 자주 상기한다면, 이 구절이 해석자에게 안겨주는 문제점이 해결될 것이다. 바울은 마음이 강퍅하고 어두워진 자들에게 토라가 주어졌다고 말한다. 그 결과, 그들은 모세의 얼굴에 계시된 하나님의 영광을 볼 수 없었다. 그러나 주의 영이 계신 곳에서는 사도와 그의 회중이 서로 얼굴을 맞대고 볼 수 있으며, 그곳에 계시된 영광을 바라볼 수 있고, 그와 같은 형상으로 변화하여 영광에서 영광에 이른다고 말한다. 이 모든 것은 바울 서신 가운데 가장 명백한 "새 언약" 구절(고후 3:1-6)에 근거하고 있다. 이 구절은 로마서 2장 25-29절과 잠시 뒤 설명할 7장 4-6절 모두와 매우 밀접하게 관련되어 있다.

"그가 또한 우리를 새 언약의 일꾼 되기에 만족하게 하셨으니 율법 조문으로 하지 아니하고 오직 영으로 함이니 율법 조문은 죽이는 것이요 영은 살리는 것이니라"(고후 3:6). 고린도후서 3장에서 6장 중반까지 전체적인 주요 주제는 바울의 사도적 직임을 설명하고, 그 사역이 더 명백하게 영광스럽고 장엄하길 바라던 자들의 비난에 맞서 자신의 사역 방식과 내용을 변론하는 것이다. 그러나 이 주제는 고린도 교인들이 바울의 사역을 용납할 수 있어야 한다는 점도 담고 있다. 바로 그들도 바울의 복음 선포를 통해 그들 마음 가운데 역사하시는 성령을 소유했기 때문이다(3절). 그러므로 그들은 하나님이 주신 언약 갱신의 수혜자이자 일원이다. 여기서 바울은 몇몇 다른 곳에서 암시한 성경의 두 부분, 즉 에스겔 36장과 예레미야 31장을 인용한다. 정죄함과 사망이 하나님의 신원과 공의로 대체되고 있는 곳에 새로운 하나님의 경륜이 나타났다. 이제 이 신원과 공의는 성령으로 새로워진 자들에게도 일어날 것이다.

이 구절은 우리를 로마서 7장으로 인도한다. 언약 갱신을 노골적으로 언급하지는 않지만 로마서 7장 역시 동일한 주제를 담고 있는 것이 분명하다. 갈라디아서 2장과 고린도후서 3장에 나온 주제들을 이 본문에서도 찾을 수 있기 때문이다. "너희도 그리스도[메시야]의 몸으로 말미암아 율법에 대하여 죽임을 당하였으니 이는 다른 이 곧 죽은 자 가운데서 살아나신 이에게 가서 …… 이러므로 우리가 영의 새로운 것으로 섬길 것이요 율법 조문의 묵은 것으로 아니할지니라"(롬 7:4-6). 이 내용은 로마서 8장 5-8절에서도 발견된다. 바울은 다시 하나님의 백성을 "그리스도[메시야] 예수 안에 있는 생명의 성령의 법"으로 재정의된 존재로 이야기하는 언약 갱신을 풍부하게 함축한 언어를 사용한다.

성령을 중심으로 다시 정의한 선택 사상이라는 범주는 고린도전서와 다른 본문에서 이야기한 긴밀하게 연결된 두 가지 주제, 즉 갱신된 성전과 메시야의 몸을 다룬다. 이제 하나님이 성령으로 말미암아 거주하시는 새로운 성전을 이야기하는 고린도전서 3장과 6장의 몇몇 구절은 그분의 백성 안에 계시고 그분의 백성과 함께하시는 이스라엘의 하나님의 임재를 이야기한다. 이제야말로 그분의 백성은 다양한 배경에서 온 사람들로 구성된다. 고린도전서 12장에 묘사된 메시야의 몸은 단순히 다양성과 일치를 손쉽게 설명하기 위한 것이 아니라, 이스라엘이 그렇게 되도록 부름 받았지만 실패한, 더 정확히 말하면 하나님의 새로운 인류로 새로워진 백성을 강력하게 진술하기 위한 것이다.

성령으로 새로워진 하나님의 백성이라는 바울 신학을 구별해 주는 가장 중요한 주제는 거룩함으로의 새로운 부르심이다. 이 거룩함은 토라에 의해 정의된 것이 아니다. 그러나 바울이 많은 곳에서 언급했듯이, 나보다 탁월한 학자들이 이미 많이 연구한 방식처럼 그 역시 개략적인 안내를 위해 토라에 의지할 수 있다.[5] 선지자들이 늘 바랐듯이 이 거룩은 마음에서 나오는 거룩이며, 살아 계신 하나님이 진정 어떤 분인지 이교도 민족에게 보여주는 거룩이다. 다른 말로 하면 단순히 "이제 당신은 구원받았다. 그러니 이렇게 행하라"라는 문제가 아니다. 성령을 통하여 새로워진 하나님의 백성이 되는 이스라엘에게 하나님이 뜻하신 것으로 보이는 진정한 인간 됨의 문제다. 이것은 자기 몸을 제물로 드리고 마음을 새롭게 함으로 변화를 받으라고 호소하는 로마서 12장 초반에 잘 요약되어 있다. 이를 통해 많은 사람이 그리스도 안에서 한 몸이 되어 서로 지체가 된다. 사실 여기서 우리가 안고 있는 문제는 로마서 1장 18-32절에 간단히 설명된 명백한 실패의 원인과 인간성의 쇠퇴와 부패라는 반전이다. 다시 말해, 메시야 안에서 성령으로 변화된 자들은 이스라엘이 부름 받은 모습처럼 되어야 한다. 바울이 성령에 의한 선택 사상을 어떻게 재구성했는지에 대해서는 할 말이 많지만, 우리가 가야 할 방향은 아니므로 넘어가도록 하자.

성경에 따라 재정의된 선택 사상

나는 지금까지 바울 서신 어디에서나 꽤 지속적으로 다루고 있는 논점을 남겨두었다. 이 장에서도 매우 늦게 다루는 것 같다. 바로 이스라엘의 문제를 다루는 그의 논의가 담긴 로마서 9-11장이다.

이 문제를 다루면서 주목할 만한 많은 사실 가운데 가장 놀라운 것은 메시야가 거의 언급되지 않는다는 사실과(9:5, 10:4-13), 마음에 그치지 않는 고통이 있는 것을 성령 안에서 그와 더불어 증언하는 양심에 대해 말한 서두 이후에는 성령도 전혀 언급하지 않는 바울의 방식이다. 어떤 이들은 그 이유가 바울이 메시야와 성령을 떠난 불신앙적인 이스라엘이 나아갈 길을 확신할 만한 방법을 찾고 있기 때문이라고 제안한다.[6] 나는 이 의견에 동의할 수 없다. 로마서 10장 4-13절로 간단하게 반증할 수 있는데, 그 주제는 이미 이전 장에서 설명했으며 핵심적인 자리를 차지하고 있다. 분명한 사실은 10장에서 바울이 예수와 관련된 다양한 사건은 신명기 30장에 있는 언약의 성취라는 점과, 그 구절에서 말하는 언약의 갱신(물론 포로 생활에서의 귀환을 포함)에 속하길 바라는 자는 메시야를 믿어야 한다는 점을 믿고 있다는 것이다. 로마서 10장 13절에서 바울이 인용한 요엘서 말씀은 (적어도 그러한 바울의 공명을 해석할 수 있는 자들에게는) 성령의 신학이 이 본문에도 강하게 내포되어 있다는 것을 나타낸다. 다시 말해 이 부분에서 바울은 로마서 초반에 언급한 주제들을 다시 끌어오고 있는 것이다. 이 부분이 명백하게 침묵하는 것은 바울의 전략이라고 생각한다. 바울은 성경 자체에 구현된 원칙에서 로마 교회가 이 모든 것을 생각할 수 있기를 원한 것이다.

사실 로마서 9-11장은 성경의 내러티브를 상당 부분 재구성하여 말해 주고 있다. 솔로몬의 지혜서 후반부나 이와 비슷한 제2성전기 내러티브 부분에서 이야기를 뛰어나게 재구성한 것과 같다. 로마서 9장 6-29절에 나타난 핵심은 이스라엘에게 일어난 모든 일을 하나님이 의도하셨다는 것이다. 이스라엘의 족장과 출애굽, 선지자

시대 이야기를 통해 자신의 신학적 방식을 정리하는 바울에게 하나님이 결코 이스라엘을 그냥 내버려두려고 하지 않으셨다는 점은 분명하다. 하나님은 아브라함과 그의 가족을 부르셔서 그분의 해결책을 담지한 가족이 되기를 원하신 것처럼 보인다. 아브라함과 그의 가족도 "아담 안에" 있기 때문에 그들 스스로도 문제에 얽매여 있다는 점, 그래서 그들이 이루어갈 역사의 모습 역시 그들이 해결책을 전하는 자이면서도 문제를 공유하고 있다는 사실을 증명해야 한다는 점을 아시면서도 말이다. 이러한 생각의 흐름은 10장 초반부에서 절정에 이른다. 3장 21절처럼 10장에서는 메시야가 직접 하나님의 언약 계획이 줄곧 무엇이었는지를 계시한다. 그러나 10장의 논점은 14-18절에 있는 바울의 선교 정책에 대한 주장에도 영향을 끼치는데, 그 때문에 바울은 수수께끼에 빠진다. 이미 약속하셨듯이 하나님이 이방인도 언약적 특권을 누리도록 하셔서 이스라엘을 시기하게 만드셨다면, 이제 "육신을 따르는 이스라엘"에게 무슨 일이 일어나겠는가?

물론 오늘날, 많은 사람이 석의적 논쟁을 일으키려고 시도해왔다. 예를 들면 내가 앞서 설명했듯이 바울은 언약에 대한 갱신, 즉 선택 사상에 대한 재고를 설명할 때에도, 로마서 11장 25-26절에서는 지극히 다른 논점을 제시하고 있다는 식이다. 바로 하나님이 유대인을 위해, 유대인만을 위해 여전히 특별한 구원의 길을 남겨두었다는 것이다. 실제로 그러한 논쟁을 벌이지 않는 이유는 오늘날 이설로 여겨지는 "대체주의"로 비난당할 위험이 있기 때문이다. 그러한 단순한 언급은 냉철한 석의학자들을 비천한 변명과 성급한 철회로 몰아넣기에 충분하다. 정말로 바울이 메시야와 성령을 중심으로 선택 사상을 재정의할 때, 재정의의 두 극점pole인 메시야와 성령을 거절하면서 본래 선택 사상을 고집하는 이들에게 전혀 여지를 남겨두지 않았을까? 불신앙에도 이스라엘은 여전히 "조상들로 말미암아 사랑을 입은 자"(28절)라는 것이 11장 전체에서 바울이 주장하는 사상이 아니던가?

그렇다. 그러나 이것이 수정주의적 논쟁이 의도하는 바를 뜻하지는 않는다. 내가 다른 곳들에서 상당히 자세하게 논의했듯이, 바울이 그 당시 불신앙적인 유대인에게 제안한 약속은 현재 있는 그대로를 받아들일 만하다는 뜻이 아니라, 그들이 그들 자신의 가족, 복음 안에서 새로워진 그 가족 안으로 **돌아가지 못하는 이유가 민족적 혈통 때문은 아니라는 것**이다. 이제는 오직 믿음이 징표이기 때문에 그들이 분리되었다. 현재 그들은 "불신앙 상태"에 있는 것이다. 사실 로마서 10장 1-13절은 여전히 11장으로 나아가는 논쟁의 주요 원동력이다. 이 두 본문을 잇는 다양한 연결고리들은(종종 충분히 언급되지 않지만) 특히 "온 이스라엘이 구원을 받으리라"(11:26)라고 말할 때 바울이 의식적으로 "누구든지 주의 이름을 부르는 자는 구원을 받으리라"(10:13)라는 구절을 반영하고 있다는 사실을 보여준다. 10장 13절은 당시 불신앙적인 유대인의 구원을 다룬 10장 1절 질문에 대한 대답이다. 바울이 11장 23절에서 말했듯이 "그들도 믿지 아니하는 데 머무르지 아니하면" 하나님의 가족으로 접붙여질 수 있다. 만약 실제로 사람들이 그의 특징으로 여기는 관점을 바울이 지녔다면, 11장 23절을 쓸 수 없었을 것이다.[7]

바울의 논점은 이 시대의 서구적 상황을 목표한 것이 아니다. 기독교 교회의 많은 부분이 연루되었음을 보여주면서, 유럽 교회는 수세기에 걸쳐 끔찍하리만큼 반유대주의를 주창했고 결국에는 폭력이 난무하는 지경까지 이르렀다. 그의 논점은 로마 교회에 존재할지도 모른다고 의심한 최초의 마르시온주의를 향한 것이다. 마르시온주의는 대체주의라고 불릴 만한 사고방식으로, 이들은 하나님이 언약과 특권을 유대인에게서 이방인에게로 옮기셨기 때문에, 이제는 예전 이방인이 그런 것처럼 유대인이 특권을 잃어버리고 제외되었다고 믿는다(그다지 평이 좋지 않던 이 유대인들이 네로의 즉위로 다시 돌아오도록 허락받은 50년대 중후반, 이 사상은 로마에서 쉽게 받아들여졌다). 이 논쟁은 각 종교가 서로 거의 비슷하다는 생각, 즉 유대교와 기독교 둘 다 유일하신 하나님을 믿는다는 점에서 아주 비슷하지만 서로 상관치 않고 각자의 길로 가는 법을 배워야 한다는 개념과는 아무 상관이 없다. 이 개념은 주로 18세기 유럽의 계몽주의 사상에 속하기 때문에 바울과 그의 동시대인은 이해하지 못했을 것이다. 역설적이게도 바울에게 이 개념은 궁극적으로 반유대교적인 형태로 보였을 것이다. 이 개념은 유대인이 그들의 메시야를 무시하고, 그들의 언약 갱신을 회피하며, "디카이오쉬네 떼우", 즉 창조자 하나님이 이스라엘의 역사 가운데 의롭게 행하신 일에 무지하도록 부추기기 때문이다.

메시야와 성령을 그리 많이 언급하지 않지만, 오히려 로마서 9-11장은 전체적으로 살펴볼 때 바울이 다른 서신서에서 메시야와 성령이라는 용어를 사용하여 매우 명확하게 설명한 패턴을 따라 **이루어져 있다.** 마치 갈라디아서 2장 11-21절과 앞서 살펴본 비슷한 성경구절에 표현된 사상이 깊게 스며들어 있는 것처럼 보인다. 로마서 9장 5절에서 언급한 바와 같이 바울은 "육신으로 하면 메시야가 이스라엘에게서 나셨으니 그는 '만물 위에 계셔서 세세에 찬양을 받으실' 하나님"이라는 것이 의미하는 바를 깊이 고심했다. 다시 말해 9-11장에서 설명하는 내용은 메시야에 맞춘 이스라엘의 역사 패턴이며, 성령을 중심으로 그 역사를 관통하여 언약 갱신으로 인도되는 길이기도 하다. 11장 11-15절에서 보듯이, 이스라엘 자체는 세상의 화목을 위해 "버림받았고", 그 때문에 "죽은 자 가운데서 살아나는 것"(11:15)이라는 의미에서 "다시 받아들여질" 수 있으며 그렇게 될 것이다. 바울은 로마서 초반부에서 이야기한 메시야적 패턴에 따라 이스라엘 이야기를 이렇게 재구성한다. 이 전체적인 그림을 한 발짝 떨어져서 바라볼 때, 우리 마음속에 떠오르는 것은 메시야와 성령의 상대적인 부재가 아니다. 바로 하나님이 아브라함과 맺은 언약의 성취로서, 메시야가 십자가에 못 박혔다가 부활하여 다시 사신다는 것이 의미하는 바를 역사 안에 이룬 완성으로서 전체적인 이스라엘 이야기가 우리 앞에 놓여 있다는 사실이다.

결론

이 장에 있는 각 요소들, 그중에서도 특별히 마지막에 다룬 요소는 바울이 유대교적인 선택 사상 교리를 다시 정의한 작업을 다양한 방법으로 강조한다. 이 작업은 필연적으로 바울이 성경을 새로운 눈으로 읽고 해석하게 했다. 이런 그의 성경 해석은 당대에 사용되어온 다른 성경 해석 방법과 은연중에 소통하기도 하고, 그런 방법과 약간 다른 관점을 취하기도 한다. 마지막으로 서로 다르지만 변함없는 두 주제를 간단히 살펴보려고 한다. 이 주제들은 세 가지 핵심 유대 교리를 개정한 바울의 작업을 통해 나눌 수 있다.

우리가 예상하듯이 선택 사상을 다시 정의한 바울의 작업은 이교도 신앙과 비교되는 그의 견해를 더 확고하게 해준다. 그것은 유대교 신앙을 포기한 것이 아니라 재정의한 것이기 때문이다. 물론 이런 견해는 바울이라는 인물을 유대교적 족쇄를 끊고 새로운 비유대적 종교로 기독교를 일으킨 종교적 영웅으로 칭송하는 바울학파의 전체적 흐름에 찬물을 끼얹는 반직관주의다. 사실 바울은 "대체주의"를 대표하는 이러한 바울학파의 개념을 몹시 불쾌하게 여겼을 것이다. 오히려 바울이 복음을 선포한 곳에서 생겨난 공동체는 스스로를 아브라함, 출애굽 사건, 율법(진정한 성취라는 차원에서), 선지자를 되돌아보는 자로 여겼다. 그리고 그러한 관점에서 자신을 흑암의 세상 가운데 살아가는 빛의 자녀로 구별하였다(롬 13:12-14, 빌 2:12-16, 엡 5:11-14, 살전 5:4-6). 구약 세계에서처럼 바울의 세계에서도 이교도주의를 나타내는 주된 상징이 이교도 제국의 힘이라는 점에서 우리는 다시 4장에서 언급한 내용으로 돌아가게 된다. 즉 교회를 통해, 특히 모든 민족에서 단일 민족으로 다시 정의된 선택 사상을 통해, 하나님의 탁월한 지혜가 천상에 있는 정사와 권세 잡은 자들에게 알려진다는 내용이다.

바로 여기서 우리는 바울이 실제로 지금까지 연구해 온 새롭게 정의된 선택 사상을 어떻게 구체화하는지 볼 수 있다. 이 개정 작업이 바울의 전반적인 사역을 형성하였다. 그는 끊임없이 노력하여 메시야와 주이신 예수께 충성하는 유대인과 이방인의 공동체^{cells}를 탄생시키고 유지시켰다. 그뿐 아니라 그 공동체 구성원들이 황제의 눈앞에서든 (로마) 제국의 다른 중요한 도시에서든 성령의 능력으로 살아가는 그리스도인이 되도록 최선을 다하였다. 이러한 사실을 볼 때 우리는 바울이 교회론뿐 아니라 정치적인 면에서도 오늘날 우리에게 촉구하는 의제가 무엇인지 궁금해진다. 이 궁금증에 대해서는 마지막 장에서 간단히 다룰 것이다. 지금 우리에게 당면한 과제는 바울이 재고한 하나님과 그가 개정한 하나님의 백성을 함께 묶어, 그것들이 바울의 유대교적 신학에 있는 핵심적인 셋째 요소를 어떻게 만들어내고 유지하는지를 보여주는 것이다. 그 셋째 요소는 바로 새롭게 그려보는 하나님의 미래, 종말론이다.

Chapter 7
종말론을 다시 그리다

서론

우리는 이제 바울이 전통적인 유대 신학을 다시 생각하고 다시 정의하는 셋째 주제에 이르렀다. 6장에서 그랬듯이 주제를 더 적절하게 표현하기 위해 원래 제목인 "다시 생각하다"를 "다시 그리다"reimaging로 바꾸었다. 그 이유는 이해하기 힘들어하는 개종자들에게 기독교 소망을 가르치는 바울의 임무에는 바로 그들의 상상력을 교육하여 그들로 하여금 눈을 들어 그들이 이전에 품고 있던 세계관의 좁은 지평 너머를 보게 하는 것도 포함되기 때문이다.

  이전 두 장에서 설명했듯이, 바울 당시 유대 사상에는 대부분 두 주요 주제(유일신 사상, 선택 사상)에서 셋째 주제(종말론)로 흐르는 명백한 암류暗流가 존재했다. 만약 유일한 하나님이 계시다면, 그리고 그 하나님이 이스라엘의 하나님이라면, 그분은 세상과 이스라엘의 현재 상태를 인정하면서 미래에도 모든 것을 바로잡으셔야 할 것이다. 만약 하나님이 그렇게 하지 않으신다면, 창조와 언약, 유일신 사상과 선택 사상 자체가 의심스러워질 것이다. 하나님의 미래에 대한 문제인 종말론은 하나님이 세상을 위해 준비하신 미래일 뿐 아니라 (감히 우리가 다른 방법으로 표현할 수 있다면, 내 생각에 많은 유대인 사상가가 표현했듯이) 하나님 자신의 미래에 대한 문제로, 누구에게나 열려 있는 개념이다. 뿌리는 19세기에 있으나 정작 20세기에 등장한 "신의 죽음 신학"death-of-God theology이 이와 관련하여 중요한 의미를 지닐 것이다. 이 신학은 바로 하나님이 세상에 대하여 아무것도 할 수 없을 뿐 아니라 하나님의 존재 자체도 의심될 만큼 모든 것이 타락한 세상에서 신은 죽었다고 말한다. 이러한 신학에 반영된 생각이 단순히 1세기로 돌아가려는 이 시대의 포스트모던적인 고뇌를 투영하고 있지는 않은 것 같다. 위대한 바울 서신은 하나님의 공의를 설명할 뿐 아니라 그것을 신원한다. 그리고 일단 메시야와 성령을 중심으로 유대교적 종말 교리를 다시 상상한다면, 우리는 하나님이 세상을 위해 세우신 미래뿐 아니라 그분의 미래도 살짝 엿볼 수 있다고 설명한다.

그러나 하나님의 종말론은 이러한 논점을 넘어서는 것이다. 앞서 한 방식대로 하나씩 살펴보자. 먼저 우리는 1세기 유대교 종말론을 간결하면서도 필요하다면 과감하게 요약해야 한다. 그러므로 나는 중요한 석의적 사례와 논점을 통하여 바울이 메시야와 성령을 중심으로 이 종말론을 재정의한 방법을 보여줄 것이다. 그러면서 바울이 유대 성경을 재해석한 내용에 근거한 이 재정의가 바울 시대의 다른 유대인들과는 다른 주장을 펼친 방식에 주목할 것이다.

이 방식은 마치 성경 시대 초반부터 오늘날까지 나타난 모든 유대교적 종말론과 같으며, 바울이 제기한 주장은 이교적 세상을 거스르는 것이다. 그 방식들은 바울의 삶의 정황*praxis* 가운데에서 이루어진 것이기도 하다.

1세기 유대교 종말론

유대교 종말론이 이교도주의에 대항한 방법은 제2이사야서(이사야 40-55장)와 다니엘서와 같은 책들을 잠시만 살펴보아도 쉽게 알 수 있다. 이스라엘의 하나님은 유일하신 하나님이며, 그분은 미래에 이교도 우상과 그 숭배자들을 물리치실 수 있을 뿐 아니라 그 일에 헌신된 분이기도 하다. 그 일을 행하실 때 물론 하나님은 새로운 창조를 이루실 것이다. 잣나무는 가시나무를 대신하여 나며 화석류는 찔레를 대신하여 날 것이다. 다르게 말하자면 땅을 재창조하기 위해 하나님 말씀이 하늘로부터 임할 때, 창세기 3장은 뒤바뀔 것이다(사 55:13). 인자 같은 이가 모든 짐승에게 찬미받을 것이다. 다시 말해 신실한 이스라엘을 통해 온 세상에 하나님의 주권이 세워지면서 창세기 2장이 우주적이고 세계적인 규모로 실현될 것이다(단 7장).

이러한 그림 안에서 우리는 제2성전기에 종종 자유롭게 재인용되던 성경구절들, 즉 선지서와 시편의 주요 성경구절 수십 개를 살펴볼 수 있다. 하나님은 이스라엘과 자주 불화하였는데, 결국 가장 중요한 것은 이스라엘이 사악한 이교 세계, 그리고 그 뒤에 숨은 어두운 세력과 함께했다는 것이다. 그 때문에 그분은 주로 근심하셨다. 예레미야는 이스라엘의 악함과 그에 대한 하나님의 심판을 많이 다루지만, 이미 살펴보았듯이 그 책 마지막에 이르면 가장 크게 정죄당하는 것은 바벨론이다. 창조자이자 언약의 하나님인 야훼가 온 세상을 심판할 야훼의 날이 올 것이다.

물론 몇몇 선지자는 하나님의 심판을 다른 관점으로 바라보았다. 초기 선지자 가운데 한 명인 아모스는 이스라엘이 일반적인 반이교적 종말론을 자세히 해설한다는 관점에서 기존의 야훼의 날이라는 주제를 다룬 뒤, 그 주제를 다시 이스라엘에 적용하였다. "너희가 어찌하여 여호와[야훼]의 날을 사모하느냐? 그날은 어둠이요 빛이 아니라"(암 5:18). 그날에는 이스라엘을 포함해서 모든 민족이 주목받을 것이며, 그때에 이스라엘은 변호라는 특혜를 누리는 것이 아니라 비난을 받을 것이다. 이른바 포로기 이후 선지자들은 이스라엘이 구속된 것 같으면서도, 전혀 구속받지 못한 것 같다는 모순을 지닌 채 살아간다. 이스라엘은 고국으로 돌아오지만 야훼는 아직 성전으로 돌아오시지 않았기 때문이다. 제사장과 이스라엘 백성 모두의 부패를 바라보는 말라기 선지자는 하나님이 갑자기 무시무시한 힘과 능력으로 임하실 것이라고 선포한다(말 3:1-4). 이 모든 일이 일어났다고 인정한다면, 이제 야훼의 새로운 세상으로 나아가는 유일한 길은 그분이 하늘과 땅, 바다와 육지를 뒤흔드는 것뿐이다. 이런 관점에서 학개 선지자는 창세기 1장을 돌아보면서 온 우주를 뒤흔드는 지진을 상상한다. 그 지진을 통해서 본래 질서를 되찾은 세상, 정결해진 이스라엘, 영광스러운 예루살렘과 성전, 그리고 야훼의 손가락에 있는 인장the signet ring과 같은 진정한 다윗 혈통의 왕, 즉 이스라엘이 하나님의 임재가 남겨진 분명한 흔적the very stamp을 찾을 수 있을 그 왕의 특징, 이 모두가 드러나는 것이다(학 2:21-23).

다가오는 심판, 이스라엘의 신원, 야훼의 날, 하나님 나라 건설, 이교도주의의 전복, 메시야의 도래 등과 같은 주제는 물론 후기 성서적post-biblical 제2성전기에 굉장히 다양하게 발전되고 주목받아왔다. 이미 다른 곳에서 충분히 논의했지만, 나는 왜 이 주제들을 이해하거나 규명하기가 어렵다고 하는지 여전히 이해할 수가 없다. 우리가 가진 증거로 볼 때, 이 시기에 살았던 많은 유대인은 그 당시를 여전히 결말을 찾아가는 기나긴 이야기로 이해했으며, 그 이야기는 종종 지리적으로 포로에서 귀환했는데도 계속 이어지는 포로기라는 주제와 관련되었다.[1] 물론 "포로"라는 말은 여기서 비유적으로 사용되고 있지만, 그 말은 (대부분은 아닐지라도) 당시 많은 유대인의 인식을 나타내기에 편리할 뿐 아니라 신학적으로나 성경적으로도 정확하다. 이러한 통찰이 잘 드러난 신명기 30장과 다니엘 9장은 후기 성서적 시기에 재사용되거나 전용appropriation되었으며, 그 당시 관점에 중요한 단서를 제공한다.

6장에서 간단하게 살펴보았듯이, 신명기 30장은 언약에 대한 축복과 저주를 다룬 기나긴 내러티브로 이루어져 있다. 이 **내러티브**가 이스라엘에 닥칠 일련의 긴 역사적 사건에 관한 이야기라는 사실을 강조하는 것은 중요하다. 먼저 이스라엘이 하나님의 율법을 지키면 복을 받는다. 그렇지 않으면 저주를 받는다. 마지막 궁극적인 저주가 바로 포로생활이다. 포로가 된 이스라엘은 온 마음을 다해 야훼에게로 돌아올 것이며, 야훼는 이스라엘의 미래를 회복하실 것이다. 이스라엘이 지난 BC 몇 세기 동안 어떤 상황에 처해 있었는지를 이해하는 데 이 본문이 사용되어왔다는 사실은 적어도 실제 포로 된 유대인에게는 이교도 민족에 의한 이스라엘의 억압이 아직 끝나지 않았다는 것을 충분히 잘 나타내주고 있다. 그들 가운데 몇몇이 지리적으로 바벨론에서 돌아와 성전을 재건했을지라도 말이다. 오직 집회서만이 이 내러티브에 대한 분명한 반례로 눈에 띈다. 집회서 50장에 따르면, 하나님의 성전에 대제사장이 있으면 모든 일이 순조롭다. 이러한 상태는 곧 마카비 가문의 위기와 그 여파로 무너지고 만다. 어떤 이는 필론^{Philo}을 인용할지도 모르지만, 그는 아주 많은 것 가운데 한 가지 예외일 뿐이며 사실상 그가 간접적으로 표현한 정치적 메시지는 종종 그의 석의가 눈에 보이는 것보다 더 당대의 내러티브 역사를 담고 있다는 사실을 나타낼 것이다. 포로 후기 성경에서는 역설적으로 포로기가 아직 끝나지 않았다는 의미가 강하다. 에스라서와 느헤미야서는 이스라엘이 그들 땅에 있지만 여전히 노예라고 선언한다(스 9:7, 느 9:36b). 그리고 노예에게 필요한 것은 당연히 출애굽^{Exodus}이다.

곧 이 부분을 다루겠지만 우리는 다니엘 9장의 사실과, 그 본문이 1세기에 널리 퍼져 있던 강한 개연성에도 주목해야 한다. 다니엘 9장에 묘사된 환상 장면$^{fictive\ scene}$에서 여전히 바벨론에 있던 그

7장 종말론을 다시 그리다

선지자는 하나님께 포로생활이 얼마나 계속될지 묻는다. 예레미야는 70년 동안 지속될 것이라고 말한다. 이 시기는 언제 끝날 것이며, 언제 이 형벌에서 벗어날 것인가?(렘 25:12. 에스라 1장 1절을 참고하라) 다니엘이 얻은 대답은 실제로 바벨론에 포로로 있는 사람들을 거의 격려하지 못한다. 그러나 BC 마지막 두 세기와 AD 첫 두 세기의 사람들에게 이 대답은 단순한 격려를 넘어 흥분이 되는 이야기였다. 다니엘이 들은 바 그 포로 기간은 70년이 아닌 **일흔 이레**, 즉 70년이 일곱 번 지나야 하는 초희년$^{\text{ultra-jubilee}}$이다(단 9:24). 그리고 기름부음 받은 왕의 사역과 예루살렘의 파괴를 통해 그 마지막이 얼마나 혐오스럽고 황량한 모습일지, 엄청나게 끔찍한 분노가 얼마나 쏟아질지에 대한 수수께끼 같은 예언이 뒤따른다. 몇 가지 자료를 통해 우리는 이 본문이 포로생활에서 궁극적인 귀환으로 보이는 그 위대한 구속이 언제 일어날지, 그리고 이러한 사건들이 실제로 이 땅에서 어떤 모습으로 일어날지에 대한 암시를 폭넓게 살피고 있음을 알 수 있다. 내가 다른 곳에서 논쟁했듯이 이것은 조금 애매하긴 하지만 예수님이 강화한 본문이기도 하다. 또한 이것이 유대인들을 AD 60년 중반에 일어난 혁명으로 황급히 몰고 간 "유대인의 성경에 있는 신탁"을 말하면서 요세푸스가 언급한 본문이라고 나는 믿는다.[2] 일단 다가올 위대한 전쟁을 이야기하는 많은 본문과 다니엘 9장을 나란히 비교해 보면, 거룩한 혁명이라는 이론(예를 들면 전쟁문서$^{\text{War Scroll}}$에 표현된)뿐 아니라 실제로 그 혁명을 실천할 명확한 방향을 얻을 수 있다. 또는 나사렛 예수가 이루신 충격적인 방법으로 그것을 재정의할 때, 갈보리로 향하는 길을 발견할 수 있다.

내게 있어서 핵심 작업은 이 책 2장과 3장에서 다룬 내용을 하나로 모으는 것이다. 하나님의 미래, 즉 어떤 모습으로든 다가오는 "마지막"을 생각하면서, 1세기 유대인은 그것을 일련의 역사적 사건과 아무런 구분도 되지 않고 전혀 상관도 없는 다른 점에서 보면 단순한 청천벽력으로 **여기지 않았다.** 그들은 그것을 하나님의 생각과 중동 지역 둘 모두에서 꾸준히 펼쳐지고 있는 이야기 구성의 대단원이자 절정으로 여겼다. "예언"prophecy과 "묵시론"apocalyptic을 구분 지어주는 확실한 기준이 종종 작은 진리와 커다란 오해를 증명한다. 이 기준은 우리가 쿰란에서 배워야 할 많은 교훈들 속에 존재하지만, 사실은 성경의 두루마리 사본들이 발견되기 전부터 이미 알고 있던 본문들도 우리에게 명확하게 보여주고 있다.

이미 언급했듯이 노예 상태의 종식은 하나의 새로운 출애굽 관점에서 이해되었다. 이것은 익숙한 핵심 주제지만, 한 단계 더 나아가는 것이 필요하다. 출애굽 내러티브에서 비롯된 이미지는 이미 대선지서와 시편에서 다가올 구속을 이야기하는 방법으로 사용되어왔다. "홍해를 둘로 가르신 하나님은 지금 어디 계신가? 일찍이 광야를 거쳐 자기 백성을 인도하신 하나님은 그들을 바벨론에서 고국으로 인도할 것이다. 시내산에서 불과 연기를 내뿜던 하나님은 그의 원수들을 쫓아버리고 이스라엘을 구하기 위해서 다시금 똑같은 일을 행하실 것이다." 때로는 솔로몬의 지혜서와 같이 창조 이야기와 이스라엘 족장들의 내러티브에 근거한 전체 이야기가 아주 설득력 있게 되풀이되었다. 이유는 모르겠지만 하나님은 이교도의 우상숭배에서 그분의 백성을 구원하기 위해 이러한 방법을 사용하셨다. 물론 이 이야기를 말하는 이유는 순전히 오래된 이야기를 수집하기 위해서라든가, 그 문제에 관하여 그러한 강력한 일들을 행하신 하나님의 지혜를 칭송하기 위해서가 아니다. 여기서 요점은 **하나님이 그들에게 이 일들을 다시 행하실 것**이라는 점이다. 더 큰 단일 내러티브 안에서 다른 무엇보다 이 출애굽 이야기가 특정한 형식으로 반복될 것이다. 출애굽은 훨씬 큰 규모로 다시 일어날 것이다. 이교도 통치자들이여, 주의하라! 그리고 그 이야기를 하는 동안 이스라엘은 위로를 받을 것이다! 그것이 솔로몬의 지혜서의 기본적인 메시지다.

물론 이스라엘은 야훼 자신이 되돌아오실 때에 궁극적인 위안을 얻을 것이다. 야훼는 심판을 위해서뿐 아니라(비록 그것이 중요하긴 하지만) 그분의 백성을 구원하고 마침내 그분의 임재 가운데 그들을 다시 한 번 축복하기 위해서 불현듯 그분의 성전으로 돌아오실 것이다. 나는 여러 곳에서 이 주제를 자세히 다루었다. 여기서는 다시 한 번 유대교 종말론의 중요한 부분으로서 이 주제를 언급하고자 한다. 이 주제 역시 재고하면서 바울은 이것이 미래를 내다보는 문제와 관련되어 있으므로 이 주제를 다시 그리고 있다.[3]

"야훼의 날", "하나님 나라", 악과 이교도 통치자들에 대한 승리, 이스라엘의 구원, 포로생활의 종식, 메시야의 도래, 새 출애굽, 야훼의 돌아옴, 이 모든 것 안에서, 그리고 이 모든 것을 통해서 이루어질 죽은 자들의 부활. 이 모든 주제의 결합은 미래(종말)를 향한 1세기 유대인의 대망 사상을 특징짓는다. 그리고 앞서 언급했듯이, 이러한 방법으로 하나님이 그분의 명예를 회복하실 것이라는 점에서 이것은 하나님의 미래가 된다. 하나님은 새로운 방법으로 왕이 되실 것이다. 스가랴 선지자의 선포처럼 "여호와께서 천하의 왕이 되시리니 그날에는 여호와께서 홀로 한 분이실 것이요 그의 이름이 홀로 하나이실 것"이다(슥 14:9). 짐작컨대 어떤 점에서 이 일은 이상하게도 아직 실현되지 않았다. 이 일이 **어떻게** 일어날지, 실제로 무엇을 의미하는지는 여전히 많은 신비와 수수께끼로 남아 있다. 이러한 종말론이 실현되리라는 것은 근본적으로 1세기 유대인의 믿음, 즉 유일신 사상과 선택 사상이 피할 수 없는 당연한 결과다.

메시야를 중심으로 종말론을 다시 그리다

이제 이 모든 것이 메시야 예수 안에서 실현되었다는 것이 바울 신학의 주요 토대다. 유일신 사상과 선택 사상에 대한 바울의 재정의와 밀접하게 엮여 있는 바울의 종말론은 그 형태와 강조점이 여전히 매우 유대적이다. 그리고 이 종말론은 동일한 내러티브들을 신선하게 다시 읽거나, 동일한 몇몇 주요 본문을 신선하게 해석할 때에도 유대적이다. 바울의 고등 기독론으로 볼 때 현재에 갑자기 나타난 것은 바로 **하나님 자신의** 미래. (선택 사상을 재정의한 바울의 교리를 요약한) 바울의 통합적인 기독론으로 보자면 마침내 일어난 것은 **이스라엘의** 미래. 악의 세력을 이긴 하나님의 승리로 예수님의 십자가를 해석한 비범한 관점을 통해 보면 위대한 전쟁이 도래했다가 끝나버렸으며 이교도 세력은 완전히 참패했다. 아마 이것이 바울이 새롭게 정의한 종말론을 설명할 수 있는 가장 중요한 특징일 것이다. 이스라엘이 대망해 온 그 복합적인 사건이 나사렛 예수의 사건들 안에서 이미 일어났다는 것이다. 예수의 부활은 놀라운 일이 일어났다는 사실뿐 아니라 **그 놀라운 일이 무슨 의미인지를** 나타낸다. 바로 계속 진행 중인 역사를 깨뜨리는 궁극적인 종말을 예견한다는 것이다. 바울의 종말론은 유일신 사상과 선택 사상을 다시 정의한 작업에서 시작하여 형태를 갖추고 설명할 수 있게 되는데 이것은 바울의 전체 신학을 설명하는 가장 중심적이고 특징적인 주석 가운데 하나다. 바울이 자주 언급한 "여전히 다가올 미래"still-future 의 사건들은 동일한 유대인의 기대를 재작업한 것이다. 메시야 안에서 이미 일어난 일과 궁극적인 종말에 여전히 일어날 일 사이에서 생기는 창조적인 긴장이 바로 바울의 가장 특징적인 주제, 즉 칭의나 그리스도의 몸과 같은 주제에서 다루는 핵심이다.

메시야와 성령을 중심으로 바울이 재정의한 유대인의 종말론은 유대인이 종말을 볼 때 메시야 안에서 이미 성취되었지만 성령에 의해 여전히 성취되어야 할 것으로 여겼다고 생각한 바울의 간단한 원리에 따라 비롯된 결과라고 추측하기 쉬울 것이다. 이런 견해에 몇 가지 합당한 점이 있긴 하지만, 좀 더 복잡한 문제가 (바울에게 일반적인 것이지만) 남아 있다. 마지막 날에 있을 여전히 다가올 미래의 심판은 메시야를 통해 성취될 것이다(롬 2:16, 고후 5:10). 마지막 날에 메시야가 핵심적인 역할을 수행할 것이다. 모든 창조물에게 경배받으시고 아버지 하나님께 왕국을 바쳐 "하나님의 미래"의 극치인 상태, 즉 하나님이 만유의 주로서 만유 안에 계시게 될 것이다(빌 2:10b, 고전 15:24-28). 간략하지만 강력하게 예수의 재림*parousia*을 설명한 성경 본문들 안에 이 모든 것, 아니 그 이상이 담겨 있다(이 부분은 나중에 다시 살펴볼 것이다). 그리고 만약 메시야가 여전히 미래적 역할을 맡고 있다면, 성령은 새로운 세상을 시작한 사건, 이제는 과거가 되어버린 사건에서 활약하신 것이다. 로마서 8장 11절은 성령을 "예수를 죽은 자 가운데서 살리신 이의 영"이라고 정의한다. 보통은 단순하게 하나님 아버지의 섭리로 말미암아 메시야가 부활하셨다고 말하지만 말이다(예를 들면, 롬 4:24b, 6:4).

그러나 바울이 메시야의 미래 활동과 성령의 과거 사역을 참조하여 종말론에 적용할 수는 있을지라도, 메시야를 중심으로 재정의한 종말론의 주요 취지는 당연히 이스라엘이 이 시대 **마지막**에 하나님이 그분의 **모든** 백성에게 하실 일, 하나님이 역사 속에서 메시야에게 행하신 바로 그 일을 기대한다는 것이다. 이것이 바울 사상에서 중심축을 이루는 핵심 가운데 하나다. 물론 이것은 예수의 부활에 근거한다. 당시 메시야인 척하는 사람으로 알려진 예수가 죽은 자들 가운데서 부활하시고 하나님에 의해 메시야로 신원되었으며 세상의 주ᵏ로 세워졌다는 사실을 바울이 믿지 않았다면, 종말론적 재정의를 시도하는 것은 상상조차 할 수 없었을 것이다. 이 주제는 다른 곳에서 충분히 언급했다.[4]

하나님이 메시야 예수 안에서 행하신 일에 대한 바울의 설명에서 우리는 유대교의 종말론, 이제는 예수를 중심으로 다시 형성된 종말론의 모든 주요 요소를 찾아낼 수 있다. 그 요소들 가운데 분명하게 보이는 것이 **부활**이다. 그리고 그 부활의 직접적인 결과가 **메시야성**이다(롬 1:4).[5] 복음서와 달리 **하나님 나라의 도래**라는 요소는 바울 서신서 어디에도 중심 주제로 나타나지 않는다. 그러나 비교적 자주 언급되지는 않지만 바울이 하나님 나라의 도래를 당연하게 여겼다는 사실을 알 수 있다. 특히 고린도전서 6장 9절에서는 여전히 하나님 나라를 미래로 예상하지만 로마서 14장 17절을 보면 그 나라는 현재 일이다(바울이 앞 몇 구절에서 미래에 일어날 심판을 말하고 있긴 하지만). 고린도전서 15장 25-29절은 하나님 나라를 온통 현재와 미래 둘 모두로 그려놓았다. 이 구절들에서, 특히 유대 사상에서 몇 가지 전례가 있었을 하나의 움직임에서 바울은 "메시야의 나라"를 현재present에, 궁극적인 "하나님의 나라"는 미래future에 자리매김한다. "그가 모든 원수를 그 발아래에 둘 때까지 반드시 왕 노릇 하시리니 맨 나중에 멸망 받을 원수는 사망이니라. …… 만물을 그에게 복종하게 하실 때에는 아들 자신도 그때에 만물을 자기에게 복종하게 하신 이에게 복종하게 되리니 이는 하나님이 만유의 주로서 만유 안에 계시려 하심이라."

고린도전서 15장 본문에서 살펴보았듯이, 하나님 나라라는 주제 안에서 우리는 비슷한 모습으로 다시 그려진, 위대한 종말론적 전쟁과 이교도 세력의 패배라는 주제를 발견할 수 있다. 고린도전서

2장 7-10절과 골로새서 2장 14-15절을 통해 우리는 메시야가 땅과 하늘을 모두 다스리는 정사와 권세와 벌인 싸움에서 승리했다는 것을 바울이 어떻게 선언하는지 살펴보았다. 그러나 고린도전서 15장에서는 전쟁문서나, 솔로몬의 시편$^{Psalms\ of\ Solomon}$ 17편과 18편의 전쟁 장면에 상응하는 초기 기독교 문서를 더 풍성하게 볼 수 있다. 그 문서들이 그랬듯이 바울 역시 시편 2편과 110편으로 거슬러 올라간다. 바울은 예수가 메시야라는 사실을 확신하며, 예수가 그 시편들이 언급한 통치자들에게 이미 승리했다는 사실을 알기 때문이다. 시편 2편이 통치자들에게 권고하는 내용(메시야가 승리했으므로 또는 승리할 것이므로 지혜롭게 처신하라는 내용)은 솔로몬의 지혜서에서 비롯된 것으로 보인다. 바울은 그 둘과 함께 삼각형을 이루고 있다. 메시야의 십자가는 권세자들에게 경고한다. 만약 그 일이 일어날 것을 알았다면, 그들은 예수를 십자가에 못 박지 않았을 것이다. 죽음에 대한 메시야의 겸손한 순종은 지고의 명예를 가져왔다. 특히 그분은 창세기 1장과 2장을 반영한 시편 8편의 언급처럼 인간을 대신했다. 바울이 "인자"라는 용어를 사용하지 않아서 다니엘 2장이나 7장, 9장을 명확하게 묘사하지는 않지만, 인자가 모든 짐승 위에 존귀하게 찬미받는다는 시편 8편을 인용한 것은 유대교의 묵시론적 문서에 나타난 전체적인 사상의 흐름과 밀접하게 관련되어 있다. 복잡하지만 아주 강력한 로마서 5장 12-21절의 요약적인 논점은 예수의 "순종", 그에 따른 하나님의 통치와 그분의 은혜를 이러한 틀 안에서 가장 타당한 언어로 설명하고 있다.

따라서 바울은 새로운 출애굽이 예수의 사역을 통하여 시작되었다고 믿는다. 고린도전서 10장에서 "모세에게 속하여 세례를 받는 우리 조상들"을 이야기하면서, 바울은 새로운 출애굽 순간에 예수의 죽음을 상상하고 있는 것 같다. 그는 분명 이것을 메시야에게 속하여 세례를 받는 것과 동일선상에 놓고 있다. (주제 면에서는 변화무쌍하게 다루기도 하지만) 이것은 메시야를 보통 유월절 희생양(고전 5:7)으로 언급하여 확고한 이미지를 심어주고 있는 것처럼 보인다. 로마서 6-8장은 그리스도 안에 있는 하나님의 백성에게 적용한 전체적인 출애굽 주제를 폭넓게 해석한 내용으로 이 주제를 가득 채우고 있다. 간략하게 핵심을 설명하자면, 로마서 6장에서 하나님의 백성은 물을 통과하는데, 이는 노예 상태에서 구원받아 자유로워지는 것을 의미한다. 로마서 7장 1절-8장 11절에서 시내산에 이른 그 백성은 토라는 그들에게 약속한 생명을 줄 수 없지만 하나님이 그 생명을 주셨다는 사실을 발견한다. 그들은 자신들 앞에 놓인 부활의 약속을 품고 성령을 따라 광야와 고향을 거쳐 모든 창조물의 갱신이 약속된 땅으로 인도된다. 그렇게 현재 그리스도인의 삶의 여정으로 나아가기 시작하는 것이다(8:12-30). 이것은 솔로몬의 지혜서 마지막 장에 대략 비슷하게 재연된 출애굽 이야기를 바울 관점에서 다시 개정한 것이다. 지혜서에서 바꾸어 이야기한 것처럼, 이 이야기도 아담과 아브라함 이야기를 새롭게 풀이한 해석에 기초한다(로마서 4장과 5장은 각각 이 부분에서 수사학적인 논의의 필요 때문에 내러티브적인 순서를 따르지 않고 있다). 그리고 이 이야기는 다른 많은 주제에 대해 바울이 생각한 바를 계속 알려준다.

그렇다면 포로생활에서의 귀환은 어떻게 되는가? 그것은 어떻게 다시 생각되거나, 다시 마음에 그려졌는가? 가장 분명한 성경구절은 우리의 오랜 친구인 로마서 10장 5-13절이다. 더 자세한 내용은 내가 쓴 주석에 설명되어 있다. 이 핵심 본문에 대해 다른 유대적 해석과 나눈 암묵적인 대화를 살펴볼 때, 바울이 신명기 30장을 해석한 내용은 메시야 예수의 성육신과 죽음, 부활을 통해 하나님이 그 기나긴 저주 뒤에 포로생활에서 자기 백성을 회복하시겠다는 약속을 마침내 성취하셨음을 바울이 믿고 있다는 사실을 나타낸다. 이 해석이 바울과 같은 생각을 지닌 동시대 사람들과 다른 점은 이러하다. 에스라4서와 다른 몇몇 본문과 함께 바울은 이스라엘의 반역과 (그로 인한) "포로생활"이 바벨론이 예루살렘을 함락시켰을 때가 아닌 토라가 이스라엘에 주어졌을 때, 즉 시내산에서 시작되었다고 본다는 것이다.[6] 그 순간, 지각되지 않고 알려지지 않은 실상이 바울에게는 이미 명백해진다. 바로 모든 인간이 아담 때문에 죄인으로 간주되었다는 사실이다. 그래서 이스라엘의 포로생활은 궁극적으로 아담의 포로생활에 포함된다. 당시 일부 사람들이 주장하는 본문, 구체적으로 말하자면 바벨론이 예루살렘을 함락시켰을 때 문제가 시작되었다고 주장하는 본문을 사용하더라도, 바울은 신명기 27-32장에서와 같이 이스라엘 백성이 율법을 어길 가능성이 크고 완악해서 (실제로 지리적인 포로생활로 끝난) 저주를 초래했음을 모세가 고발하고 있다는 사실에 대해 석의적 타당성을 내세운다.

만약 우리가 이것을 기본적인 기준으로 취한다면, 몇 가지 다른 성경구절을 새로운 견지에서 읽을 수 있을 것이다. 그중에서도 특히 갈라디아서 3장 10-14절은 지나칠 수 없는 구절이다. "저주", 그리고 인류를 대신해서 메시야가 감당하는 그 저주는 온 인류에게 임박한 보편적이고 추상적인 저주를 뜻하는 것이 아니다. 만약 우리가 그렇게 이해한다면, 바울의 주장은 전혀 이치에 맞지 않아 보일 것이다. 갈라디아서 3장 전체를 살펴보면, 아브라함에게 단일한 세계적 가족을 주기 위한 하나님의 장기적 목적 안에 민족적 이스라엘이 차지한 입지를 굉장히 구체적으로 언급하고 있다는 것을 알 수 있다.

이것은 갈라디아서 3장이 어떻게 작용하는지를 보여준다.[7] 하나님은 아브라함에게 모든 민족으로 이루어진 하나의 가족을 약속하셨다. 바로 토라보다는 오히려 믿음에 근거하여 의로워져 죄가 없다고 선포될 가족 말이다. 사실 토라 "안에" 또는 토라의 영향력 "아래" 있는 모든 자, 다시 말해서 (바울 서신에서 알 수 있듯이) 모든 유대인은 저주 아래에 있다고 바울은 주장한다. 바울은 특별히 신명기를 마음에 두고 있으며, 우리가 문자적으로 받아들이든 비유적으로 받아들이든 이때 저주는 당연히 "포로생활"을 말한다. 로마서 2장 17-24절처럼 토라를 내세우는 것이 지닌 문제는 토라와 선지서 모두 이스라엘이 토라를 어겼기 때문에 저주받으며 포로로 끌려간다고 선언하고 있다는 것이다. 적어도 그것이 가장 당면한 문제다. 더 크고 장기적인 계획, 즉 미래 세계적인 가족을 아브라함에게 약속하셨다는 점에서 하나님이 지니신 문제는 하나님이 이교도 민족에게도 주시겠다고 약속하신 아브라함의 축복을 이교도 민족이 받지 못한다는 것이다. 설상가상으로 바울이 로마서 2장 24절에서 말한 것처럼, 아브라함의 가족 때문에 실제로 아브라함의 하나님이 이방인에게 모독을 받고 있다. 결국 이스라엘 민족에게 닥친 저주가 이스라엘을 **통해** 이루려던 언약들을 꼼짝 못하게 만들어버렸다. 갈라디아서 3장 10-14절에 따르면, 그 결과 메시야가 "우리"를 그 저주에서 속량하신 것이다.

그 단락 마지막 부분에 있는 결정적인 구절에서 이 점을 분명하게 볼 수 있다(늘 단락 끝 부분은 적어도 저자의 사상이 어느 방향으로 흘러가고 있는지를 알려준다). 갈라디아서 3장 10-14절에서 메시야가 나무에 달려 "우리를 위하여 저주를 받은 바" 되었다는 것은 (보통 이러한 관점에서 예상되는 보편적인 속죄가 아닌) 매우 특별한 두 가지 의미를 지닌다. 하나는 아브라함의 축복이 끝내는 이방인에게 이를 것이라는 점이고, 다른 하나는 바울이 구체적으로 유대 그리스도인을 의미하는 "우리"가 믿음을 통해 성령의 약속을 받을 것이라는 점이다(물론 이방인도 믿음을 통해서 성령의 약속을 받지만 바울은 여기서 특정한 사항을 지적하고 있다. 바로 이방인은 그 약속을 처음 받는 것인 반면, 복음을 믿는 민족적 유대인은 새로워진 하나님의 백성이 된다는 것이다).

갈라디아서 3장은 그 자체로 매력적인 논점을 담고 있다. 그러나 내가 여기서 갈라디아서 3장을 살펴보려는 이유는 로마서 10

장에서 바울이 신명기 30장을 석의한 내용이 용두사미가 아니라는 점을 보여주기 위해서다. 갈라디아서 3장은 바울이 여러 다른 시기에 다양한 방법으로 도출해내어 잘 확립시킨 바울 사상의 흐름을 나타낸다. 그는 예수의 사역을 통해 하나님이 포로생활이라는 저주를 종식시키고, 그 거대한 내러티브를 새로운 시점으로 옮기셨으며, 역사의 새로운 국면을 열었다고 믿는다. 메시야를 중심으로 이 모든 유대교 종말론을 재고하고 그 사역이 과거에 성취되었다고 여김으로써 예수 안에서, 특히 예수의 죽음과 부활 안에서 하나님의 뜻^{telos}을 이룬다는 바울의 시작된 종말론은 이스라엘에 관한 이야기에 확고한 토대를 두고 있다.

부활, 메시야, 하나님 나라, 새로운 출애굽, 포로생활 종식 등, 지금까지는 모든 것이 순조롭다. 바울은 예수를 중심으로 유대교적 종말론이라는 전통적인 문제를 명확하게 다시 묘사하고, 계속되는 역사의 흐름 안에서 기대되던 것이 각 사례마다 마침내 나타나기 시작했다는 사실을 보여준다. 그렇다면 메시야에 초점을 맞춘 여전히 다가올 미래의 종말론은 어떻게 되는가? 이 책 앞부분에서 다른 각도로 간단하게 다룬 몇몇 성경구절로 돌아가 보자. 종종 내가 "재림"의 교리를 의도적으로 부인했다는 소리를 듣는다. 놀라운 일이지만, 아마도 예수에 대한 내 연구를 두고 하는 말인 것 같다. 물론 이 또한 앞으로 기독교 전통이 되려고 하는 잡다한 무엇이 아닌 실제로 신약이 말하는 내용에 비추어 정리되어야겠지만, 그 주장은 전혀 사실이 아니다. 안타깝게도 어떤 이들에게 "재림"이라는 말, 심지어는 "종말론"이라는 말은 대부분 북아메리카의 근본주의자나 복음주의 기독교의 몇몇 진영에서 이해한 "휴거" 장면을 떠올리게 하는 것 같다. 그리고 통속적인 수준에서는 팀 라헤이$^{Tim\ F.\ Lahaye}$와 제리 젠킨스$^{Jerry\ B.\ Jenkins}$가 쓴 소설 「레프트 비하인드」(홍성사)와, 그 책에서 구현한 신학(그렇게 부를 수 있다면)에 나타난 휴거 장면을 연상시키기도 한다.[8] 역설적이게도 이스라엘의 현 상태를 열정으로 지지하는 기이한 모습을 고려할 때, 그러한 사상적 책략은 사실 매우 비유대적이다. 성도는 하늘로 들려져 하늘나라 R석에서 아마겟돈을 지켜보고 있는 반면 현재 악한 세상은 그대로 남겨진 채 자업자득으로 고생한다는 이원론에 빠지는 형국이기 때문이다.

"휴거" 신학의 핵심 본문이 데살로니가전서 4장 16-17절이긴 하지만, 이것은 우리가 바울에게서 발견하는 사실과는 무척 다르다. 현 관점에 비추어 우리가 바울에게서 발견할 수 있는 사실은 네 가지다. 각각에서 우리는 메시야를 중심으로 다시 인용한, 여전히 다가올 미래에 대한 유대교적 종말론을 볼 수 있다.[9] 첫째, 기존 "야훼의 날"을 "메시야의 날" 또는 "주의 날"로 재정의한 것이다. 둘째, 때때로 "신의 출현"^{epiphaneia}이라는 단어로 표현되는 신적이면서도 제국적인 개념, 즉 왕으로서의 현존 또는 출현이라는 개념을 함축한 "메시야의 재림"^{parousia}이다. 셋째, 모든 창조물을 다스리는 하나님의 지혜로운 공의와 섭리의 마지막에 있을 하나님의 "심판"이다. 넷째, 그 결과 모든 창조물이 하나님께 경의를 표하는 것으로 "모든 창조물의 갱신"이다. 바울 관점에서 살펴본 "여전히 다가올 미래"이긴 하지만, 이러한 것들이 사실 우리가 생각해 온 궁극적인 최후는 아니라는 것을 지적하는 데에는 앞서 이미 언급한 몇 가지 단어가 적절할 것이다.

가장 적절한 단어로 먼저 "주의 날"이 있다. 이것을 두고 바울이 유대인의 "야훼의 날"이라는 전승을 재작업한 것이라는 주장에는 논란의 여지가 없지만, 3장에서 언급했듯이 바울에게 "주의 날"은 결코 세상의 끝을 뜻하지 않는다고 지적한다면 상당한 논란거리가 될 것이다. 아모스나 예레미야가 말했듯이 "야훼의 날"에서 정말 끔찍한 일은 야훼의 날 뒤에 또 다른 날이 있을 것이라는 사실이다. 정말 세상의 종말이 있다면 참으로 애석한 일이긴 하겠지만, 누구도 종말이 일어난 뒤를 걱정하지는 않을 것이다. 그러므로 바울 신학에서 "주의 날"이란 분명 바울 자신과 그의 독자들이 살아가는 동안 당연히 일어날 사건이다. 우리는 바울 서신에서 그것이 무엇인지 보게 될 것이다. 그런데도 위대한 심판의 순간에는 모든 것이 달라지고, 세상이 바뀔 것이다. 역사가로서 나는 주로 "만약 ……라면 어떤 일이 일어났을까?", "만약 ……라면 사람들이 뭐라고 말했을까?"라는 식으로 질문하고 싶은 유혹을 피하려고 노력한다. 그러나 만약 "네 황제들의 해" 동안 로마에 일어난 격변으로 예루살렘이 급속하게 멸망한 시기(AD 70)에 바울이 살았다면, 그가 "그래, 바로 지금이 주의 날이다"라고 말했으리라고 주저 없이 말할 수 있다. 바로 이것이 그 악명 높은 데살로니가전서 2장 16절이 뜻하는 바다. 즉 하나님의 진노가 가장 극적이고 결정적인 방법으로 그들에게 끝까지$^{eis\ telos}$ 임하였다. 이 구절에는 동시대인이 구원받는 모습을 보고 싶어한 바울의 마음이 가장 잘 드러나 있다. 물론 예레미야가 보여준 것처럼 다른 "주의 날들"이 있을 수도 있다. 그러나 바울에게 주의 날은 역사, 즉 예수의 죽음과 부활을 체험한 세대 안에 일어날 날이다. 예수를 억압하고 십자가에 못 박은 권세자, 즉 유대교 지도자와 공모한 로마 제국이 심판을 당하는 사실을 역사 속에 기록하는 세대인 것이다.

둘째, 3장과 4장에서 다룬 재림^{parousia}이다. 요약하자면, 재림이라는 단어는 구약 용어가 아니다. 아마도 궁정의 왕자와 황제, 그리고 법정 등에서 사용하던 언어에서 빌려온 듯하다. 이것은 왕이 도시를 공식 방문할 때, 또는 여행을 하거나 전쟁을 치르고 나서 로마로 돌아올 때 사용한 말이다. 왕이 나타난다. 그렇게 그 왕은 "부재"^{absent}하는 것이 아니라 위풍당당하게 존재^{present}한다. 사실 바울은 다시 묘사한 종말론에서 이 방법을 통해 반이교성을 매우 강조한다. 여기서 중요하게 고려할 점은 황제의 재림이 아니라, 예수의 재림이다. 그러나 여전히 바울은 이제 예수를 중심으로 다시 이야기된 지배적인 유대교적 이야기를 다루고 있다. 이런 관점에서 바울의 고등 기독론은 시온으로 돌아오시는 야훼라는 주제를 끌어들일 수 있었다. 내가 이미 제안했듯이 이 주제는 예수 자신이 인식한 소명이라는 (공공연한 비밀인) 주요 주제 가운데 하나며, 그 당시 유대교 종말론과 관련된 몇몇 요소에서 특징을 이루는 사상이기도 하다. 그러므로 예수의 **재림**이라는 바울의 풍성한 신학 안에서 황제의 "왕

7장 종말론을 다시 그리다

적 현존"이라는 이교도적 주제는 사라지고, 동시에 야훼의 도래라는 유대교적 주제가 성취되었다.[10] 다시 한 번 데살로니가전서 4장과 고린도전서 15장이 중심축이 되는 것이다.

더불어 우리는 바울이 마치 아주 먼 곳에서 예수가 "도래하신다"arrival기보다는 예수가 "나타나신다"appearing고 이야기하는 것에 다시 주목해야 한다. 바울이 하늘과 땅에 대해 지닌 유대교적 우주론은 틀림없이 메시야와 성령을 중심으로 재묘사되었을 것이다. 그러나 재묘사된 내용 가운데 유대 예배자는 하늘에 거하는 누군가가 가깝고 친밀하게 현존한다고 이해한 것을 바울은 이제 하늘에 계셔서 우리를 위해 하나님 아버지께 끊임없이 간구하시는 예수가 가깝고 친밀하게 현존한다고 구체화하였다(롬 8:34). 지금 하늘에 계신 자가 마침내 그분의 왕적 현존을 드러내실 때, 이것을 그가 먼 나라를 여행하고 돌아왔다는 관점으로 생각해서는 안 된다. 오히려 이전에는 눈에 띄지 않던 커튼이 내려지면서 그 뒤에 내내 존재해 온 무언가가 드러나는 것과 같다. 계시는 그야말로 지축을 뒤흔들 만한 일이다. 그러나 최후의 재림final coming 시에 하늘과 땅 모두 피할 수 없는 필연적인 결과이기도 하다. 다른 말로 하면, 잘 알려진 장면을 통해 우리가 종종 보아온 일반적인 "재림"과는 관계가 없다는 뜻이다. 바울은 "우리의 시민권은 하늘에 있는지라. 거기로부터 구원하는 자 곧 (왕이신) 주 예수 그리스도를 기다리노니"라고 말한다(빌 3:20). 이 구절을 잘못 이해한 해석이 많은데, 이 구절은 우리가 끝내는 천국에 간다는 뜻이 아니다. 지금은 하늘에 계신 분이 다시 오셔서, 하늘나라의 전초기지로 삼아 그날만 기다리며 살아온 이 땅을 변화시킬 것이라는 뜻이다. 우리는 4장에서 이것들이 기본적으로 황제의 칭호이며, 의도적으로 이러한 의미로 사용되었다는 사실에 주목했다. 이제는 바울이 예수의 재림을 말할 때 그의 백성이 그와 함께 살기 위해서 천국으로 들려올라갈 것이라고 **말하지 않는다는** 사실을 강조한 성경구절로 되돌아가 보자. 그것은 신약이 말하는 진정한 재림 신학을 이원론적으로 왜곡한 것이다. 예수가 **하늘에서** 재림하신다는 관점의 핵심은 그가 이 낡은 세상과 현재 우리 몸을 변화시킬 것이라는 점이다. 물론 "변화"라는 개념은 고린도전서 15장 50-54절에서 바울이 말한 내용이 재림 시에 살아남은 자들에게 일어날 것이라는 사실과 밀접하게 관련되어 있다.

야훼의 날과 재림에 이어 셋째는 심판이다. 물론 이것은 구약 성서와 그 이후 유대 문학에서 중요하게 다루는 주제다. "공적"^{works}이라는 개념이 바울에게는 결코 긍정적으로 다가온 적이 없다고 주장하려는 사람들이 있다. 그러나 바울은 "베마 투 크리스투"$^{b\bar{e}ma\ tou\ Christou}$, 즉 메시야가 심판하는 자리는 미래에 있겠지만 그 기준은 여태껏 살아온 모든 삶 전체가 될 것이라고 분명하게 예측한다. 그렇지만 이것은 지금 우리가 다루려는 주제가 아니다. 여기서는 유대교에서 메시야가 감당하리라 생각한 역할을 바울이 힘들이지 않고 자연스럽게 예수에게로 넘겼다는 사실만 주목하자. 지금까지 예상하지 못한 것은 아니지만, 그 사실은 바울 사상이 어떻게 작용하는지를 명확하게 보여주는 또 다른 길잡이다. 한 번 더 바울은 유대교

7장 종말론을 다시 그리다

적 주제를 끌어올 뿐 아니라(이러한 관점에서 이때 바울은 모든 사람이 메시야와 그의 심판 앞에 서게 될 것이라고 주장하면서 유대 민족에게 "특혜국 조항"favoured nation clause이 있을 것이라는 견해를 논박한다) 자연스러운 이교도적 추정과 대조한다. 실제로 이교주의에는 사후死後 심판에 대한 개념이 거의 없다. 그러한 개념을 제시하려던 사상 체계는 있었지만 말이다. 그러나 오늘날에는 스스로 세상을 구할 진정한 구주라고 주장하는 자들과 그의 추종자들이 행하는 많은 심판이 있다. 메시야가 행할 다가오는 정의로운 심판은 예로부터 내려오는 유대인의 소망을 성취하고 시편과 그 밖에 다른 곳에 기록된 많은 기도에 대한 응답이다. 그뿐 아니라 지극히 높으신 자가 멸망할 수밖에 없는 세상 왕국들을 다스리신다는, 마치 다니엘이 느부갓네살에게 한 것과 같은 최후 진술이기도 하다. 바울이 아무렇지 않게 메시야에 속한 사람들이 심판 자리에 앉아 심지어 천사까지 판단할 것이라고 말할 수 있다는 사실(고전 6:3)은 그가 야훼의 화신이자 하나님 백성을 포괄하는 대표자인 예수를 중심으로 (다른 곳뿐 아니라 다니엘 7장에 근거하여) 다가오는 심판에 대한 유대교적 그림을 어떻게 완전히 재고했는지를 보여준다.

넷째, 심판 결과 메시야를 통해 모든 창조물이 새로워진다는 위대한 주제다. 이 주제는 이미 골로새서 1장 15-20절에서 자세히 다루었다. 여기서는 골로새서 1장 15-20절과 에베소서 1장에서 메시야를 통해, 메시야를 위해, 메시야와 세상 만물이 화해하고, 또 메시야 안에 그 모든 것을 통합하는 것이 하나님의 뜻이라고 선언할 때, 바울은 현재 창조된 질서를 무가치하게 버려진 마지막 상태라고 여기는 모든 이원론에 완강히 대항하고 있다는 점에 주목하려고 한다. 요한계시록 종반부에서 새 하늘과 새 땅이 함께 드러나듯이, 바울 사상에서 종말론이 당당하게 성취해낸 목표는 유일하신 하나님이 창조하시고 그분께 사랑받는 하나의 세상에 대한 하나의 미래가 있다는 것이다. 고린도전서 15장 28절에서 보는 것처럼 하나님이 만유의 주가 되시기 위해서는 반드시 필요한 것이 있다. 바로 이 세상과 이 세상에 살고 있는 자들의 궁극적인 타락인 죽음 자체를 이기신 메시야를 통해 창조 세계가 썩어질 수밖에 없는 속박에서 자유로워지고, 하나님의 자녀가 누리는 영광스런 자유를 나누게 된다는 사실이다. 이제 메시야 예수, 그의 죽음과 부활을 중심으로 1세기 유대교 종말론의 각 측면을 다시 마음에 그린 바울의 그림이 완성되었다.

이 그림은 로마서 8장에 선명하게 그려져 있다. 그러나 그 본문이 더 특별하게 다루는 주제는 성령이다. 따라서 로마서 8장은 이 장 나머지 부분으로 건너가는 징검다리가 될 것이다. 다른 주제들과 마찬가지로 바울은 그의 전통적 유대교 종말론을 메시야뿐 아니라 성령을 중심으로 다시 그리고 재정의하여 **되살려놓았다.**

성령을 중심으로 종말론을 다시 그리다

로마서 8장을 해석하기 위해 먼저 성령의 새로운 부으심이라는 바울의 종말론적 인식에서 시작해 보자. 이전 장에서는 바울이 로마서 10장 13절에 요엘서를 언급한 것은 성령과 언약의 갱신을 완곡하게 언급한 것이라는 사실을 살펴보았다. 에스겔 36장과 예레미야 31장을 포함한 본문들을 한데 합치면서 바울은 성령의 역사로 말미암아 언약이 갱신되는 것을 현재 종말론적 상태가 시작되는 것으로 여겼다. 종말론적 상태란 유대인과 이방인 모두 복음에 붙잡힌 바 되고 세례를 통해 하나님의 종말론적 백성, 즉 메시야의 몸이 되면서 (1) 언약 밖에 있던 이방인이 언약 안으로 인도되고 (2) 유대인은 내부로부터 갱신되었다는 뜻이다. 이것은 우리가 갈라디아서 3장 14절, 특히 4장 6-7절에서 이미 살펴본 내용에 잘 들어맞는다. "너희가 아들이므로 하나님이 그 아들의 영을 우리 마음 가운데 보내사 아빠 아버지라 부르게 하셨느니라."

성령이 부어지자 고린도 교회는 혼란스러웠다. 근대와 같이 고대 세계에 퍼져 있는 다양한 종교적 현상이 고린도 교회에 일어난 것이다. 그러한 현상은 20세기 그리스도인의 언어에서도 경험할 수 있다. 후기 세속주의만이 방언과 같은 현상을 유일하신 참 하나님이 역사하시는 표적으로서 무의식적으로 받아들였다. 바울은 기독교를 벗어난 수많은 초자연적인 현상을 잘 알고 있었기 때문에 더욱 설득력이 있었다. 당대의 지혜를 거스르는 바울의 핵심 논점을 잘 묘사한 고린도전서에서 바울은 성령 신학에 관한 문제를 해결하고 있다. 성령 신학은 새로운 시대가 시작되었으며 과거에 이교도이던 그리스도인들이 성령으로 말미암아 새 시대에 맞게 살아갈 것이라는 사실을 다룬다. 앞서 이야기했듯이 이것이 바로 바울이 사역 전반에 걸쳐 분명하게 드러내는 "시작된 종말론"의 특징이다. 고린도전서 15장에서 묘사한 하나님의 미래(종말론)에 대한 마지막 표현은 그 밖에 다른 주제들을 다룬 서신 마지막에 덧붙인, 마지막 날에 일어날 사건들과 동떨어져 있지 않다. 바울이 서신에서 시종일관 전하려는 내용을 요약한 것이다. 하나님이 여신 새로운 시대가 예수의 죽음과 부활을 통하여 이 세상으로 들어온 방법과, 그들이 당시 악한 세대가 아닌 새로운 시대에서 살도록 부름 받았다는 사실을 고린도인이 이해할 수만 있다면, 고린도전서에서 말하는 많은 문제가 깨끗하게 정리될 것이다.[11]

마찬가지로 고린도후서에 언급된 문제들도 더 명확해질 수 있다. 바울은 권위가 정면으로 도전받을 때, 새 언약 신학을 정확하게 설명하는 것으로 대응하였다. 이전 장에서 보았듯이, 새 언약 신학은 공동체를 재정의한다. 바울과 공동체가 성령을 따라 하나님이 여신 새 시대를 함께 살아가고 있기 때문에 그들은 서로의 드러난 얼굴 안에서 하나님의 영광을 맛볼 수 있다. 이 보배는 질그릇 안에 숨겨져 있다. 외적인 성공을 중요하게 생각하는 현 시대의 관점에서 보자면 고난으로 여겨지는 그것이 진정한 영광의 모습을 감추고 있는 것이다. 그러나 로마서 5장 1-5절에 언급된 것처럼 종말론적 고난의 핵심은 이제 바울이 어떠한 환상도 절망도 없이 고통을 견딜 수 있을 뿐만 아니라, 그 고통 안에서 메시야의 죽음과 부활이 구현되는 것을 바라볼 수 있다는 것이다. 보이지 않는 성령의 사역을 통해 바울은 성령이 모든 것을 새롭게 하실 날을 대비하여 새로운 시대를 전하는 자로 메시야를 다시 구현할 수 있었다.

이것은 바울이 성령의 속성이라고 여기는 중요한 종말론적 사역을 우리에게 보여준다. 성령은 아라본^{arrabōn}, 즉 우리의 보증이자 다시 오실 분이다. 성령은 하나님의 미래에서 온 선물이며, 그분이 그 미래를 보증한다. 이 주제는 특히 고린도후서에 근거하지만(1:22, 5:5), 로마서와 에베소서에서도 이따금 소개되고 있다(롬 8:23, 엡 1:14). 성령의 새로운 언약적 사역은 하나님의 새로운 시대가 성령과 관련해서도 시작되었다는 표지다. 이 사역은 토라의 제 계명들을 지킬 수 있도록 마음을 변화시킨다(롬 2:25-29, 7:4-6, [그리고 이 주제를 다룰 때 종종 무시되는 구절인] 8:4-8). 무엇보다 이것은 우리가 막연히 바울이 이해한 기독교 영성이라고 부를 수 있을 "양자의 영을 받았다"$^{experienced\ sonship}$는 간절한 표현으로 알려져 있다. 또한 오해할 소지가 있긴 하지만, 우리가 종종 "윤리"라고 부르는 것으로 알려져 있기도 하다. 이것은 우리를 갈라디아서 5장으로 이끈다. 성령과 육체를 다룬 갈라디아서 5장의 핵심은 결코 그리스도인이 지켜야 할 법칙을 줄여주지 않는다. 이런 면에서 바울은 자신이 말하려는 바를 우리가 잘못 이해하고 있다고 끊임없이 알려주고 있다. 우리가 성령과 동행한다면, 분명 이미 하나님의 새로운 시대를 살아가는 갱신된 하나님의 백성, 즉 이 악한 세대에서 건져진 시작된 종말론의 가족에 속한 것이며, 따라서 우리는 "토라 아래에 있지" 않다는 것이 바로 그가 말하려는 핵심이다(갈 1:4, 5:18). 토라는 더 이상 우리를 주장할 수 없다. 이어서 바울은 성령이 낳은 다양한 성품적 특성을 묘사하면서, 그러한 행실을 금지할 토라(법)가 없다고 말한다(갈 5:23).

바울이 유대 전승을 다시 그린 그림을 우리 앞에 펼쳐놓은 덕에 마침내 우리는 왜 그가 그토록 이스라엘을 날카롭게 비판했는지 더 온전히 알 수 있게 되었다. 그 때문에 이른바 "새 관점" 논쟁이 그만큼 격렬했던 것이다. 중요한 것은 단순히 바울이 유대교는 율법주의 종교이고 기독교는 은혜의 종교라고 여겼다는 사실(옛 관점)이 아니다. 또한 바울이 그리스도 안에서 구원을 발견했으며, 그 때문에 결국 유대교에서는 그 구원이 유효하지 않다고 추정했다는 사실(샌더스가 말하는 새 관점)도 아니다. 여기서 가장 중요한 것은 **종말론**에 관한 문제다. 즉 하나님이 메시야 예수를 통해 새로운 시대로 인도하시고, 새 언약을 선포하시며, 나아가 새 창조의 씨앗을 뿌리셨다는 사실이다. 복음 전파는 유대인과 이방인이 그저 새로운 종교를 체험하게 하려는 것도, 단순히 그들을 구원하려고만 하는 것도 아니다. 그들 모두를 유대교에서 종말론적으로 대망하는 다가올 시대, 그 새로운 시대를 살아갈 백성으로 만드는 것이다. 성령은 복음 전파를 통해 그들 모두의 마음과 생각 안에 역사하신다. 각 그리스도인 안에서 성령이 행하시는 복음 사역이란 하나님이 온 세상을 본래 질서대로 회복하실 날을 대비하여 먼저 남녀노소를 제자리로 되돌리는(회복하는) 일이다. 더욱이 복음의 능력이 먼저 행하는 이 회복 사역은 각 사람이 함께 반드시 순종해야 할 소명이다.

그래서 모든 피조물이 회복되는 마지막 사역이 있기 전에, 성령에 의해 꾸준히 이뤄지는 하나님의 구원 사역, 즉 이 시대에 있는 실재를 되도록 많이 회복시키려는 정의에 협력하기 위해 "의로워지는" 것이다. 바로 이것이 예수와 성령을 비추어 바울이 다시 그린 유대교 종말론이라는 지도 위에 "이신칭의"가 굳게 자리하고 있는 핵심이다.

그렇기 때문에 기독교 윤리는 새로운 법을 지키는 것 이상이다. 기독교 윤리는 새로운 시대를 살아가는 것이다. 그래서 특히 고린도전서 13장에서 바울이 사랑의 삶을 새로운 의무^{duty}가 아닌 그리스도인의 새로운 **숙명**^{destiny}으로 설명한 것이다. 믿음과 소망, 그리고 그중 제일인 사랑은 영원할 것이며, 성령의 열매인 그 특성들은 새로운 세상으로 건너가는 다리 역할을 한다. 이 다리를 건너는 법을 배운 우리는 이미(바울은 여전히 가끔씩 요청하겠지만) 하나님이 세우신 새로운 창조의 법에 따라 살고 있는 것이다. 또한 바울이 이런 것을 말할 때마다 성령을 언급하지는 않지만, 이것은 우리 안에서 착한 일을 시작하신 이가 메시야 예수의 날까지 이루실 것이라고 주장할 수 있는 이유이기도 하다(빌 1:6, 19. 데살로니가전서 1장 6절을 참고하라).

특히 이것이 성령을 "길"^{path}이라고 말하는 이유다. 바울은 현재의 이신칭의에서 미래의 칭의, 즉 완전한 삶에 의해 의롭다고 칭함 받는 길을 밝혀낸 것이다. 공로에 따른 심판을 길게 진술한 로마서 2장 1-16절이 앞에 있고 뒤에는 "메시야 예수 안에 있는 자에게는 결코 정죄함이 없는" 이유를 장엄하게 설명하는 로마서 8장이 놓여 있다는 사실을 깨닫지 못한다면, 우리는 로마서 3장과 4장에서 말하는 이신칭의를 이해할 수 없다. 이전 장에서 설명한 바 있는 재정의된 칭의가 여기서 그 중요성을 더 확실하게 심어준다. 만약 바울에게 "칭의"가 그리스도인이 되는 사건을 뜻한다고 가정한다면, 마치 갈라디아서 3장 내용에도 불구하고 믿음으로 시작했다가 끝내 행위로 끝마칠 수밖에 없다고 우기면서 뒷문으로는 반#펠라기우스주의를 몰래 들여오는 사람처럼 늘 이의를 제기하는 말과 같이 들릴 것이기 때문이다. 그러나 그것과는 전혀 다르다. 갈라디아서 3장은 할례의 요점을 명확하게 지적한다. 바울은 할례를 전혀 (어떤 사람들은 자립적 도덕주의$^{\text{self-help moralism}}$로 여길지도 모르는) "선한 행위"로 보지 않았다. 늘 민족적 상징^{badge}으로 여긴 것이다. 오히려 그에게 핵심은 복음 전파를 통해 인간의 마음에 역사하시는 성령 사역의 첫 열매가 믿음이라는 것이다. "성령으로 아니하고는 누구든지 예수를 주시라 할 수 없느니라"(고전 12:3). "너희는 그 은혜에 의하여 믿음으로 말미암아 구원을 받았으니 이것은 너희에게서 난 것이 아니요 하나님의 선물이라"(엡 2:8). 따라서 로마서 8장 1-11절에 펼쳐진 핵심은 이것이다. 로마서 3장에서 이미 그리스도인의 믿음을 둘러싸고 벌어진 논쟁의 결론을 통해 참으로 삶 전체를 둘러싸고 벌어진 논쟁의 결론을 예상할 수 있다. 성령이 지금 우리 안에서 역사하시기 때문에, 그 성령의 임재 때문에 우리가 육신이 아닌 성령을 따라 살아갈 수 있다. 그 성령은 예수를 죽은 자 가운데서 살리신 바로 그 하나님의 성령이며, 그 성령을 통하여 하나님이 메시야에게 속한 모든 자를 일으키실 것이다(롬 8:11). 그래서 다른 사람들과 마찬가지로 바울이 미래를 바라보며 하나님이 마지막 날에 무엇을 말씀하실지 물을 때, 예수의 공로와 죽음이 아닌, 그가 씨 뿌리고 세워 여전히 신실하게 복음 안에 머물러 있는 교회들을 자신의 기쁨과 면류관으로 삼은 것이다.[12] 첫 믿음에서 마지막 부활(이때 부활은 죽음 자체에서 구조되는 것, 즉 구원이라는 사실을 기억해야 한다)로 가는 길은 고통은 물론, 거룩하고 신실하신 성령이 주도하시는 섬김을 가로지른다.

로마서 8장 후반부 구절을 미리 살펴보면, 바울이 최종적 구원에 대한 확신을 크게 선포하고 있는 이유를 볼 수 있다. "만일 하나님이 우리를 위하시면 누가 우리를 대적하리요?" 물론 로마서 8장 31-39절은 성령을 언급하지 않는다. 바울은 이때 성령에 관하여 말하기보다는, 오히려 성령이 역사하실 때에 누군가가 행할 만한 일을 실제로 행하고 있다. 하나님의 구원 능력을 크게 선포하고 찬양하는 그의 행위 자체가 성령을 통하여 우리 마음 가운데 부어진 하나님의 사랑을 이야기할 때 그가 말하려는 바를 직접 보여주고 있는 것이다(롬 5:5, 8:28).

물론 성령은 우리가 결국에는 되돌아가게 될 로마서 8장 12-30절에 나타난 중요한 주제 가운데 하나다. 로마서 8장 12-30절은 성령을 중심으로 유대교 종말론을 재정의한 가장 탁월한 성경구절이다. 우리가 살펴보았듯이, 이 구절들은 바울이 진술한 새로운 출애굽 이야기에 근거한다. 그 이야기에서 성령은 광야 생활을 거쳐 약속의 땅으로 가는 여정에서 여호와 하나님이 성막에서 이스라엘 백성과 함께하신 현현, 즉 쉐키나^{shekinah}를 대신한다. 이것은 아담과 하와가 자유롭고 죽음이 없는 에덴동산에서 내쫓겨진 추방에서 진정으로 귀환하는 것이다(롬 8:18-25). 추방의 최후, 즉 부패할 수밖에 없는 만물이 회복되는 것은 (예레미야와 에스겔에 따르면) 새 언약을 통하여 실현될 것이다. 그래서 바울은 이것을 그리스도 안에서 그리고 성령에 의해 일어난 사건이라고 선언한다.

그러므로 성령은 메시야의 백성이 메시야의 고난과 영광에 참예하도록 하시는 분이며, 그로 인해 곧 오실 메시야에 대한 유대인의 간절한 바람이 메시야 자신뿐 아니라, 이례적으로 메시야의 백성 안에서도 성취되도록 하시는 분이다(롬 8:17b, 28-30). 성령은 하나님의 백성이 환상^{illusion}뿐 아니라 절망도 없이 고통을 이겨내게 하실 분이다. 성령을 통하여 우리 그리스도인은 십자가의 승리를 이끌 현재의 끊임없는 전투에 참여한다고 말할 수도 있다. 달리 말하면, 그리스도인의 윤리적인 투쟁은 새로운 세상에서 성취될 창조 질서에 대한 주권적인 통치의 시작이다. 말하자면 한 사람의 몸은 창조된 세상의 작은 부분으로, 많이 받은 자에게는 많이 요구하는 그날을 대비하도록 사전에 책임을 부여받았다. 하나님의 자녀들이 마침내 새롭고 영광스러운 몸으로 드러날 때, 모든 창조물은 그들의 출애굽, 그들의 자유를 얻을 것이다. 우리는 그 모습이 실제로 어떨지를 추측만 할 수 있다. 그러나 우리는 살아 계신 하나님의 동일하신 성령으로 말미암아 이 일이 성취되리라는 것을 확신할 수 있다. 그리고 성령이 현재 우리에게 보증처럼 주어졌기 때문에, 우리에게는 이미 그 궁극적인 임무를 수행할 의무가 있다. 우리 그리스도인은 가망 없는 낡은 세상의 풍경 안에서 하나님의 새로운 세상의 표지를 수많은 다양한 방법으로 만들어내도록 부름 받았다.

　　이것의 핵심은 탄식으로 기도하는 성령의 현존을 통하여 일어난다는 사실이다. 여기서 기도에 대한 작은 두 구절은 단순히 기도를 장려하기 위한 의도로 언급한 것이 아니다(롬 8:26 이하). 바로 바울이 재작업한 시작된 종말론의 중심 사상이다. 기도해야 하는데도 무엇을 기도해야 할지 알지 못하는 이유는 우리가 두 세대 사이에 끼어서 그저 거울을 통해 보듯 희미하게만 볼 수 있기 때문이다. 그러나 성령 하나님이 우리를 위하여 말할 수 없는 탄식으로 간구하신다. "기도"와 "영성"이라는 말과 관련하여 "윤리"라는 말은 우리가 행하는 일, 그래서 당연하게 여기는 일이라고 정확하게 이름 붙일 수 있는 것이 아니다. 그 말들은 우리가 보통 상상하는 것보다 하나님의 은밀한 목적들 안에 더 깊이 자리한 실재를 가리키는 원대한 이정표다. 그 은밀함 중심에는 하나님이 세우실 새로운 세상의 비밀이 있다. 물이 바다를 덮음같이 온 땅이 하나님의 영광으로 가득할 때, 그 비밀은 마침내 홀연히 밝혀질 것이다. 바로 그 순간이 하나님이 만유의 주로서 만유 안에 계시게 되는 시점이며, 하나님이 진정으로 하나님 되는 시점이고, 하나님이 세상을 위해 의도하신 미래와 그분 자신을 위해 작정하신 미래가 영광스러운 실재 속에서 하나 되는 시점이다.

상황 속에서의 종말론

7장 결론을 내리기 전에 앞서 다룬 두 장에서 봤듯이 바울이 다시 고친 중심적인 유대 교리를 통해 깔끔하게 정리된 다른 관점에 대해 언급할 이야기가 있다. 첫째, 그가 하는 모든 작업을 통해 바울은 구약과, 그 구약을 해석한 다른 1세기 텍스트와 암묵적인 대화를 나누게 된다. 만물의 마지막을 바라보는 그의 관점은 구약에서, 궁극적으로는 창조 이야기에서 비롯된다. 창세기 1-3장이 로마서 8장과 고린도전서 15장 둘 모두의 중심축 가까이에 놓여 있는 방식에 주목하라. 예수와 성령에 대한 바울의 초점은 다른 유대인이 예상한 것과는 다른 방법으로 성경이 어떻게 성취되었는지를 말하고 있다는 것을 의미한다. 보편적 악을 상대하는 하나님의 마지막 전쟁에 대한 바울의 시각은 전쟁문서에 대단히 극적으로 표현된 시각과 비슷하면서도 뚜렷한 대조를 드러낸다. 예수가 다름 아닌 바로 오랫동안 기다려온 메시야며, 그의 부활은 중심적 유대 교리를 급진적으로 재정의한 두 단계의 부활 가운데 첫째 단계다. 바울이 다름 아닌 "예수를 부활시키신 하나님의 영"으로 알고 있는 성령은 자신의 사역을 통하여 언약을 갱신시키는 분이다. 바꿔 말하자면 그 언약은 메시야 예수 안에서 성령을 통해 갱신되었다. 다른 수단, 즉 "정의의 스승"Teacher of Righteousness [13]의 사역이나 토라 신앙의 다른 새로운 경건성을 통해서가 아닌 바로 성령을 통해 갱신된 것이다. 바울이 다시 그려본 유대교 종말론은 신선하지만 종종 논쟁적이기도 하며, 심지어는 격론을 일으킬 만한 성경 해석에 기반한다는 사실을 다양한 방법으로 보여줄 수 있을 것이다.

둘째, 바울이 다시 그려본 종말론은 이교도주의와 대립하는 유대교적 핵심 강조점을 계속 유지한다. 마침내 하나님이 그분의 언약을 이루실 때 그분은 온 세상에게 책임을 물을 것이며, 특히 유대민족이 이교도 세상의 특징으로 여긴 것, 즉 위대한 선지자들과 같은 몇몇 유대인이 비극적이게도 이스라엘에게서도 나타난 특징으로 여긴 우상숭배와 사악함을 하나님이 심판하고 정죄할 것이라고 바울은 계속 믿고 있었다. 유대교 종말론을 마음에 다시 그리는 과정을 통해 바울은 예수를 다가오는 심판자로 이야기했고, 그 심판대 앞에 선다는 점에서는 유대인이나 이방인이 다를 바 없다는 사실을 강조했으며, 성령의 사역은 그 심판을 피하도록 사람들을 불러내는 것이라고 보았다(롬 2:16, 2:1-5, 2:25-29, 8:1-11). 그 결과, 우리는 그토록 많은 유대교 종말론의 정치적 대립이라는 특징이 바울 사상에서 기독론적 양식으로 계속 발견되는 것에 놀라지 않는다. 예수에 대한 바울의 전통적인 견해 가운데 몇 가지는 세상에 대한 우주적 주권자로서 예수가 왕으로 즉위하는 일과 연관되어 있기 때문이다. 그리고 온 세상은 그 왕의 이름 앞에 무릎을 꿇을 것이다(롬 14:5-12, 빌 2:10 이하, 3:20b). 이 세상의 진정한 질서와 정의는 황제가 아닌, 왕이신 예수의 "도래"와 그분의 "영광스러운 출현"으로 말미암아 이루어진다(고전 15:20-28, 살전 4:13-5:11). 다시 그려진 궁극적 종말론이라는 맥락 속에서 우리는 또한 바울의 시작된 종말론적 윤리가 지닌 강력한 힘을 감지할 수 있다. 이 시작된 종말론은 고린도전서 6장과 같은 본문에 잘 나타나 있으며, 로마서 6장에 그 신학적 배경이 잘 담겨져 있다. 이때 핵심은 "여기에 당신이 지켜야 할 새로운 규칙이 몇 가지 있다"라는 점이 아니라 "당신은 이미 새로운 시대에 살고 있기 때문에 더 이상 이교도 세상이 행하는 방식대로 행동해서는 안 된다"라는 점이다(에베소서 4장 17-24절을 참고하라). 이것은 한편으로 죽음을 극복하신 예수의 승리며, 다른 한편으로는 이교도적 행동을 극복하고 종말론적 승리를 실현케 하는 성령의 사역이기도 하다(롬 8:12-17).

바울은 이원론에 전혀 빠지지 않으면서도, 이 모든 사상을 이루어낸다. 세상 자체를 피한다면 세상의 타락을 피할 수는 있지만, 그는 결코 그러한 실수를 저지르지 않는다. 바울에게 창조물은 선한 것이며, 구속될 것이다. 실제로 메시야 예수의 부활로 말미암아 창조 세계는 이미 구속되었다. 이 승리는 언젠가 완전해질 것이다. 마지막 목표는 지금을 살아가는 하나님 백성의 축제적이면서도 윤리적인 삶이 될 것이다. 이교도는 창조 질서의 일부를 숭배하며, 역설적이지만 그렇기 때문에 창조물 자체의 부패와 타락을 알고도 넘겨버린다. 유대교는 창조자를 예배하며, 창조물의 선함을 선포하고, 창조물이 타락에서 구속되길 기대한다. 바울은 이 구속이 메시야를 통해 이미 성취되었으며, 우리가 살고 있는 세대 안에서 현재 메시야의 사역을 운행하시는 성령에 의해서 성취되어가고 있고, 나아가 만유의 주로서 만유 안에 계신 하나님으로 말미암아 그 구속은 새로운 행위 안에서 성취될 것이라고 선포한다.

　셋째, 바울은 자신이 다시 그린 종말론에 따라 날마다 복음을 선포하고 그 복음 선포를 통해 세워진 교회에 하나님의 지혜로운 뜻을 전달했다. 비록 고린도 교인과 그들이 품은 기대에는 몹시 생소했겠지만, 사도적 임무에 대해 바울이 생각한 바는 자신의 사역이 하나님의 종말론적 계획 속에 자리매김되어야 한다는 인식으로 발전했다. 이런 관점에서 바울은 "하나님이 사도인 우리를 죽이기로 작정된 자같이 끄트머리에 두셨으매 우리는 세계에 구경거리가 되었다"고 말한다(고전 4:9). 바울은 교회에 사도의 권위를 사용하였다. 바울이 고린도후서에 아주 감동적으로 표현한 그 권위는 연약함과 권능이 교묘하게 조화되어 있으며, 예수의 죽음과 부활에서 비롯되고 성령에 의해 힘을 얻는다. 바울이 교회를 징계하는 것은 마지막 심판을 예상했기 때문이다. 그 심판을 현세로 앞당겨와 교회 역시 하나님의 종말론적 백성이 되도록 한 것이다(고전 5:1-5, 고후 13:1-10). 바울은 이제 마침내 온 세상에 선포된 우주적 복음에 대한 선구자처럼 행하였으며, 자신이 행하는 바를 잘 이해하고 있었다(골 1:23). 이것이 바울의 실제적인 실천을 이해하는 데 아주 중요한 요소다. 데살로니가 형제들에게 언급했듯이 그가 행한 일, 그리고 그 자신과 그로 말미암아 주께로 돌아온 자들이 경험한 고난을 바라보는 바울의 시각은 하나님이 그들 모두를 그분의 나라와 영광으로 부르셨다는 믿음에 기반한 것이다(살전 2:10-12, 3:1-13). 바울의 사도적 실천을 그가 다시 그린 종말론에 비추어 볼 때에만, 그의 사역과 그가 세운 공동체의 삶을 올바른 관점에서 이해할 수 있다. 이것은 바울과 그가 세운 교회들에 대한 사회학적 연구를 무시하는 것이 아니라, 그 연구를 적절한 맥락 안에 자리매김해 주는 것이다.

결론

내가 하려는 신학적 제안은 이제 끝났다. 지금까지 나는 바울이 이해한 유일신 사상과 선택 사상, 종말론에 대한 유대 교리를 개략적으로나마 다루었다. 나아가 바울 신학을 가장 잘 이해하려면 메시야와 성령이라는 두 신학적 기둥을 중심으로 이 교리를 재정의redefinition하고 재고rethinking해야 한다는 사실도 논증했다. 이것을 통해 바울은 그의 동료 유대인들이 말해 준 위대한 이야기들을 조목조목 다시 구성한 핵심들을 발견할 수 있었다. 즉 이제 메시야 예수를 통해 현재 성취되었고 그리스도의 날에 하나님의 백성이 마지막으로 이룰 성취를 기대한다는 이야기다. 그 그리스도의 날, 다른 말로 하자면 다가오는 심판 때에는 하나님이 예수께 행하신 것처럼 성령께서 예수를 따르는 사람들을 죽음에서 다시 일으키실 것이다. 악에 대한, 더 구체적으로 이야기하자면 종교적이고 정치적인 이교주의에 대한 하나님의 승리, 새로운 출애굽과 포로생활의 종식, 다가오는 하나님 나라와 메시야의 통치, 그리고 시온으로 돌아오시는 야훼에 이르기까지 이 모든 주제는 바울의 복음을 통해 다시 작업되었다. 이것은 결코 우연이 아니다. 나는 이 개략적인 제안을 바울 연구에서 일반적으로 제시하는 다른 제안들과 비교하려고 시도하지는 않았다. 2차적 자료와 살짝 관계된 1차적 자료를 새롭게 해석하는 방식을 더 좋아하기 때문이다. 그러나 이것이 적어도 앞으로 행해질 연구와 신선한 통찰력의 토대에 유익한 모판을 제공하는 계기가 되기를 바란다.

지금까지 진전시켜온 논지는 세 가지 질문을 제기한다. 첫째, 내가 묘사한 바울은 예수와 어떤 관련이 있는가? 둘째, 바울의 실제적인 실천, 즉 사도로서 그의 삶과 사역은 그가 설명한 신학을 어떻게 구현하고 반영하는가? 셋째, 내가 개략한 바울 신학은 21세기 교회가 감당할 과제와 어떤 관련이 있는가? 각 주제마다 또 다른 한 권의 책을 쓸 수 있을 것이다. 그러나 앞으로 더 나은 연구를 할 수 있는 방안을 제시하기 위해 마지막 장에서는 우리 앞에 펼쳐진 많은 요청 가운데 이 세 가지만 요약하려고 한다. 내가 이 작업을 하려는 이유는 나 자신뿐 아니라 이런 작업을 시도하고 싶어하는 모든 사람을 위한 것이기도 하다.

Chapter 8
예수와 바울, 교회의 과제

서론

이 마지막 장에서는 지금까지 해온 논증이 우리를 어디로 이끌어왔는지 개괄하고 몇 가지 질문과 그에 따른 필연적인 결과를 지적하여 세 가지 과제를 풀어가려고 한다. 무엇보다 "이 모든 신학이 바울의 실제적인 사도적 사역에서 어떻게 작용했는가"라는 질문에 초점을 두겠다. 결론적으로는 포스트모던적인 맥락에 맞춰 바울을 서술하고 재검토한 작업에서 깊이 생각한 몇 가지를 조심스럽게 이야기하고 싶다. 그러나 먼저 오랫동안 교회와 전반적인 영역에 있는 사람들과 신약학자에게 고민을 안겨준 질문부터 간략하게 논의하려고 한다. 바로 예수와 바울에 대한 질문이다. 이 질문을 다루지 않는다면, 바울의 사역이 왜 그러했는지를 사실 이해할 수가 없기 때문이다.

예수와 바울

예수와 바울의 관계에 대한 문제는 대부분 잘못된 관점에서 제기되어왔다. 우리가 이 관계를 올바른 틀 안에 되돌려놓는다면 그동안 인지된 문제는 사라지고 초기 기독교의 진정한 본질을 강력하게 나타내는 지표로 다시 태어날 수 있다.[1]

무엇보다 예수의 가르침과 바울의 가르침이 명백하게 일치하지 않는다는 면에서 문제가 제기되어왔다. 일반적으로 사람들이 제기하는 문제는, 예수는 하나님에 관하여 설교했지만, 바울은 예수에 관하여 설교했다는 것이다. 아니면 예수는 하나님 나라를 선포했고, 바울은 예수의 메시야성을 선포했다고 말할 수도 있겠다. 다른 식으로도 말할 수 있다. 예수는 사람들을 회개와 믿음, 산상수훈의 실천 같은 단순한 복음으로 이끌었지만, 바울은 이신칭의라는 복잡한 신학을 발전시켰다는 것이다. 이신칭의는 예수가 전혀 언급하지 않은 이야기로, 본래 메시지와 상당히 동떨어진, 어렵고 이질적인 조각들로 이루어져 있다는 것이다. 물론 바로 이 지점에서 평가가 나뉘는 두 평행선이 시작된다. 어떤 이들은 예수가 경이로운 보편적 메시지를 전했는데, 바울이 그 메시지를 작고 왜곡된 그의 유대적 틀, 특히 랍비적 사고 틀 속으로 되돌려 넣어버렸다고 말한다. 또 어떤 이들은 예수가 순수한 유대 메시지를 전했으며, 바울은 그것을 헬라적, 철학적, 심지어 반유대주의적 틀로 바꾸어 왜곡시켰다고 말한다.

예수와 바울을 양극화하려는 이러한 다양한 방법과, 이것을 변형한 다른 방법들은 핵심을 놓치고 있다. 이런 방법을 사용하는 사람들은 예수와 바울이 결국 같은 일을 하려 했다고 가정한다. 즉 신학적, 종교적, 윤리적 진리를 모두 또는 어느 한쪽이라도 전하고 가르치려 했으며, 따라서 누군가가 그들이 언급한 말에 대해 우리가 알고 있는 다양한 요소를 벌여놓고 서로 겨루게 하고 있다는 것이다. 그러나 이 책에서 내가 주장하는 바는 그런 견해가 옳지 않다는 것이다. 우리가 예수와 바울을 바라봐야 하는 틀은 결코 추상적 가르침과 설교가 아니며, 그렇기 때문에 플라톤과 아리스토텔레스, 심지어 루터와 칼뱅을 비교하는 차원과는 다르다. 예수와 바울 모두 2-4장에서 제시한 창조와 언약, 메시야와 묵시, 복음과 제국이라는 통합된 주제 아래 살고 생각했다. 이제 이렇게 짝을 이룬 주제들 가운데 그들이 어디에 속하는지를 질문해 보자. 바울이 **진정** 예수와 똑같은 주제를 다루었다면, 매우 놀라운 일이 될 것이다. 그가 정말 그렇게 했다면, 그는 예수의 메시지를 강조한 것이 아니라 왜곡한 것이기 때문이다.

어째서인가? 예수와 바울의 관계는 첫 스승과, 그가 말한 것을 되도록 많이 물려주려고 결심한 2세대 랍비의 관계와는 전혀 다르다. 바울도 그렇게 여겼다. 루터와 칼뱅처럼 의미 있는 수정을 통해 본래의 통찰을 발전시킨 2세대 개혁자와도 다르다. 바울과 예수의 관계는 작곡자와 지휘자, 의료 연구자와 의사, 건축 설계자와 건축자의 관계와 같다. 작곡자가 작곡한 음악에 지휘자가 자신의 해석을 덧붙이기로 결정한다면, 이는 그 작곡자의 음악 대신 자신의 음악을 **연주하고** 싶어한다는 소리가 될 것이다. 지휘자가 맡은 본연의 역할은 작곡자의 음악을 연주하는 것이다. 의사는 연구자의 결과를 취해 환자에게 적용한다. 의료 주제를 더 많이 연구하는 것은 의사가 할 일이 아닌데도 자기 일이라고 생각하는 것은 원 연구자에게 충실하지 않기 때문이다. 건축자는 건축 설계자가 그린 설계도대로 건물을 짓는다. 새로운 건물을 그리는 것은 건축자의 직무가 아니다. 만약 건축자가 설계를 한다면, 본래 설계를 존중해서가 아니라 그렇지 않기 때문이다.

이미 아는 내용을 자꾸 반복하는 데 양해를 구한다. 그러나 예수와 바울을 가르치고 공개적으로 토론한 경험, 특히 대중매체를 통해 토론하면서 끊임없이 인식한 사실이 있다. 후기 계몽주의 시대에는 예수와 바울을 다룰 언약적이고 묵시적인 구조에 저항하는 힘이 강력했다. 여기서 말하는 저항력이란, 대부분 예수와 바울 모두를 탈유대화하거나 둘 중 하나만 "유대적"이라고 인정하고 "유대주의"가 무엇인지를 후기 계몽주의식대로만 받아들인 것을 뜻한다. 이 저항력은 압도적이었다. 반대로 둘 모두를 추상적인 종교적 스승이나 구원 교리를 가르치는 설교자로 여기는 저항력은 은밀한 만큼 막대했다. 이 주제 전체를 직면하게 되면 우리 문화는 태만함에 빠져버린다. 당대에 공적 담론의 선택 범위가 없어서가 아니다. 오히려 언약이나 묵시 등의 1세기형 구조를 계속 강조하면서 적용하지 않으면 사람들의 사고방식은 자연스럽게 추상적 모드$^{abstract\ mode}$로 되돌아가기 마련이다. 그 반대되는 것을 꼼꼼하게 설명한 뒤에도 그들은 "그렇지만 어쨌든, 바울은 예수와 전혀 다르게 생각한 것이 아닐까?"라고 말한다. 이는 계속해서 바울을 상대화하고 있다는 뜻을 내포한다. 또한 바울이 이해하지 못한 예수를 주장할 수 있다는 의미다. 결국 그 예수는 오늘날 웬만한 서점에서는 모두 구할 수 있는 후기 계몽주의의 프로크루스테스의 침대에 따라, 즉 후기 계몽주의의 기준에 억지로 맞추려는 의도에 따라 재구성된 예수라는 뜻이다.

예수는 자신이 창조자와 세상을 묘사한 장대한 이야기의 중심인 야훼와 이스라엘의 기나긴 이야기를 극적인 절정과 대단원으로 이끌어가고 있다고 믿었다. 이에 대해서는 이미 다른 곳에서 논의한 바 있다. 하나님의 진실한 종이라는 숙명뿐 아니라 하나님 자신의 숙명도 표현하면서(이렇게 표현할 수 있다면) 예수는 자신이 충성스러운 이스라엘의 소명과 야훼가 시온으로 귀환하시는 것을 **둘 다** 구현해낸 것으로 믿었다고 나는 제안했다. 후기 계몽주의자가 예수를 믿기에는 이 모든 것이 난처하리만큼 기묘할 정도까지는 아니더라도 무척 이상했을 것이다. 무엇보다 계몽주의라는 개념을 만들어낸 장본인인 위대한 사상가들은 그들의 업적 때문에라도 세상의 역사가 새로운 고비로 넘어가고 있다고 믿고 있음을 주장해야 하기 때문이다. 그들은 세상이 미신과 무지를 버리고 마침내 과학적, 기술적, 정치적, 철학적 근대성이라는 밝은 빛 안으로 들어섰다고 생각했다. 그래서 실제로 계몽주의는 예수와 바울의 종말론에 대해 **대안적인 종말론**을 제안했다. 즉 세상의 역사는 결국 메시야의 죽음과 부활이 아닌 볼테르와 루소, 토마스 제퍼슨으로 절정에 이르렀다는 것이다. 세상이 비난하던 폭력에서 구속해 준 것은 십자가가 아닌 단두대다. 이러한 사고 틀을 지닌 사상가들이 순수한 1세기 유대 세계에 있는 예수를 이해하기란 당연히 쉽지 않았을 것이다. 또한 바울이 예수와 똑같은 주제를 말하고 행하는 것이 **아니라**, 사람들에게 예수의 고유한 업적을 일러주어 명쾌하게 예수를 높인 방법을 이해하는 것도 어려웠을 것이다.

예수와 바울이 각각 자신이 감당하고 있다고 믿은 역할이라는 관점에서 앞서 말한 것들은 어떻게 이루어지는가? 예수가 스스로 하나님의 목적에서 특별한 역할을 맡았다고 믿었다거나, 바울이 단순히 자신과 같은 사람들이 나서서 예수를 전해야 한다고 생각했다는 뜻은 전혀 아니다. 바울 또한 자신이 세상의 창조자이신 이스라엘의 하나님이 세우신 전반적인 목적 안에 특별하고 고유한 역할을 맡았다고 믿었다. 그러나 그 역할이 이스라엘의 역사를 절정으로 이끄는 것은 분명 아니다. 그 절정은 이미 메시야의 죽음과 부활로 성취되었기 때문이다. 오히려 바울이 할 일은 종말론적 일정을 따라 그 다음으로 고유한 임무를 수행하는 것이다. 바로 세상의 주로 보좌에 앉으신 분에게 충성스럽게 순종하도록 열방을 간절히 초청하는 것이다. 예수를 주主로 선포하여 민족적 경계가 무너진 세계 공동체로, 예수가 합법적인 주님이며 새로운 창조가 시작되었고 언젠가 만개하리라는 것을 세상에 보여주는 표지인 새로운 가족으로 그들을 초청하는 것이 그가 할 일이라고 믿었다. 이 때문에 우리는 바울이 정한 특정 사도적 임무(이 주제는 곧 설명할 것이다)를 지향하게 된다. 그러나 먼저 일반적인 패러다임이 문제가 되던 세 가지 주요 영역, 즉 하나님 나라, 칭의, 윤리에 이것을 간단히 적용하려고 한다.

첫째, 하나님 나라다. 예수는 이 영역을 그토록 많이 말씀하시는데, 바울은 그렇지 않았다. 왜인가?

우선, 예수는 "하나님 나라", "하나님의 통치"라는 개념으로 유대 세상을 설명하고 있기 때문이다. 오직 하나님만이 왕이어야 한다는 이 개념은 가장 흥미진진하면서도 위험한 슬로건이었다. 이 슬로건을 내세우고 실천하려다가 죽은 사람들도 있다. 갈릴리와 유대에는 스스로 하나님 나라의 멍에를 짊어지려는 젊은이로 가득했다. 어떤 대가를 치러서라도 서양 제국의 힘에 맞서 거룩한 혁명을 일으키려 한 것이다(우리 시대에도 이러한 의미를 함축하고 있는 것은 우연이 아니다). 그들은 (이 책 전반부에서 제시했듯이) 창조와 언약, 묵시와 메시야 신앙이 혼합되어 생겨난 내러티브 세계에서 살면서, 몇 백 년 된 시편과 선지서의 전승을 인용했다. 적어도 이론적으로 이스라엘은 그 세상 가운데 이교도주의와 우상숭배, 세속 제국에 대항하며 자랑스럽게 서 있었다. 예수 역시 그 세계에서 살았다. 그러나 그는 하나님 나라를 매우 다르게 해석하였다. 하나님 나라가 진정 무엇을 의미하는지, 유일하신 하나님은 그 나라가 어떤 의미이기를 바라시는지, (자신과 자신이 행하는 사역에 맞추어) 이제 그 나라가 무엇을 의미하기 시작하는지를 철저히 다르게 해석했다는 말이다. 예수가 가르친 하나님 나라는 대부분 치유하고 잔치를 베풀며 새로운 방법으로 하나님 나라를 **행한** 그분의 사역 안에 위치한다. 그가 하나님 나라를 묘사한 많은 비유는 다름 아닌 **"이것이** 바로 하나님 나라다"라고 말해 준다. 그 당시 정치적, 문화적 풍토에서는 하나님 나라 관점을 포용한다고 말해도 실제로 세상 문화를 따르지 않고 행하는 것은 매우 위험한 일이었다. 비유와 상징적인 행동만이 그것을 가장 자연스럽게 실천하는 방법이었다.

바울은 그 세상에 대해 많은 것을 알았지만, 그가 부름 받은 곳은 그 세상이 아니다. 그렇다고 유대교적 메시지를 이방적이거나 헬레니즘적 메시지로 바꿔치기했다는 말도 **아니다.** 오히려 그는 매우 유대적인 메시지를 선포했다. 십자가에 못 박혔다가 부활하신 메시야가 세상의 진정한 주인이라고 선포했다. 유대교식 하나님 나라 이야기를 언급하지도, 살아내지도 않는 그 세상에 대고 말이다. 그렇기 때문에 바울이 빌립보 저잣거리에 서서 "여러분, 하나님 나라가 실제로 어떠한지 들어보십시오"라고 말하는 것은 아무런 의미가 없었을 것이다. 그것은 빌립보 사람들이 나누던 대화 주제도, 그들이 열망하던 것도 아니기 때문이다. 그러나 "세상의 참된 주에 대한 진실한 복음을 말하겠습니다"라고 말한다면, 내가 4장에서 설명한 모든 종류의 반향resonances이 일어날 것이다. 바울에게 "하나님 나라"는 예수가 죽음과 부활을 통해 이미 이루신 것, 그리고 이제 이행되어야 할 성취를 설명하는 방법이다.

그렇다면 "이신칭의"는 어떠한가? 왜 바울에게는 이토록 중요한데 예수에게는 그다지 중요해 보이지 않는 것인가? 물론 누가복음에 이와 관련된 것처럼 보이는 구절이 하나 있긴 하다. 바리새인과 세리 비유에서 예수는 "이 사람(세리)이 의롭다 하심을 받고 집으로 내려갔느니라"(눅 18:14)라고 말한다. 그러나 이 내용은 주류 개신교가 주장하는 칭의 교리도, 다른 바울 신학 계통에서 진술하는 교리도 아니다. 이것은 아주 간단한 유대식 진술일 뿐이다. 마치 자신의 부도덕성과 위선이 드러난 뒤 유다가 다말을 두고 "그는 나보다 옳도다"라고 한 말과 같다. 한 사람은 옳고, 다른 사람은 그르다는 것이다(창 38:26). 법정 소송이 진행되는 가운데, 평결이 한 사람에게 유리하게 돌아가고 있는 상황인 것이다.

물론 함축적인 법정 소송의 개념은 바울의 사상계에서도 중요한데, 우리는 여기서 다시 한 번 앞서 제안한 **상황과 과제**context and task라는 논점을 맞닥뜨리게 된다. 갈라디아서부터 빌립보서를 거쳐 로마서에 이르는 이신칭의 교리는 사람들이 어떻게 회심해야 하는지, 어떻게 그리스도인이 될 수 있는지를 이야기하는 것이 아니다. 현재 하나님의 참 백성이 누구인지를 어떻게 **말할** 수 있는지에 대한 것이다. 즉 누가 가족인지, 서로 사랑하고 충실한 가족으로서 함께 앉아 식사를 할 수 있는 사람은 누구인지에 관한 문제인 것이다. 당시 유대교에서 이 문제는 굉장히 중요했다. 서로 다른 집단들이 스스로를, 특히 토라를 다양하게 해석하여 이렇게 저렇게 정의했다. 우리는 이미 예수의 사역에서 하나님의 사람들을 이렇게 재정의한 뿌리를 볼 수 있다. "의"라는 단어는 누가복음 18장에서 단순히 잠깐 사용된 것뿐 아니라 마가복음 3장 31-35절(가족의 재정의)과 누가

복음 15장 1-2절(예수는 왜 세리와 죄인과 식사하는가?)과 같이 다른 곳에서도 사용되었다. 그러나 예수는 "**이방인이** 온전하게 하나님 백성이 되었다는 사실을 어떻게 알 수 있을까"라는 질문을 한 번도 직면하지 않으셨는데, 그 이유는 이미 거론했다. 그 질문에 가장 근접한 마태복음 8장 11절("동서로부터 많은 사람이 이르러 아브라함과 이삭과 야곱과 함께 천국에 앉으려니와") 상황에서도, 바울에게는 그토록 긴급한 그 문제가 예수에게 전혀 관심거리가 되지 않았다. 이것은 예수가 할례에 대하여 아무것도 말하지 않은 사실과 관련되어 있다. 내가 이미 다른 곳에서 논의했듯이, 이러한 점은 (오래된 양식비평학의 주장과 무관하게) 초대 교회가 눈앞에 닥친 필요를 채우기 위해 "주의 말씀"을 편집하지 않았다는 좋은 암시다. 할례 문제는 초대 교회에서 가장 격렬한 논쟁거리였지만, 복음서 속의 예수는 그 문제를 전혀 언급하지 않는다.[2] 그러나 이방인이 하나님의 백성으로 편입되기 위해 그들이 할례를 받아야 하는지 아니면 있는 그대로 온전한 일원이 될 수 있는지와 같은 질문은 잇따라 제기되고 있었다. 그러한 배경에 있던 바울은 예수가 직접 직면하지 않으신 상황을 맞닥뜨리면서 선한 이유로 이신칭의라는 교리를 발전시킨 것이다. 바울에 대한 "옛 관점"을 지닌 사람들이 칭의를 회심으로 이해하고, 개인이 구원되는 순간으로 보며, 또 믿음에 **관한** 하나님의 선포라기보다는 믿음에 이르는 것으로 여기는 그릇된 관점을 촉진시켜 예수와 바울의 양극화를 강화해 왔다는 것은 참으로 아이러니하다. 이러한 양극화는 좀 더 역사에 근거하고 신학적으로 민감하게 읽기만 한다면 피할 수 있고, 또 최대한 피해야만 하는 문제다.

셋째, 윤리는 어떠한가? 예수와 바울 문제에 대해 잘 알려진 다음과 같은 측면이 있다. 바울은 때때로 예수의 발언을 인용하며(예를 들어 이혼에 대해), 또 때로는 아닌 척하면서 다른 복음서 전승을 넌지시 언급하는 것처럼 보이기도 하는데, 그렇다면 그는 왜 가끔 그런 태도를 보이는 것일까? 예수가 가르친 내용이 자신의 사역과 관련되어 있다면 왜 바울은 그것들을 관련된 만큼 자주 언급하지 않았을까?

그 해답은 또다시 상황과 관련되어 있지만, 바울 자신이 행하고 있다고 생각한 것에 대한 논점(따라서 이 장 중반부에서 다룰 논점)으로 한 발짝 더 나아간다. 여기서는 바울이 실제로 예수의 전승 가운데 어느 것을 알고 있었을지, 그리고 나머지 전승은 왜 알지 못했는지를 설명할 수 없다. 예수가 율법을 부정적으로 언급한 일은 없을 거라는 주장(마가복음 7장처럼)을 우리는 억지로 인정하지 않아도 된다. 만약 예수가 율법에 대해 부정적이라면 바울은 갈라디아서 2장과 같은 문제를 직면하지 않았을 것이기 때문이다. 이는 내가 제시한 견해 위에 매우 다른 두 상황을 평평하게 펼쳐놓는 것이다. 특히 내가 조심스럽게 제안하고 싶은 것이 있다. 공인된 권위자가 최종 결정을 내리면 그 이후로는 그 결정에 관해 더 이상 분쟁이나 혼란스러움이 없을 것이라고 말하는 것은 참다운 교회 공동체에서 지내본 적이 전혀 없는 사람만의 생각일 것이라는 점이다. 그러나 바울 서신에서 거듭 나타나는 핵심은 그가 단순히 어떻게 행동해야 하는지가 아니라, **왜** 그렇게 행동해야 하는지를 교회에 가르치고 싶어한다는 것이다. 누군가에게 생선을 한 마리 주면 하루를 먹일 수 있지만, 생선 잡는 방법을 가르쳐주면 평생을 먹일 수 있다. 누군가에게 기존의 윤리적 교훈을 가르쳐보라. 그 권위를 인정하는 자라면, 그 교훈대로 바르게 나아갈 것이다. 누군가에게 기본 원칙들에 따라 예수의 죽음과 부활에 의해 성령의 능력으로 시작된 새로운 시대를 살아간다는 것이 무슨 의미인지를 생각하도록 가르치라. 그러면 그는 그 특정 주제뿐 아니라 다른 모든 문제를 대면할 준비를 갖출 수 있을 것이다. 바로 이것이 바울이 반복해서 행한 일이다. 하나님이 마침내 약속을 지키셔서 이 세상에 새로운 시대를 열어주신다고 믿은 사람들이 아니라 "종교와 윤리의 선생"으로 예수와 바울을 분류시키려고 작정한다면, 우리는 예수와 바울을 왜곡한 견해를 강하게 주장하는 생각을 갖게 되는 것이다.

이 책에서 바울을 이야기하면서 주장하고 싶은 바는 온전하고 적절한 차이로 완결된 예수와 바울의 사역이 서로 제각각이고 많이 다르지만, 적절하게 구분되어 미묘하게 다르면서도 만족스러운 역사적 통합을 이루는 길을 만들어냈다는 것이다. 예수와 바울은 똑같은 종류의 일을 하려 하지 않았다. 그들이 서로 말다툼을 벌였기 때문이 아니다. 기본적인 비전은 같지만, 그 비전에서 비롯된 소명이 서로 달랐기 때문이다. 그 일치와 차이를 이해하는 것은 신약과 초대 교회를 이해하는 데 중대한 과제로 남아 있다.

사도 바울의 사역

이제 바울 자신이 부르심 받았다고 믿은 사역의 본질을 다룰 이 장 핵심부에 도달했다. 위대한 설교가들이 로마서를 시리즈로 설교할 때, "예수 그리스도의 종 바울은 사도로 부르심을 받아 하나님의 복음을 위하여 택정함을 입었으니"라는 서문을 다루는 데만 3, 4주가 걸렸다는 소문을 종종 듣는다. 많은 사람이 그 부분을 지나 편지의 주요 주제로 나아가길 간절히 바라지만, 바울이 자신의 임무를 어떻게 생각했는지, 교회를 향한 그의 과제와 관련하여 그것이 무엇을 의미했는지에 초점을 두는 것은 타당하다. 이제부터는 로마서 서문이 이 책 2-4장에서 묘사한 상황에서 어떻게 이해되는지를 설명할 것이다. 그 다음에는 그 의미를 더 발전시켜 5-7장의 삼중 신학과 관련지어 바울이 그가 세운 교회에 실천한 것들을 살펴볼 것이다.

(1) 종, 사도, 택정함

"종 바울은……." 이 표현 때문에 나는 때로 혼란스럽다. 바울에게는 예수야말로 이사야 40-55장에서 말하는 진실하고 궁극적인 "야훼의" 종이기 때문이다. 여전히 나는 그렇게 생각한다. 그러나 성서에 따른 바울의 반향과 암시를 신중하게 연구한 결과를 토대로 여러 저자가 주목한 바에 따르면, 바울은 적어도 이사야서의 "종의 노래"(이사야 40-55장)에 그려진 대로 종 된 사역$^{\text{servant-ministry}}$을 직접 실천하여 예수의 사역을 수행하기 위해 부르심 받았다고 진정 믿었다.

특히 그는 자신의 이방인 사역이 그 계획을 성취시켜줄 것이라고 이해하였다. 마침내 이스라엘이 열방의 빛이 되도록 해줄 것이라고 말이다. 바울은 자신의 고난을 이사야 53장 그 자체를 성취하는 것이 아니라, 종의 노래 앞부분에 그려진 종 됨이라는 계획의 일부로 이해했다. 그 고난은 이교도 세계에 맞서기 위해 구원의 메시지가 전파되고 이스라엘의 숙명이 성취되었을 때, 어떤 모습일지에 대해 유대인이 기대하는 더 큰 본보기에 속한다고 이해한 것이다. "우리가 종일 주를 위하여 죽임을 당하게 되며 도살당할 양같이 여김을 받았나이다"(롬 8:36. 시편 44편 22절[칠십인역에서는 43편 23절]을 인용한 말씀이다). 복음을 위해 겪는 고난을 바울은 이렇게 해석한다. 폭력적인 이교도와 이스라엘 안에 있는 배교자로 둘러싸인 와중에도 진정한 이스라엘의 역할을 감당하고 있기 때문에 그와 그의 동지들이 고난을 당하고 있다고 말이다. 이 책 전반부에서 보았듯이, 바울은 스스로를 고대 이스라엘에 퍼져 있던 다양한 내러티브들로 만들어진 지도이자 연결망으로 여겼다.

"사도로 부르심을 받아." 이 문맥에서 많은 사람이 바울의 사도직을 해석하려고 시도했다. 거기에 내 것까지 덧붙여 그들이 일으킨 논쟁에 휘말리고 싶지는 않다. 다만 우리가 고려해야 하는 것은 바울이 **왕의 사신**이라는 관점에서 그의 사도직을 이해한 방식이다. 갈라디아서나 고린도후서에서 종종 다른 사람들에게 도전받을 때 말했듯이, 그의 사도적 권위는 자기 자신이 아닌 그를 부르시고 보내신 이에게 뿌리박혀 있다. 또한 구체적이고 독특하며 그 무엇과도 바꿀 수 없는 일을 감당해야 한다는 사명을 그가 인식하고 있다는 사실에서 비롯된다. 로마서 15장 20절에서 바울은 이 점을 매우 조심스럽게 묘사한다. "내가 그리스도[메시야]의 이름을 부르는 곳에는 복음을 전하지 않기로 힘썼노니 이는 남의 터 위에 건축하지 아니하려 함이라." 이 말씀은 아마도 베드로가 직접 세운 로마의 작은 교회를 의식해서 한 말일 것이다. 사실이든 아니든 간에 바울은 무엇보다 자신을 **개척자**라고 확신했다. 예수에 대해 전혀 들어보지 못한 사람들을 찾아가는 것, 십자가에 못 박힌 한 젊은 유대인이 이제 세상의 진정한 주가 되었다는 정신 나간 소리는 상상도 못해 본 곳으로 가는 것이 바울이 할 일이었다. 바울은 광신적인 우파 국수주의 유대인이던 자신이 유대적 메시야가 이방인들을 동등하게 환영한다는 소식을 전하는 사람이 되었다는 사실에서 하나님의 역설적 해학을 맛보았을 수도 있다. 사도직에 반영된 가장 감동적인 그 부분조차도 바울은 분명 이중임무에 속한다고 여기지만 말이다. 다른 임무는 그가 이방 세계에 메시야적 공동체를 성공적으로 세워 사실상 동료 유대인들을 **질투하게** 만들어 몇몇이 구원받도록, 하나님이 직접 이행하실 일을 남겨두는 것이다(롬 11:15). 원칙적으로 보면 바울의 사도적 사역의 원리와 유형을 더 온전히 반영한 고린도전서 9장을 더 살펴보아야 하지만, 아쉽게도 여기서 다루기에는 지면이 부족하다.

"하나님의 복음을 위하여 택정함을 입었으니." 어떤 이들은 "택정함을 입다"*aphōrismenos*라는 단어를 "바리새인"*Pharisee*에 대한 말장난으로 여기나, 이는 "바리새인"이라는 단어의 어원과 함께 여전히 논쟁거리로 남아 있다. 우리가 확신할 수 있는 것은 바울이 암시적 내러티브 안에서 이루어졌다고 이해한 자신의 소명을 우리가 앞서 설명한 연결망 위에 세밀하게 준비했다는 것이다. 하나님의 복음은 언약이 성취되고 새로운 창조 세계가 시작되었다는 좋은 소식이다. 예수가 이스라엘의 메시야로 계시되면서 거대한 종말이 일어났다. 따라서 세상의 진정한 주는 예수이지, 결코 황제가 아니다. 자신이 전달하는 편지에 인생이 바뀔 만큼 극적인 내용이 담겨 있다는 것을 모르는 우편집배원처럼, 바울에게 전달하라고 맡긴 것은 단순한 메시지가 아니다. 외적인 면은 물론 내적으로도 그 자신의 삶을 정의하고 만들어가며 지배하는 메시지다.

(2) 재정의의 실천적 표현

5-7장에서 다룬 유대 신학의 세 가지 재정의와, 실제로 바울과 그가 세운 교회들의 삶 안에서 그 재정의들이 어떻게 작용했는지를 살펴보면, 그것이 무엇을 의미했는지 알 수 있다. 먼저 우리는 유일하신 참 하나님이 누구인지에 대한 바울의 재정의가 특히 그가 변형한 유대적 기도나 시편과 같은 시들에서 어떻게 표현되었는지를 살펴보았다. 우리가 연구한 고린도전서 8장 6절은 단순한 논점이 아니다. 이것은 바울만의 기도 유형을 나타낸다. 그 기도에서 바울은 여전히 유서 깊은 유대교적 방식을 따라 유일하신 참 하나님께 간구한다. 그러나 이제는 하나님을 정의한 내용 속에 예수를 포함시켜 과

감하면서도 기쁘게 간구한다.

    이것은 하나님을 인식하고 인정하고 알아가면서 교회를 세우는 바울의 사역으로 자연스럽게 이어진다. 자신의 전도 설교에 담긴 주요 내용을 자주 언급하지 않았지만, 바울이 데살로니가전서 1장에서 말한 내용은 분명 아레오바고 연설처럼 여전히 지속적이고 핵심적인 주제로 남아 있다. 우상으로 가득 찬 세상을 향해 바울은 하늘과 땅을 창조하신 하나님이 살아 계시며 이제 모든 사람을 불러 책임을 물으신다고 선언한다. 이 때문에 바울은 우상으로 큰 사업을 벌이는 자들과 정기적으로 공적인 대면을 해야 했는데, 에베소에서 일어난 폭동은 그 신호일 뿐이다. 하나님은 전능하시다. 바울은 복음이 선포될 때, 개인과 공동체 안에 그 능력이 나타나길 기대했다. 복음을 전한 초창기에 갈라디아서를 쓰면서 바울은 치유와 같은 능력이 나타나는 것을 당연하게 여겼다. 그리고 그러한 능력이 계속 나타나리라고 믿었을 것이다. 이것은 참 하나님이 다른 신에게는 없는 능력을 지니셨다는 징표다. 이것은 많은 이교도 대적자들이 이의를 제기한 주장이자 바울이 끊임없이 고집해 온 주장이기도 하다(롬 1:18-23, 고전 12:2, 엡 1:19-23 등). 특히 예수와 성령의 사역으로 말미암아 이제 잘 알려진 하나님을 찬양하고 사랑할 교회를 세우는 일이 바울의 사명이었다. 그리스도인의 삶은 새로운 계시에 근거해야 했다. 그 삶은 주변 이방 세계와 철저하게 구별된 것이었다(갈 4:8-11).

    6장에서 보았듯이 특히 바울은 변화되고 선택받은 하나님의 사람들로 이루어진 교회를 세우는 데 전념했다. 그가 재정의한 선택 사상에서는 무엇보다 실천적인 문제가 최우선이고, 이론과 해설의 문제는 그 다음이다. 복음이 전파될 때 하나님께 부름 받은 자들은 함께 모여 찬양하고 기도하며 실질적으로 경제적인 어려움을 도와주는 공동체를 이루었다. 이것이 바로 아가페^{agapē}, 사랑의 일반적 의미라는 사실을 우리는 주목해야 한다. 바울은 데살로니가 사람들에게 서로 사랑한다는 것을 알지만 더욱 사랑하기를 바란다고 권면한다. 이 권면은 이미 느끼고 있는 따뜻하고 편안한 감정을 더 깊이 느끼길 바란다는 말이 아니다. 마치 (고대 지중해 세계에서 서로 도움을 주는 일반적인 관계망인) 한 가족이나 한 직장에 속한 사람들처럼 서로를 도와주는 실제적인 방법을 찾았듯이, 서로를 더 도울 수 있는 실천적인 방법을 행해야 한다는 뜻이다(살전 4:9-12). 아직 방문하지도 않은 골로새 교회에 편지를 쓰면서, 그들 가운데 하나님이 강력하게 역사하신다는 사실을 말하기 위해 바울이 골로새 교회의 최고 전도자 에바브라가 "성령 안에서 그들의 사랑"을 알려줬다고 쓴 사실은 매우 흥미롭다(골 1:9). 새로운 공동체가 등장했다. 혈연으로 맺어진 친척 관계나 사업을 같이 하는 동업자 관계가 아닌, 다양한 배경을 지닌 사람들이 모여 서로를 환영하고 실질적으로 돕는 그런 공동체다. 바울은 이 공동체야말로 하나님의 능력이 역사하시는 곳이라고 말한다.

    그러므로 바울의 실천적 사역은 교회를 하나님이 구속하신 인류, 즉 인간이 된다는 의미를 보여주는 새로운 모델로 여기고, 스스로도 그렇게 여기도록 격려하는 것이다. 우리는 로마서 12장 1-12절과 같이 분명하고 중심적인 구절에서 이 사실을 볼 수 있다. 그 본문의 핵심은 늘 그렇듯 종말론적이다. "이 세대를 본받지 말고 오직 마음을 새롭게 함으로 변화를 받아 하나님의 선하시고 기뻐하시고 온전하신 뜻이 무엇인지 분별하도록 하라." 쿰란 종파가 진정한 인류가 되는 것에 대해 자주 언급했듯이(아담의 모든 영광이 그들과 그들의 자손에게 영원히 속할 것이라고 선언한 구절이 있다), 바울은 하나님의 갱신된 인류로 살아가는 것이 무엇을 의미하는지 풀이하고 그가 세운 교회들에게 이것이 실천적으로 무엇을 의미하는지를 가르쳤다(4QPs37 3:1 이하). 이것이 로마서 4장에서 바울이 다시 이야기한 아브라함 이야기의 핵심이다. 여기서 바울은 앞서 묘사한 탈인간화 형식을 일부러 뒤엎어버린다(로마서 1장 18-32절, 4장 18-22절, 「Romans」 500쪽을 참고하라). 아담에 속한 인류와 달리 아브라함은 불가능하다는 것이 뻔한 상황에서도 하나님의 능력을 인정하고 하나님의 언약을 신뢰하며 믿음으로 강하게 성장하고 하나님께 영광을 돌려 마침내 많은 열매를 맺었다.

복음에서 가장 중요한 것은 무엇보다도 연합이다. 근대 후기에 교회의 분열을 경험한 우리는 교회 분열이 교회사 초기부터 존재한 어쩔 수 없는 현실이라는 사실을 쉽게 잊는다. 적어도 사도행전 6장에 기록된 히브리인과 헬라인의 논쟁이 있던 때부터 말이다. 애초부터 거의 늘 민족적 또는 종족적으로 대치 상태에 있었기 때문에, 이들은 세례를 통해 옛 자아를 죽이고 새로운 자아로 변화되어 메시야와 연대를 이루라는 부름에 대해서도 갈등을 일으키며 반목해 왔다. 이런 이유로 바울은 안디옥에서 유대 그리스도인과 무할례 이방인 그리스도인을 같은 식탁에 앉히는 실질적인 싸움을 한 것이다. 사실 바울과 그의 사역에서 세례의 중요성은 결코 과대평가된 것이 아니다. 오늘날 세상 곳곳에 있는 힌두교나 이슬람교 같은 공동체는 세례를 받을 때 그 사람의 정체성이 바뀐다는 사실을 잘 알고 있다. 어떤 면에서는 신앙을 실천하는 그리스도인보다 더 잘 알고 있다. 따라서 바울에게 세례의 중요성은 누군가가 새로운 가족으로 들어오면 실제로도 가족처럼 대해줘야 한다는 것이다. 이것이 만들어낸 심각한 문제들을 대면한 바울은 뒤로 물러서서 "결국 세례는 그리 중요하지 않다"라고 말하지 않았다. 오히려 세례는 중요하며, 세례받은 이들은 성령의 능력으로 메시야 몸의 일원이 되어 살아야 하는 무겁고도 새로운 책임 아래 있게 된다고 주장했다. 사람들이 가족과 일상생활에서 줄행랑치도록 내버려두는 것이 아니라 확실한 경계를 그어주어 그 책임을 따르지 않을 때 초래하는 결과를 설명해야 했다. 근대 후기식 기독교에 물든 우리에게 가장 충격적일 바울 사상은 고린도전서 5장에 나와 있듯이 그가 죄를 뉘우치지 않은 죄인들을 배제한다는 점이다.

연합을 이룬다는 말은 매우 다른 두 가지를 의미하는 듯하다. 한편으로 연합은 특정한 주제에 서로 다른 관점을 가진 사람들이 서로를 판단하지 않는다는 뜻이다. 바울은 전형적인 예로 우상에게 바친 음식이나 고기를 먹어도 되는지, 성일을 지킬지 여부를 제시한다. 고린도전서 8-10장과 로마서 14-15장에서 바울은 스스로를 "강한 자"라고 특징짓는다. 감사하게 받는다면 모든 음식은 하나님이 주신 선하고 온전한 것이라고 말한다. 그러나 만약 "강한" 자들이 먹는 음식이 누군가에게는 믿음의 걸림돌이 된다면, 그 "강한" 자들은 실족한 사람들에게 죄를 짓는 것이라는 사실을 바울은 알고 있었다. 그것은 그들을 위해 죽으신 메시야에게도 죄를 짓는다는 의미다. 따라서 공동체에는 전통적인 경계선을 넘어 연합을 유지하기 위해 서로를 존경하는 세심한 균형이 존재해야 한다. 그러나 결정적으로 이것은 어느 문제가 이 범주에 들고 어느 문제가 고린도전서 5, 6장 범주에 드는지를 아느냐에 달려 있다. 근친상간 같은 문제는 동등하게 유효한 두 가지 기독교적 견해가 있을 수 있는 문제가 아니다. 그리스도인 사이의 문제는 서로를 법으로 처리할 만한 대상도 아니다. 그러한 문제들은 처음부터 제외되며, 바울이 여기저기에 던져놓은 다른 목록을 포함하여 그런 문제를 일으키는 사람들은 질책당하거나 교화되어야 한다. 만약 그들이 협력하지 않는다면, 쫓겨날 것이다. 때때로 바울은 "관용"의 주창자로 인용된다. 그러나 계몽주의 시대의 상대주의가 특징으로 보이는 그 원칙을 사람들은 지나치게 넓으면서도^{wide} 얕게^{shallow} 이해하였다. 교회에는 절대 관용하지 말아야 할 것들이 있다는 점에서 지나치게 넓다. 도둑질에 대해 바울은 이렇게 말하지 않을 것이다. "어떤 그리스도인은 모든 소유물이 공동이므로 다른 사람의 집에 있는 물건도 필요하다면 마음대로 가져도 된다고 생각하는가 하면, 또 어떤 그리스도인은 전혀 그렇게

8장 예수와 바울, 교회의 과제

생각하지 않는다. 그러니 취하는 자는 취하지 않는 자를, 반대로 취하지 않는 자는 취하는 자를 멸시하지 말라." 지나치게 얕다고 하는 이유를 보자. 정당한 의견 차이가 생겼을 때 바울은 그리스도인들이 서로를 죽이는 것을 "관용"하길 바라지 않는다. 서로를 환영하고 서로의 존재와 하나님의 사람들이 지닌 풍부한 다양성을 보며 기뻐하길 원한다. 그래서 궁극적으로 모든 사람이 한 마음, 한 생각, 한 목소리로 경배하기를 원한다(특히 로마서 15장 7-13절을 참고하라).

연합의 원리는 바울이 구상한 가장 야심찬 실천적 계획 가운데 하나인 연보collection에서 확인할 수 있다. 고린도서와 로마서에서는 신학적으로나 실질적으로나 연보를 비중 있게 다루고 있다. 고린도전서에서는 마지막 부분에 잠시 언급하지만, 고린도후서는 8, 9장에서 더 많은 주의와 노력을 기울여 충분하게 다룬다. 내 경험에 따르면 바울 서신 가운데 고린도후서 8장과 9장에 사용된 헬라어가 가장 어렵다. 로마서에서 바울은 연보에 특별한 신학적 의미를 부여한다. "만일 이방인들이 그들의 영적인 것을 나눠 가졌으면 육적인 것으로 그들을 섬기는 것이 마땅하니라"(롬 15:27). 다시 말해 연보는 그 자체로 메시야 예수를 중심으로 재정의된 하나님의 사람들이 한 가족이며 아가페라는 실천적 원리를 따라 살아야 한다는 사실을 자랑스럽게 알리는, 대륙의 반에 걸쳐 새겨진 거대한 상징이자 위대한 예언적 표지다. 바울은 고대 그리스에 있는 그리스도인들에게 한 번도 가보지 않은 지역에 사는 생면부지를 위해 거액을 헌금하라고 권고하였다. 또한 특별히 재정적으로 후원해 온 교회들의 공식 대표자를 통해 전적인 책임감으로 모든 수고를 감당했다. 작은 동전 자루를 여러 개 운반하는 대신 큰 단위의 동전으로 바꾸어 (아마도 직접) 꾸러미 몇 개만 들고 다녔다. 바울은 몇 주 동안 육지와 바다를 여행하며 여인숙과 개인 집에 묵었다. 그곳에는 늘 여행의 동기이자 위험 부담을 주는 연보가 있었다. 이 과정에서 바울이 직감한 사실이 있다. 바로 무할례자가 보냈다는 이유로 예루살렘 교회가 이 연보를 거절할지도 모른다는 사실이다. 아직도 우상숭배의 냄새가 난다며 부정하게 여길 수도 있었다(로마서 15장 31절을 참고하라). 우리는 바울이 보여준 이런 모든 모습에 압도되어 경탄할 뿐이다. 이 계획은 한낱 변덕이 아니다. 갑자기 떠올라 시늉만 하고 마는 계획일 수가 없다. 바울은 이 계획을 몹시 실행하고 싶어했다. 메시야를 중심으로 성령 안에서 재정의된 하나님의 한 가족을 만들어 유지하는 실천적인 전략에 이 연보는 없어서는 안 될 핵심이라고 여겼다. 아쉽게도 우리는 그 결과를 알지 못한다. 그러나 바울이 무엇을 하려고 그토록 애썼는지, 그것을 왜 하려고 했는지는 알고 있다. 어쩌면 이것이 더 중요하지 않을까?

바울이 세우고 유지하려고 애쓴 그리스도의 몸 된 공동체는 이교도 눈에는 매우 유대적으로, 유대인 눈에는 매우 이교적으로 보일 수밖에 없었다. 그렇기 때문에 바울이 교회를 제3의 독립체entity처럼 이야기하는 것도 놀라운 일이 아니다.[3] 이교 세상에는 이러저러한 사교 단체와 협회, 다양한 조합이 많았다. 그러나 새로운 인류로 살아가는 것처럼 보이는 집단은 없었다. 우리가 속한 사회를 포함하여 대부분의 사회는 (부드럽게 표현하자면) 그런 오만한 주장을 아주 싫어한다. 고대 로마 세계를 포함한 많은 사회가 종교적으로 보이지만 사실 정기적으로 모이는 시민의 사이비 종교집단이나 인증된 다른 신과는 전혀 관련 없는 목적으로 모이는 규모 있는 집회들을 위험하고 체제 전복적인 것으로 여겼다. 유대교 역시 위험하고 체제 전복적인 모임으로 여겨졌으나, 잘 알려진 대로 유대인은 자신의 특정한 의식과 모임을 지속할 수 있었다. 세워진 지 오래된 알렉산드리아 유대교 공동체에서 이런 예를 볼 수 있다. 이 공동체가 이 시대에 있다면 분명 문제를 겪었을 것이다. 이교도 구경꾼의 눈으로 무심코 볼 때에는 교회가 행하고 말하는 많은 것이 단순히 유대교의 다양성으로 보일 것이다. 실제로 아가야의 총독이자 고린도를 통치하던 갈리오는 이것을 교회가 지닌 강점으로 크게 지지하였다(행 18:12-17. 4장 142쪽 이하를 참고하라). 물론 비기독교 유대인은 이런 상황에 크게 분개했다. 그들은 그리스도인들이 신학적으로 잘못 인식되었을 뿐 아니라 여러 면에서 지나치게 타협했다고 여겼기 때문이다. 도시에 살면서 교회를 세워나간 바울 사역의 실제적인 면을 이해하려면, 그 복잡한 현실에 맞추어 생각하고 상상해야 한다. 이 시대 문화, 철학, 정치, 사회, 종교, 심지어 신학이라는 분야도 하나같이 그 당시 현실에 적절하지 않기 때문이다. 바울 당시 사회와 그 안에 속한 바울의 위치를 연구한 결과는 진공 상태에서 교회를 상상하지 않도록 우리에게 많은 것을 가르쳐주었다. 유일신 사상과 선택 사상 교리를 재고하고 그에 따라 개정하는 것이 실제로 무엇을 의미하는지 이해하고 있음을 확신할 수 있도록 이러한 틀 안에서 우리의 신학 구조를 끊임없이 살펴보는 것은 매우 중요하다.

 7장에서 보았듯이 바울이 재정의한 종말론이 실제로 드러나는 내용은 몇몇 군데, 특히 데살로니가서에서 많이 눈에 띈다. 그리스 북쪽에 교회가 개척되던 시절에도 "그의 아들이 하늘로부터 강림하실 것을 기다리라"라는 바울의 명령을 진지하게 받아들여 생업을 포기한 그리스도인이 몇몇 있었다. 이는 당연히 생활에 필요한 물건을 얻기 위해 여전히 일을 하는 다른 그리스도인에게 의존하는 상황으로 이어졌다(살전 1:10, 4:11b, 살후 3:6-13). 그러나 바울은 그들을 귀담아 듣지 않았다. 바울 스스로 임금을 받는 일꾼으로 본을 보이기로 결심하였다. 그가 보이고 싶던 다른 본보기를 희생해서라도 말이다.[4] 바울은 값없이 복음을 전하려고 장막 짓는 직업에 종사하며 직접 일했다. 그가 그렇게 한 이유로 특정한 한 교회에 의존하는 것을 피하기 위해서라는 의견이 제기되기도 했다. 사실 몇몇 교회, 특히 바울과 절친한 그리스 북쪽의 친구들은 바울이 감옥에 있을 때나 없을 때나 늘 재정적으로 그를 도왔다. 바울이 교회 재정과 개인적인 재원이라는 지뢰밭을 지나가는 모습을 보며 그 지뢰밭이 오늘날 교회를 괴롭히는 문제와 원칙적으로 같다는 사실을 발견하고 나는 이상하게도 위안을 느꼈다. 거꾸로 말하면, 이 모든 문제에서 바울은 결코 단순히 실용적이지만은 않았다. 그가 설교하고 가르치는 복음과 신학을 모든 차원에서, 어떤 때는 지나칠 정도로 실제적으로 살아내려고 노력했다. 우리는 이 사실을 잊어서는 안 된다.

지금까지 바울의 사도적 사역이 실제로 어떠했을지 살짝 맛보였다. 또한 바울의 사역은 그가 믿은 지배적 내러티브와 근원적인 신학을 요약한 것이기 때문에, 그러한 차원에서 그 자체를 연구해야 한다고 제안했다. 대중이 상상하고 기대하는 격자망 가운데 철학적 운동과 교사들, 정치적·사회적 압력집단의 지도자 등과 관련하여 바울이 차지하는 자리는 어디일까? 이제 이 질문을 살펴보려고 한다. 바울은 최초 그리스도인 세대에, 그것도 이방인 토양 위에 유대인과 이방인이 함께하는 교회들을 세우고 유지하는 사역을 감당했다. 나는 바울이 그것을 평생 사역으로 삼은 점에 특별히 많은 관심이 쏠린다. 이것은 두 가지 면에서 중요하다. 이번 장 끝부분에 들어가기 전에 그 두 가지를 살짝 언급하려고 한다.

첫째, 내가 여러 번 지적했듯이 바울은 예루살렘이 임박한 심판의 위협 아래 있다고 믿었다. 마가복음 13장에서 알 수 있는 복음 전승과 그와 유사한 것들이 초기 기독교 시대에 견고하게 확립되었으며, 바울은 다양한 측면으로 그것을 반영하였다(예를 들면 데살로니가전서 5장 2절, 마태복음 24장 43절, 누가복음 17장 24절). 그러나 데살로니가전서 2장 14-16절에 다가오는 심판을 반영했듯이, 바울은 누구보다도 그 결과가 어떨지 잘 알고 있었을 것이다. 유대인 비그리스도인과, 유대인 그리스도인으로 보이는 몇몇 사람은 자기 편 사람들을 실망시키고 토라에 대한 복종을 약화시키며 이교도 우상숭배자들과 우애를 맺은 책임을 곧바로 기독교 운동으로 떠

넘겼다. 이방인 그리스도인과, 더 많은 이방인 비그리스도인이 (그들의 관점에서 볼 때) 처음부터 복음을 반대해 온 민족이 타도되는 것을 축하하는 것도 어쩌면 당연하다. 그렇게 되면 바울이 평생을 바쳐 연합하려고 맞붙인 이음새를 따라 교회는 분열될 것이다. 실제로 로마서 11장에서는 바울이 이러한 잠재적인 움직임을 피하려는 모습을 볼 수 있다. 여기저기에서 바울에게 영향을 끼친 종말론적 긴박성이 지닌 핵심은 다음에서 비롯된다. 민족적 경계를 넘어 연합한 교회는 막상 압박이 와도 굳건히 견뎌낼 수 있을 만큼 막강한데, 그런 교회를 세우는 데 주어진 시간은 오직 한 세대뿐이라는 사실을 바울은 알고 있었던 것이다. 속續사도시대[5]의 역사는 두 가지를 지적한다. 그 압박이 정말 가혹했다는 것과, 교회는 이 압박을 어느 정도 잘 대처해 나갔다는 것이다. 그러나 그것은 다른 이야기다.

둘째, 지나치게 강조하고 싶지는 않지만 한 번 더 언급해야 할 것이 있다. 앞서 말했듯이 연합된 공동체를 세운다는 사실은 황제의 세계 속에서 새로운 인류가 명백한 요구뿐만 아니라 존재 자체만으로도 황제의 주장과 통치에 도전하는 실재라는 표지로 보이고 느껴진다는 사실이다. 이것이 비로 바울이 동쪽이 아닌 서쪽으로 간 이유일지 모른다. "바울은 왜 비슷한 문화를 공유한 북아프리카 해안 대신 터키와 그리스로 갔을까?" 다루기 어려운 만큼 이 질문은 신약학자 사이에서 거의 제기되지 않았다. 구약과 묵시적 도식화라는 관점에서 바울은 로마제국을 당시 거대한 세속 권력으로 보았다. 자신의 로마 시민권은 이 특정한 사역을 할 수 있도록 하나님이 주신 역설적 선물이라고 여겼다. 또한 자신의 사역은 황제가 주인인 세상에 예수를 주인으로 따르는 충성스러운 교회를 세우는 것이라고 믿고, 작지만 의미 있는 깃발을 세워 전혀 **종류가** 다른 제국의 서광을 알렸다. 그러나 이 또한 다른 이야기다.

결론_ 바울과 교회의 과제

이 시대 교회의 과제에 맞추어 바울을 함축적으로 묘사한 몇 가지 논평이 있다. 간략한 서론과 함께 세 가지 논평으로 이 주제를 다루고자 한다.

첫째, 바울을 읽을 때 주목할 만한 해석학 원리에 대해서다. 내 책 「신약성서와 하나님의 백성」에서 해석학 모델, 즉 성경이 어떻게 권위를 지니는지를 이해하는 방법을 개략한 바 있다. 그 책에서는 여전히 끝나지 않은 성경의 위대한 이야기, 즉 거대담론을 다섯 막짜리 연극으로 이해시켰다.[6] 우리가 사는 곳은 하나님의 선하시고 손상되지 않은 창조 세계라는 제1막이 아니다. 그런데도 제1막을 살아가고 있다고 생각한다면, 세상 모든 것을 비판 없이 있는 그대로 수용하여 어느 전통에 있는 신학자든 그 누구와도 공유할 수 없는 관점에 이를 것이다. 그렇기는 하지만 우리는 사실 그 무엇으로도 대신할 수 없는 제1막의 영향 안에 살고 있다. 마찬가지로 우리는 타락이라는 제2막을 살고 있지도 않다. 제2막을 살고 있다면, 창조된 세상 전체를 거부하는 이원론에 빠져들어 아마도 불교나 마니교와 같은 형태에 이를 수도 있다. 그런데도 우리는 제2막의 영향 안에 살고 있다. 비록 오늘날 많은 사람이 바울과 더 광범위한 전통에 대고 이런 관점에 대해 질문하고 싶겠지만, 분명 바울은 그 관점을 주장할 것이다. 우리는 기원전 이스라엘 이야기인 제3막을 살고 있지도 않다. 제3막을 살고 있다고 여긴다면, 이상한 세대주의나 "유대 기독교"와 같은 것으로 이어질 것이다. 이들은 히브리서와 같은 신약의 다른 부분들은 언급하지도 않은 채 무시할 것이다. 그런데도 우리는 기원전 이스라엘 이야기인 제3막의 영향 안에 살고 있다. 서양 기독교계가 많이 그래왔듯이, 우리가 제3막의 영향에서 벗어나 있다고 생각하는 것은 신학적·실천적 재앙을 초래할 뿐이다. 가장 명백한 예가 바로 마르시온주의와 히틀러다. 우리는 제4막을 살고 있지도 않다. 우리는 체제 전복적인 이야기를 말씀하시고, 절름발이를 치유하시며, 소외당한 이들과 잔치하시고, 예루살렘으로 위험한 마지막 여행을 계획하신 나사렛 예수 곁에서 팔레스타인 지역을 걷고 있는 게 아니다. 복음 이야기가 우리에게 알맞고 적절한 직접성과 흥미를 지니고 있긴 하지만, 우리가 제4막을 살고 있다고 착각한다면 분명 몇 가지 명백한 혼란에 빠질 것이다. 그런데도 교회는 예수의 삶과 사역, 죽음과 부활이라는 결정적인 제4막을 연기해야 하는 사람들로 구성되어 있다.

그러나 우리는 제5막을 살고 있다. 부활절에서 시작되는 이 막의 첫 장면은 오순절이다. 먼저 할 일은 예수 이야기를 전하고 그 이야기를 기록하여 말과 글로 작은 교회를 이끌고 지도하는 것이다.

제5막에 있는 교회는 비록 몇 장면 뒤에 등장하지만, 오늘날 제5막에서 시작하여 이 연극이 결말을 맺으려고 하는 곳에 이르기까지 즉흥적으로 어떻게 연기할지를 위한 기본적이고도 타협할 수 없는 한도를 설정하는 것도 우리가 할 일이다.

그러므로 교회가 살고 사역하도록 부름 받은 제5막은 두 가지 특징을 지닌다. 첫째, 견고하고 확실한 토대가 있다는 것이다. 이 토대는 로마서 8장, 고린도전서 15장, 에베소서 1장, 골로새서 1장, 요한계시록 21, 22장에 이미 묘사되어 있는 분명한 마지막 장면을 포함한다. 둘째, 성령의 역사에 따라 **첫 장면과 마지막 장면 사이에 대본이 없는 시기를 즉흥적으로 연기해야 한다**는 것이다. 주목해야 할 것은 어떤 음악가도 즉흥적 연주가 곡조와 박자를 무시해도 좋다고 생각하지는 않는다는 것이다. 반대로 생각하자면 그 암시적 구조에서 자신이 어디에 있는지를 정확히 알고, 아무리 자발적이라 할지라도 함께하는 연주가 전체적으로 잘 어우러지도록 다른 연주자들에게 귀 기울인다는 뜻이다.

그것이 바로 내가 오늘날 바울 서신을 읽고 설교하며 마음에 그린 해석학이다. 바울이 쓴 글은 우리가 살고 있는 제5막의 타협할 수 없는 토대가 된다. 막의 초기 변화, 특히 제3막과 제4막을 거쳐 제5막에 이르는 변화는 반드시 특정한 해석학적 변화를 포함한다. 예를 들면 한때 엄격하게 지켜야 했던 할례와 동물 희생제사가 이제는 부적절해져버린 것이다. 그것이 바로 갈라디아서 2장과 사도행전 15장에 등장하는 논쟁이 다루는 주제다. 그러나 그러한 해석학적 변화가 바울에게서 우리를 떨어뜨리지는 못한다. 우리는 동일하고 단일한 성령의 역사에 속하며, 레위기나 심지어 이사야서를 대하는 방식과는 다르겠지만 신약의 나머지 부분처럼 바울 서신을 "우리의 책"으로 여기기 때문이다.

그렇긴 해도 물론 매우 다른 이 시대 문화, 즉 근대 후기, 포스트모더니티, 후식민주의, 신제국주의와 21세기 초부터 우리 머리를 어지럽힌 그 밖의 모든 사상 세계 안에 바울의 복음을 제대로 포착하여 다시 자리매김할 수 있는 길을 (그러한 즉흥적인 형식으로) 검토하는 일은 시급하고 중요하다. 근대성에 대한 포스트모던의 비판을 받아들이되, 그것이 결정판은 아니라고 주장하는 것이 오늘날 교회가 할 일이다. 근대성은 기술, 철학, 경제, 제국, 그리고 적어도 신학과 성서 해석에서 오만하다는 비난을 받고 있다. 마르크스Marx, 프로이드Freud, 니체Nietzsche를 선봉에 내세운 포스트모던은 목표를 향해 똑바로 나아갔다. 계몽주의 사회는 돈, 성, 권력과 밀접하게 관련되어 있었다. 몇몇이 가망 없는 열정을 쏟기는 하지만, 포스트모던은 우리에게 머물 만한 새로운 보금자리를 내주지 않는다. 대신 타락 교리에 대한 새로운 진술을 제공한다. 기독교 신학에서 타락 교리가 늘 말뿐 아니라 상징과 실천 면에서도 구속에 대한 새로운 진술을 요청하는 것은 당연하다. 이 시대 교회가 할 일은 포스트모던을 통해 다른 쪽으로 갈 수 있는 길을 개척하는 것이다. 다양한 겉모습(그것이 기독교라 할지라도)을 지닌 근대성으로 돌아갈 것이 아니라 누구도 만들고 있지 않지만 우리에게 기회가 있는 새로운 세상, 새로운 문화로 가는 길을 선도하는 것이다. 바울은 이 임무에서 중대한 역할을 맡았다. 그 역할에 대한 세 가지 측면을 간단히 언급하려고 한다.[7]

첫째, 자아의 복원이다. 근대성에서 가장 중요한 자아, 즉 자긍과 자립, 자기인식, 자기 확신은 산산조각 나버렸다. 조금 전에 즉흥 연주를 언급했으므로, 재즈 음악가 찰리 밍구스$^{\text{Charlie Mingus}}$의 말을 인용해 본다. "나는 연주할 때, 내가 누구인지에 대한 진실을 연주하려고 노력한다. 문제는 내가 늘 변하고 있다는 것이다." 자, 포스트모던에 온 걸 환영한다. 이곳에서는 그 핵심에 있는, 데카르트의 마지막 보루인 "나"조차도 변화무쌍하여 신뢰할 수 없는 거울이라고 말한다. 그러나 바울이라면 뚫고 들어갈 길이 있다. 오만한 근대적 자아를 재건하는 것이 아니라 세례를 통해 새로운 인간이 되는 길이다. 이 길은 메시야, 특히 그 안에 계시된 유일하신 하나님의 사랑에 근거한다. 누구든지 그리스도 안에 있으면 새로운 피조물이다! "생각한다, 고로 나는 존재한다"$^{\text{Cogito, ergo sum}}$가 아닌 "사랑받는다, 고로 나는 존재한다"$^{\text{Amor, ergo sum}}$이다. 바로 이것이 갈라디아서와 고린도전서, 그리고 무엇보다 로마서에서 바울이 말하는 핵심이다.[8]

둘째, 앎, 즉 지식의 복원이다. 근대성은 사물을 객관적으로 알 수 있다고 주장했다. 포스트모더니즘은 그 주장을 "힘의 논리"$^{\text{power play}}$라고 폭로했다. 그러나 많은 그리스도인이 생각하는 것처럼 바울에게 근본적인 기독교의 지식 양식은 사랑이다. 사랑 안에서 사랑을 하는 자는 사랑받는 자의 타자성을 긍정하고, 동시에 그 타자와 깊이 연관된 것을 인정한다. 이는 객체와 주체라는 경계(그리고 통화와 상품을 포함한 모든 것의 거짓 축소)를 넘어 우리를 인식론적 세계로 이끌어간다. 그 세계는 새로운 세기를 살기 시작한 우리에게 어떻게 살 것인지에 대해 헤아릴 수 없이 큰 영향을 줄 수 있다. 이 신칭의뿐 아니라 바울이 평생 싸워온 하나님과 세상, 그리고 서로를 아는 것은 우리가 지식적, 문화적으로 나아가는 것을 보는 것이다.

셋째, 위대한 이야기의 복원이다. 진보주의와 계몽주의, 근대성에 대한 웅장한 내러티브는 안타깝게도 서양 제국주의를 빼고는 대부분의 영역에서 활력을 잃었다. 그와 함께 모든 위대한 내러티브가 높은 자리를 차지하기 위해 다른 이야기는 고려하지도 않으려는 착취적인 힘의 논리와 같은 시도로 이해되었다. 그러나 여전히 바울이 들려주는 이야기, 그가 날마다 살아낸 그 중요한 이야기는 권세가 아닌 사랑을 담고 있다. 물론 권세와 관련이 없지는 않지만, 이 이야기는 오직 약함 안에서만 온전해진다. 새로운 장엄한 이야기에 담긴 위대한 주제는 바로 십자가의 역설이다. 이 이야기가 진실이라면, 이것은 어리석은 자들을 속이려는 악당들에 의해 결코 왜곡되지 않을 것이다. 고린도후서와 갈라디아서에서 봤듯이 시도직과 그에 따르는 권위에 대한 도전에 직면할 때, 바울은 그리스도인으로서 유대교 이야기를 다시 고치는 깊이까지 내려갔다. 그가 그렇게 한 이유는 기독교 복음을 새롭게 도용하여 양분을 공급함으로써 번영하는 인간의 새로운 감각을 창조할 수 있는 메시지를 이 시대에 다시 선포하고 그 말씀대로 살게 하기 위해서다. "내게는 우리 주 예수 그리스도[메시야]의 십자가 외에 결코 자랑할 것이 없으니 그리스도로 말미암아 세상이 나를 대하여 십자가에 못 박히고 내가 또한 세상을 대하여 그러하니라. 할례나 무할례가 아무것도 아니로되 오직 새로 지으심을 받는 것만이 중요하니라"(갈 6:14-15). "모든 무릎을 예수의 이름에 꿇게 하시고"(빌 2:10). "피조물도 썩어짐의 종노릇 한 데서 해방되어 하나님의 자녀들의 영광의 자유에 이르는 것이니라"(롬 8:21). "하나님이 만유의 주로서 만유 안에 계시려 하심이라"(고전 15:28). 이것이 바울의 이야기다. 모든 지식의 근원이며, 바울이 말하는 반석이다. 바울은 부름 받고 의롭다 함을 얻으며 영광받는 새로운 피조물로 그 바위를 딛고 서라고 우리를 초청한다. 거기서부터 우리는 존재하고 알며 위험하지만 아주 신나는 과제를 향해 나아간다. 21세기에 바울 신학의 해석학 문제는 어쩌면 이해력이 아닌 용기에 달렸는지도 모르겠다.

주

서문

1. 성 위에 낮게 쌓은 담._ 옮긴이
2. 이 세 책은 이제부터 *What St Paul*, *Climax*과 *Romans*로 각각 단축해 쓸 것이다. 내가 쓴 "기독교의 기원과 하나님의 문제"[Christian Origins and the Question of God] 시리즈 중 특히 *The New Testament and the People of God*(NTPG, 「신약성서와 하나님의 백성」), *Jesus and the Victory of God*(JVG, 「예수와 하나님의 승리」), *The Resurrection of the Son of God*(RSG, 「하나님의 아들의 부활」)이라는 책을 참조할 것이다(SPCK and Fortress Press: 각 권 1992, 1996, 2003 출간, 국내에서는 크리스챤다이제스트 펴냄).
3. 케임브리지대학에서 가장 나이가 많은 교수에게 붙는 직함._ 옮긴이

1장

1. 에픽테토스[Epictetus]는 AD 55-135에 살던 그리스 스토아 철학자다. 로마에서 살다가 그리스 북서쪽에 있는 니코폴리스[Nicopolis]로 망명하여 여생을 보냈으며, 그의 제자 아리아노스[Arrian]가 정리한 「Discourses」를

남겼다._ 옮긴이

2. 저자의 책 *The New Testament and the People of God* 2부를 참조하라(「신약성서와 하나님의 백성」, 크리스챤다이제스트).

3. B. W. Longenecker 편집, *Narrative Dynamics in Paul: A Critical Assessment*(Louisville and London: Westminster John Knox Press, 2002).

4. R. B. Hays, *The Faith of Jesus Christ: The Narrative Substructure of Galatians 3:1-4:11,* 2nd edn(Grand Rapids and Cambridge: Eerdmans; Dearborn, Mich.: Dove Booksellers, 2002 [1983]).

5. E. P. Sanders, *Paul and Palestinian Judaism*(London: SCM Press, 1977)은 일반적으로 "새 관점"을 설명하는 기본 텍스트로 여겨진다.

6. E. Champlin, *Nero*(Cambridge, Mass.: Harvard University Press, 2003), 237쪽.

7. 아일랜드에서 흔히 목격되는 일로서, 북아일랜드와 남아일랜드 분쟁의 영향으로 서로가 민감한 부분을 언급하지 않기 위해 조심스러운 태도를 보이기 때문이다._ 옮긴이

8. 마치 이순신 하면 거북선과 임진왜란을 떠올리듯._ 옮긴이

9. "The Thing As We See It for The God of Things As They Are." R. Kipling, "When Earth's Last Picture is Painted", in *Rudyard Kipling's Verse: Inclusive Edition, 1885-1926*(London: Hodder & Stoughton, 1927), 223f.

10. 신 언약신학New Covenant Theology이 주창하는 신학의 한 부분으로, 이제

는 유대인이 아닌 교회가 하나님께 선택된 백성으로 대체되었다고 주장하는 용어다. 그러므로 당연히 유대교에서는 이 가르침을 강력하게 반박하고 있다._ 옮긴이

11. 저자는 영화 〈반지의 제왕〉의 한 등장인물을 가리키고 있다._ 옮긴이

12. E. Käsemann, *Commentary on Romans,* ET of 3rd edn(Grand Rapids and London: Eerdmans and SCMPress, 1980 [1973], viii.

13. R. Morgan, *The Nature of New Testament Theology*(London: SCM Press, 1973), 44.

2장

1. *The New Testament and the People of God,* 260-268쪽을 참조하라 (「신약성서와 하나님의 백성」, 크리스챤다이제스트).

2. E. P. Sanders, *Paul and Palestinian Judaism*(London: SCM Press, 1977), 81-107쪽, 236-238쪽, 그리고 특별히 420쪽 이하를 참조하라.

3. 저자의 책 *Climax* 5장 전체를 참조하라.

4. 더 자세한 내용은 *The Resurrection of the Son of God,* 7장을 보라 (「하나님의 아들의 부활」, 크리스챤다이제스트).

5. 56절 요약을 잘 주목해 보라. "사망이 쏘는 것은 죄요 죄의 권능은 율법이라."

6. 이 부분을 더 잘 이해하기 위해서는 로마서 전체를 읽어보기 바란다.

7. 저자의 책 *Romans* 658-666쪽을 참조하라.

8. 사해사본의 하나로, 제4번 동굴에서 발견된 문서다. "율법의 실천을 위

한 모음집" 또는 "할라카 편지"로 알려져 있다._ 옮긴이

9. S. Westerholm, *Perspectives Old and New on Paul: The 'Lutheran' Paul and his Critics*(Grand Rapids, Mich.: Eerdmans, 2004). 이 문제를 다룬 가장 최신 자료다. 특히 257쪽 이하를 읽으라.

3장

1. 저자의 책 *Climax* 2장과 3장을 참조하라.
2. 자세한 사항은 *The New Testament and the People of God*, 307-320쪽(「신약성서와 하나님의 백성」, 크리스챤다이제스트), *Jesus and the Victory of God*, 481-486쪽(「예수와 하나님의 승리」, 크리스챤다이제스트)을 참조하라.
3. 더 많은 내용은 *Climax* 2장과 3장에 다루었다.
4. *Climax* 46쪽 이하를 읽으라. 여기서는 1980년도에 쓴 나의 박사학위 논문을 통해 이 주제를 다룬다. 구체적으로 사무엘하 20장 1절, 열왕기상 12장 16절을 참조하라.
5. K. Koch, *The Rediscovery of Apocalyptic*, ET(London: SCM Press, 1972 [1970]).
6. J. C. Beker, *Paul the Apostle: The Triumph of God in Life and Thought*(Philadelphia: Fortress Press, 1980, 「사도 바울」, 한국신학연구소), J. L. Martyn, *Galatians: A New Translation with Introduction and Commentary*(New York: Doubleday, 1997).
7. *The New Testament and the People of God*, 10장을 참조하라(「신약

성서와 하나님의 백성」, 크리스챤다이제스트).

8. 이때 이중 창조질서라는 말이 "이원론"으로 묘사되어서는 안 된다. 이 개념의 핵심은 하늘과 땅을 똑같이 선한 세상의(비록 타락은 했지만) 다른 두 부분으로 보고 있기 때문이다. 이원론에서 보듯, 하늘은 선하고 땅은 악하다는 개념과는 본질적으로 다르다. 나는 이 개념에 합한 것으로 "이원성"duality라는 말을 선호한다. 자세한 것은 *The New Testament and the People of God*, 297-299쪽을 보라(「신약성서와 하나님의 백성」, 크리스챤다이제스트).

4장

1. Graham Robb, *Strangers: Homosexual Love in the Nineteenth Century*(London: Picador, 2003).
2. E. R. Goodenough, *The Politics of Philo Judaeus: Practice and Theory*(Hildesheim: Georg Olms, 1967); E. Champlin, *Nero*(Cambridge, Mass.: Harvard University Press, 2003).
3. Richard Hays, *Echoes of Scripture in the Letters of Paul*(New Heaven: Yale University Press, 1989).
4. Hays의 책 29-32쪽을 참조하라.
5. 나를 포함해서 다른 여러 사람이 많은 부분을 시도했다. 그중에서 다음 책들을 참조하라. R. Horsley가 편집한 *Paul and Empire*(1997), *Paul and Politics*(2000), 그리고 *Paul and the Roman Imperial Order*(2004). 위 세 권 모두 Trinity Press International에서 출간되었다.

또 내 글 가운데 "A Fresh Perspective on Paul", 〈Bulletin of the John Rylands Library〉 83, no. 1 (2001), 21-39쪽도 참조하라.

6. "프로크루스테스^{Procrustes} 같은"이라는 의미를 가진다. 프로크루스테스는 그리스 신화에 나오는 강도의 이름으로 침대 길이에 맞추어 나그네의 몸을 잡아 늘이거나 다리를 잘라냈다. 억지로 기준에 맞추려는 행위를 의미한다._ 옮긴이

7. 영국의 B. 러셀이 쓴 「권력」(열린책들)이라는 책에서 사용한 용어로, 지배받는 자의 동의나 묵인 없이 자행되는 폭력의 형태를 뜻한다._ 옮긴이

8. 여기서 우리는 신약의 "구주"라는 호칭이 지닌 상대적 희소성에 주목해야 한다. 또한 여기서 해야 하는 추가 작업에 대한 신호로서 디모데후서 1장 10절, 디도서 2장 13절과 같은 목회서신에 등장하는 빈도수에 주목해야 한다.

9. Horsley가 편집한 책 *Paul and Politics*에 내가 이 주제를 다룬 부분이 있다. "Paul's Gospel and Caesar's Empire"(160-183쪽).

10. P. Oakes, *Philippians: From People to Letter*(Cambridge: Cambridge University Press, 2001).

11. B. Winter, *Seek the Welfare of the City: Christians as Benefactors and Citizens*(Grand Rapids and Carlisle: Eerdmans and Paternoster Press, 1994), 134-142쪽을 보라.

12. "평범한" 사람들의 역량을 알기 원한다면, Champlin의 *Nero*를 참조하라.

13. 저자는 기존의 로마제국적 통용어인 구원과 의라는 말에 단순히 "참된"true이라는 개념을 첨가한 미사여구가 아니라는 것을 강조하고 있다._ 옮긴이

5장

1. 저자의 저서 The New Testament and the People of God, 9장과 비교해 보라(「신약성서와 하나님의 백성」, 크리스챤다이제스트).
2. 이 책은 본질적으로 Francis Watson의 기념비적 저서인 Paul and the Hermeneutics of Faith(London: T & T. Clark International, 2004)가 출간되기 이전에 기록되었다. 그러나 이 시점에서 분명한 것은 만일 내포된 어떤 의미가 있다면, 그것은 그와의 대화를 통한 것이라고 할 수 있겠다.
3. "18축도문"은 유대인이 "셰모 네에스레"라고 부르는 18가지 축도를 일컫는다. 이들은 하루에 3회씩 이 기도를 드린다._ 옮긴이
4. Jesus and the Victory of God, 202-226쪽에서 설명하는 "하나님의 나라"를 보라(「예수와 하나님의 승리」, 크리스챤다이제스트).
5. 로마서 10장 4절을 참고하라. Telos gar nomou Christos, "그리스도는 율법의 마침이 되시니라."
6. 이 주제에 관하여 탁월한 안목으로 다룬 책이 있다. Larry Hurtado, Lord Jesus Christ: Devotion to Jesus in Earliest Christianity(Grand Rapids, Mich.: Eerdmans, 2003). 이전 저서에서도 동일한 주제를 다룬 적이 있다. 이 책에서 지금 다루는 내용은 이전 저서에서 많이 인용

한 것이다. *Climax* 2부와 *What St Paul* 4장(「톰 라이트: 바울의 복음을 말하다」, 에클레시아북스)을 보라.

7. *Romans* 658-666쪽과 이 책 226쪽을 참고하라.
8. 저자의 저서 *Romans* 629-631쪽을 보라.
9. 저자의 저서 *Climax* 4장을 보라.
10. 더 자세한 것은 *Climax* 6장을 보라.
11. 저자의 책 *Jesus and the Victory of God,* 13장을 보라(「예수와 하나님의 승리」, 크리스챤다이제스트).
12. 바울에 있어서 성령론을 더 알기 원한다면, 특별히 다음 책을 보라. Gordon D. Fee, *God's Empowering Presence: The Holy Spirit in the Letters of Paul*(Peabody, Mass.: Hendrickson, 1994).
13. 이 부분에서 나는 특별히 Sylvia C. Keesmaat에게 많은 빚을 졌다. Sylvia의 책 *Paul and His Story: (Re) Interpreting the Exodus Tradition*(Sheffield: Sheffied Academic Press, 1999)을 참조하라.
14. 더 자세한 설명은 저자의 *Romans* 577-581쪽을 참조하라. 여기서 나는 바울이 그리스도인의 신앙 여정에서 토라를 실천해야 하는지 등의 주제를 다룬 Watson의 책 *Paul and the Hermeneutics of Faith*에 대해 대답하였다.
15. 한글 개역성경에서는 "십자가의 도"message of the cross로 표기되어 있다._옮긴이
16. 이 책 178쪽을 참조하라.
17. W. Meeks, *The First Urban Christians: The Social World of the*

Apostle Paul(New Haven: Yale University Press, 1983), 6장.

6장

1. D. A. Carson, P. T. O'Brien, M. A. Seifrid 편집, *Justification and Variegated Nomism*, 2vols.(Tübingen and Grand Rapids: Mohr Sieback and Baker Academic, 2001, 2004).
2. 이 장 전체를 통해서 나는 여러 학자와 간접적으로 대화를 나눴다. 특히 D. Harink와 많은 대화를 했다. 그의 책 *Paul among the Postliberals: Pauline Theology Beyond Christendom and Modernity*(Grand Rapids, Mich.: Brazos Press, 2003) 4장을 참조하라.
3. 로마서 4장 11절을 참조하라. 바울은 여기에서 창세기 17장 11절의 디아데케*diathēkē*, 언약의 표징을 디카이오쉬네*dikaiosynē*의 표징으로 잘 요약해 준다.
4. 저자의 책 *Climax* 7장을 보라.
5. 예를 들면 P. Tomson, *Paul and the Jewish Law: Halakha in the Letters of the Apostle to the Gentiles*(Assen/Maastricht and Minneapolis: Van Gorcom and Fortress Press, 1990), M. Bockmuehl, *Jewish Law in Gentile Churches: Halakah and the Beginning of Christian Public Ethics*(Edinburgh: T. and T. Clock, 2000).
6. 예를 들면, K. Stendahl, *Final Account: Paul's Letter to the Romans*(Minneapolis: Fortress Press, 1995).
7. 이 점은 Harink가 위에서 언급한 그의 책 *Paul among the Postliber-*

als 4장에서 많은 공간을 할애하였으면서도 결코 이해하지 못한 사항이다.

7장

1. 저자의 책 *The New Testament and the People of God*, 10장을 보라(「신약성서와 하나님의 백성」, 크리스챤다이제스트). 또 다른 저자의 책 *Jesus and the Victory of God*, 여기저기에서 저자가 강조한 점들을 기억하라(「예수와 하나님의 승리」, 크리스챤다이제스트). 특히 C. C. Newman이 편집한 *Jesus and the Restoration of Israel*(Downers Grove: IVP and Pentecostal Press, 1999)의 "In Grateful Dialogue"(257-261쪽)를 참조하라.
2. 요세푸스, *Jewish War* 6.312-15 참조(「유대전쟁기」).
3. *Jesus and the Victory of God*, 13장을 특히 주목하여 보라(「예수와 하나님의 승리」, 크리스챤다이제스트).
4. *The Resurrection of the Son of God*, 곳곳에 언급되어 있다. 그중에서 특히 2부를 참조하라(「하나님의 아들의 부활」, 크리스챤다이제스트).
5. 단지 예수가 부활하셨기 때문에 메시야가 되셨다는 의미는 아니다. 바울에게는 예수의 죽으심이 이미 메시야적이다(고린도전서 1장 23절이나 15장 3절에서 볼 수 있듯이). 부활은 세상에 메시야의 지위를 선포하신 것을 의미한다.
6. 로마서 5장 12-14절, 7장 9절을 참조하라. John Barclay 교수가 나와 대화하는 중에 이 점을 강조하였는데, 이 자리를 빌어 Barclay 교수에게

고마움을 전한다.

7. 상세한 내용은 저자의 책 *Climax* 7장을 참조하라.

8. 이 시리즈의 첫 번째 소설 제목은 *Left Behind: A Novel of the Earth's Last Days*(Carol Stream, Ill.: Tyndale House Publishers, 1996, 「남겨진 사람들」, 홍성사)다. 현재 12권이 출간되었으며, 어린이를 위한 특별판과 DVD, 또 "Left Behind Trivia Game"과 여러 가지 부가 상품이 출시되어 있다.

9. 이 책 3장을 보라.

10. 이 두 개념 모두 "에피파네이아"^{epiphaneia}, 즉 현시$^{manifestation,\ 나타나심}$라는 말에서 볼 수 있다. 이 말은 주로 목회서신(딤전 6:14, 딤후 1:10, 4:1, 8, 딛 2:13. "구원자"라는 말과 연계해서는 디도서 2장 13절, 디모데후서 1장 10절)에서 많이 사용된다. 내게는 이 말이 일상적인 용례가 아니라, 아주 정치적으로 도전적인 분위기를 묘사하는 것으로 이해된다.

11. 저자의 책 *The Resurrection of the Son of God*, 6장을 참조하라(「하나님의 아들의 부활」, 크리스챤다이제스트).

12. 빌립보서 4장 1절. 빌립보서 2장 16절과 데살로니가전서 2장 19절, 3장 9절을 참조하라. 이 점에서는 수년 전 캠브리지의 한 세미나에서 발표된 Lionel North 박사의 논문에 많은 빚을 졌다.

13. 사해 사본을 기록한 에세네파의 지도자. 정확히 누구인지는 확실하지 않다._ 옮긴이

8장

1. 이 주제의 전 토론을 위해 *What St Paul* 10장을 참조하라(「톰 라이트: 바울의 복음을 말하다」, 에클레시아북스).
2. *The New Testament and the People of God*, 421쪽(「신약성서와 하나님의 백성」, 크리스챤다이제스트), *Jesus and the Victory of God*, 373, 381쪽 이하(「예수와 하나님의 승리」, 크리스챤다이제스트)를 참조하라.
3. 고린도전서 10장 32절("유대인에게나 헬라인에게나 하나님의 교회에나")을 참조하라.
4. 고린도전서 9장 12-18절과 데살로니가전서 1장 10절, 4장 11절 이하, 데살로니가후서 3장 6-13절을 참조하라.
5. 사도 요한이 죽은 뒤부터 콘스탄티누스 대제가 밀라노 칙령으로 기독교를 공인하기까지의 시기로, 전前니케아회의 시대라고도 부른다._옮긴이
6. *The New Testament and the People of God*, 5장(「신약성서와 하나님의 백성」, 크리스챤다이제스트)을 참조하라. *Scripture and the Authority of God*(London: SPCR, 2005. 미국판 제목 *The Last Word*[San Francisco CA: Harper San Francisco, 2005]) 10장이 본 부분과 밀접하게 일치한다.
7. 이 주제에 대한 더 깊은 연구를 보고 싶으면, *The Myth of the Millennium*(미국판 제목 *The Millennium Myth*) (London and Louisville: SPCK and Westminster John Knox Press, 1999) 3장을 참조하라. 또

한 *The Challenge of Jesus*(London and Downers Grove, 11; SPCK and InterVarsity Press, 2000) 8장을 보라.

8. 예를 들어 갈라디아서 2장 20절, 4장 9절, 고린도전서 8장 3절, 로마서 5장 5-11절, 8장 31-39절.

참고문헌

Beker, J. Christiaan. *Paul the Apostle.* Edinburg: T. & T. Clark, 1980. 「사도바울」, 한국신학연구소.

Bockmuehl, Marcus. *Jewish Law in Gentile Churches: Halakhah and the Beginning of Christian Public Ethics.* Edinburgh: T. & T. Clark, 2000.

Bultmann, Rudolf. *Theology of the New Testament.* London: SCM Press, 1952-1955.

Carson, D. A., P. T. O'Brien and M. A. Seifrid(eds.). *Justification and Variegated Nomism,* 2 vols. Tübingen/Grand Rapids: Mohr Siebeck/Baker, 2001, 2004.

Casey, P. M. 'Monotheism, Worship, and Christological Developments in the Pauline Churches.' 214-233쪽 in *The Jewish Roots of Christological Monotheism,* ed. C. C. Newman, J. R. Davila and G. S. Lewis. Leiden: Brill, 1999.

Champlin, Edward. *Nero.* Cambridge, Mass.: Belknap, 2003.

Collins, John J. *The Apocalyptic Imagination: An Introduction to the*

Jewish Matrix of Christianity. New York: Crossroad, 1984.

Davies, W. D. *Paul and Rabbinic Judaism: Some Rabbinic Elements in Pauline Theology,* 4th edn. Philadelphia: Fortress Press, 1980.

Dunn, James D. G. *Jesus, Paul and the Law: Studies in Mark and Galatians.* London/Louisville: SPCK/Westminster John Knox Press, 1990.

___. *The Theology of Paul the Apostle.* Grand Rapids: Eerdmans, 1998. 「바울 신학」, 크리스챤다이제스트사.

Engberg-Pedersen, Troels. *Paul and the Stoics.* Louisville: Westminster John Knox Press, 2000.

Fee, Gordon. *God's Empowering Presence: The Holy Spirit in the Letters of Paul.* Peabody: Hendrickson, 1994.

Haacker, K. *The Theology of Romans.* Cambridge: Cambridge University Press, 2003.

Hays, Richard B. *Echoes of Scripture in the Letters of Paul.* New Haven: Yale University Press, 1989.

___. *The Faith of Jesus Christ: The Narrative Substructure of Galatians 3:1-4:11,* 2nd edn. Grand Rapids: Eerdmans, 2002.

Horsley, Richard (ed.). *Paul and Empire: Religion and Power in Roman Imperial Society.* Harrisburg, PA.: Trinity Press International, 1997.

___. *Paul and Politics: Ekklesia, Israel, Imperium, Interpretation.* Harrisburg, PA.: Trinity Press International, 2000.

___. *Paul and the Roman Imperial Order.* Harrisburg, PA.: Trinity Press International, 2004.

Hurtado, Larry. *Lord Jesus Christ: Devotion to Jesus in Earliest Christianity.* Grand Rapids: Eerdmans, 2003.

Käsemann, Ernst. *Commentary on Romans.* Grand Rapids: Eerdmans, 1980.

Keesmaat, Sylvia C. *Paul and His Story: (Re)interpreting the Exodus Tradition.* Journal for the Study of the New Testament Supplement Series 181. Sheffield: Sheffield Academic Press, 1999.

Koch, Klaus. *The Rediscovery of Apocalyptic.* London: SCM Press, 1972.

LaHaye, Timothy F. and Jerry B. Jenkins. *Left Behind: A Novel of the Earth's Last Days.* Carol Stream, IL.: Tyndale House, 1996. 「레프트 비하인드」, 홍성사.

Longenecker, Bruce W. (ed.). *Narrative Dynamics in Paul: A Critical Assessment.* Louisville/London: Westminster John Knox Press, 2002.

Marcus, Joel and M. L. Soards (eds.). *Apocalyptic and the New Testament: Essays in Honor of J. Louis Martyn.* Journal for the Study of the New Testament Supplement Series 24. Sheffield: Sheffield Academic Press, 1989.

Martyn, J. Louis. *Theological Issues in the Letters of Paul.* Nashville: Abingdon Press, 1997.

Meeks, Wayne A. *The First Urban Christians: The Social World of the Apostle Paul.* New Haven: Yale University Press, 2003. 「바울의 목회와 도시사회」, 한국장로교출판사.

Morgan, Robert (ed.). *The Nature of New Testament Theology: The Contribution of William Wrede and Adolf Schlatter.* London: SCM Press, 1973. 「신약신학이란 무엇인가」, 크리스챤다이제스트.

Nanos, Mark. *The Mystery of Romans: The Jewish Context of Paul's Letter.* Minneapolis: Fortress Press, 1996.

Oakes, Peter. *Philippians: From People to Letter.* Cambridge: Cambridge University Press, 2001.

Ridderbos, Herman. *Paul: An Outline of His Theology.* Grand Rapids: Eerdmans, 1997.

Robb, Graham. *Strangers: Homosexual Love in the Nineteenth Century.* London: Picador, 2003.

Roetzel, Calvin J. *Paul a Jew on the Margins.* Louisville: Westminster John Knox Press, 2003.

Rowland, Christopher. *The Open Heaven: A Study of Apocalyptic in Judaism and Early Christianity.* London: SPCK, 1982.

Sanders, E. P. *Paul and Palestinian Judaism: A Comparison of Patterns of Religion.* London: SCM Press, 1977.

Stendahl, Krister. *Paul Among Jews and Gentiles and Other Essays.* Philadelphia: Fortress Press, 1976.

Tacitus, Cornelius. *Agricola, Germania, Dialogue on Oratory,* tr. M. Hutton *et al.*, 2nd edn, Loeb Classical Library. Cambridge, Mass.: Harvard University Press, 1970 [1914].

Tomson, Peter J. *Paul and the Jewish Law: Halakha in the Letters of the Apostle to the Gentiles.* Assen: Van Gorcum, 1990.

Watson, Francis. *Paul and the Hermeneutics of Faith.* Edinburgh: T. & T. Clark, 2004.

Westerholm, Stephen. *Perspectives Old and New on Paul.* Grand Rapids: Eerdmans, 2003.

Whiteley, D. E. H. *The Theology of St Paul.* Oxford: Blackwell, 1964.

Winter, Bruce. *Seek the Welfare of the City: Christians as Benefactors and Citizens.* Grand Rapids, PA./Carlisle: Eerdmans/Paternoster Press, 1994.

Winter, Bruce and Andrew D. Clarke (eds.). *The Book of Acts in its Ancient Literary Setting.* Grand Rapids, PA./Carlisle: Eerdmands/Paternoster Press, 1993.

Witherington, Ben III. *The Paul Quest: The Renewed Search for the Jew of Tarsus.* Downers Grove, IL.: InterVarsity Press, 1998.

Wright, N. T. *The Climax of the Covenant: Christ and the Law in Pauline Theology.* Edinburgh: T. & T. Clark, 1991.

___. *Jesus and the Victory of God.* Christian Origins and the Question of God 2. London/Minneapolis: SPCK/Fortress Press, 1996. 「예수와 하나님의 승리」, 크리스챤다이제스트.

___. *The Myth of the Millennium.* London: SPCK, 1999. (In USA as *The Millennium Myth.* Louisville: Westminster John Knox Press, 1999.)

___. *The New Testament and the People of God.* Christian Origins and the Question of God 1. London/Minneapolis: SPCK/Fortress Press, 1992. 「신약성서와 하나님의 백성」, 크리스챤다이제스트.

___. *The Resurrection of the Son of God.* Christian Origins and the Question of God 3. London/Minneapolis: SPCK/Fortress Press, 2003. 「하나님의 아들의 부활」, 크리스챤다이제스트.

___. *Romans.* New Interpreters Bible 10. Nashville: Abingdon Press, 2002.

___. *Scripture and the Authority of God.* London/San Francisco: SPCK/HarperSanFrancisco, 2005.

___. *What St Paul Really Said.* Oxford/Grand Rapids: Lion/Eerdmans, 1997. 「톰 라이트: 바울의 복음을 말하다」, 에클레시아북스.

김세윤. *The Origin of Paul's Gospel,* 2nd edn. **Tübingen**: Mohr Siebeck, 2002. 「바울복음의 기원」, 엠마오.

톰 라이트의 바울

초판 발행	2012년 2월 24일
초판 8쇄	2023년 11월 30일
지은이	톰 라이트
옮긴이	순돈호
감수	이강택
발행인	손창남
발행처	(주)죠이북스(등록 2022. 12. 27. 제2022-000070호)
주소	02576 서울시 동대문구 왕산로19바길 33, 1층
전화	(02) 925-0451(대표 전화)
	(02) 929-3655(영업팀)
팩스	(02) 923-3016
인쇄소	시난기획
판권소유	ⓒ(주)죠이북스
ISBN	979-11-93507-02-5 03230

책값은 뒤표지에 있습니다.
잘못된 도서는 교환하여 드립니다.
이 책 내용을 허락 없이 옮겨 사용할 수 없습니다.